Google로 칼퇴하는 교사들의 시크릿

교사크리에이터협회

Google로 칼퇴하는
교사들의 시크릿

초판 1쇄 발행 | 2025년 4월 15일
초판 3쇄 발행 | 2025년 12월 30일

지은이 | 김학민, 강경욱, 유병선, 이민재, 이석, 차수미
펴낸곳 | 교사크리에이터협회
펴낸이 | 이준권
진행책임 | 신혜영
편집 디자인 | 앤써북

출판사 등록번호 | 2024. 6. 18.(제 450-2024-00007 호)
주소 | 충청남도 공주시 신관로 8, 테라파워빌딩 3층
대표전화 | 041-856-0416
팩스 | 041-856-0417
이메일 | teacher@tcreator.kr
홈페이지 | https://t-creator.com/

도서 구입 문의 | 앤써북
　　　　전화 | 070) 8877-4177
　　　　팩스 | 031) 624-2753

ⓒ 김학민, 강경욱, 유병선, 이민재, 이석, 차수미 2025

ISBN | 979-11-990234-2-0 13370

교사크리에이터협회 대한민국 크리에이터 선생님들과 함께합니다.

※ 책값은 뒤표지에 있습니다.
※ 이 책은 저작권법에 따라 보호를 받는 저작물이므로 무단 전재와 복제를 금지하며, 이 책 내용의 전부 또는 일부를 이용하려면 반드시 저작권자와 교사크리에이터협회의 서면동의를 받아야 합니다.
※ 잘못 만들어진 책은 구입하신 서점에서 교환해드립니다.

Google로 칼퇴하는 교사들의 시크릿

Google for Education 추천도서

생성형 AI Gemini의 추천사

디지털, 인공지능, 스마트 교육

구글로 한방에 끝내기

여는 글

  과거 학교의 이미지를 생각하면 '오래됨', '딱딱함', '종이와 펜', '관습' 같은 단어들이 떠오릅니다. 불과 몇 년 전만 해도 가정통신문은 증거를 남기기 위해 무조건 종이로 받았고, 디지털 관련 수업을 하려면 이동식 공유기와 부모님의 스마트폰을 대여해 수업을 진행해야 했습니다. 사회는 빠르게 변하고 있지만, 학교는 그 속도를 따라가지 못해 늘 뒤처지는 느낌이 있었습니다.

  하지만 지금의 교육 현장은 빠르게 변화하고 있습니다. 디지털 대전환 시기와 맞물려 불과 몇 년 전에는 상상할 수 없었던 모습이 사회 곳곳에서 나타나고 있고, 그 변화의 중심에는 학교가 있습니다. 온라인 가정통신문, 온라인 학급 LMS learning management system, 학습관리시스템, 교실 와이파이 보급, 메타버스 활용 수업, 1인 1 스마트기기, AIDT의 도입 등 그 어느 때보다 빠르게 변화하는 학교 안에서 교사와 학생은 모두 디지털 리터러시 능력의 함양을 요구받고 있습니다.

  이 책은 Google 공인 교육 전문가인 이노베이터와 트레이너들이 공동 집필하였습니다. 현재 교사크리에이터협회 산하 G-creator(Google팀)에서 Google 도구 활용 사례를 바탕으로 유튜브 콘텐츠를 제작하고 있고, 매달 평균 200여 명의 현장 교사를 대상으로 연수도 진행하는 등 다양한 분야에서 활동을 이어가고 있습니다. 학교 현장에서 Google 도구를 실제로 활용한 경험을 바탕으로 집필한 이 책은, 빠르게 변화하는 학교 안에서 디지털 리터러시 능력을 키우고 보다 효율적으로 일하고 싶은 선생님들에게 든든한 길잡이가 되어 줄 것입니다.

대표저자 김학민

추천사

빠르게 급변하는 사회, 더 나아가 학교 현장의 교실도 빠르게 변화하고 있습니다. 그 중심에 학생들이 잘 적응할 수 있도록 도와주고 미래인재 양성에 항상 힘써주시는 선생님들이 있습니다. 많은 업무와 수업으로 바쁘신 선생님들, 교육의 위상을 높이기 위해서라도 선생님들의 업무 경감은 필수적인 일입니다. Google 도구와 생성형 AI인 Gemini를 교육에서도 활용한다면 선생님들의 업무 경감에 조금이나마 보탬이 되지 않을까 생각합니다. 아직도 Google 도구가 익숙하지 않은 선생님들에게는 'Google로 칼퇴하는 교사들의 시크릿'이라는 책이 그 해결책이 되어 줄 것입니다. Google 교육팀의 공식 파트너사인 교사크리에이터 협회 G-CREATOR 선생님들의 풍부한 경험과 깊이 있는 통찰이 이 책 속에 고스란히 담겨있기 때문입니다. 협업과 소통 도구의 대명사인 Google Workspace, Google의 생성형 AI Gemini를 완벽하게 이해하고 활용하고 싶다면, 더 나아가 학교 현장에서 업무 경감이 필요하다면 반드시 읽어야 할 필독서입니다.

이 책을 완독한 선생님들은 Google 도구의 전문가가 될 것입니다.

Google for Education, Community Manager, *Colbe Lee*

교육 현장의 생생한 경험과 노하우를 담은 책이 출간되었습니다. 6명의 현직 교사가 집필한 'Google로 칼퇴하는 교사들의 시크릿'은 교사들이 마주하는 현실적인 문제들에 대한 해결책을 제시하고, 실제 수업에 적용 가능한 구체적인 방법들을 소개하고 있습니다. Google 계정 관리부터 Gemini를 활용한 데이터 분석까지. 다양한 도구를 활용하여 수업의 질과 업무의 효율성을 높이는 방법을 제시하고 있습니다.

이 책은 단순히 도구 사용법을 나열하는 데 그치지 않고, 교육 현장에서 축적된 경험을 바탕으로 문제 해결 능력을 키우는 데 초점을 맞추고 있다는 점이 매우 인상적입니다. 독자들은 이 책을 통해 자신만의 노하우를 개발하고, 미래 교육 환경에 적응할 수 있는 역량을 키울 수 있을 것입니다. 또한, 이 책은 교사들에게 끊임없이 변화하는 교육 환경 속에서 능동적으로 대처할 수 있는 힘을 실어줍니다. 디지털 교육, 인공지능 교육, 스마트 교육 등 다양한 분야에 대한 깊이 있는 통찰을 제공함으로써, 교사들이 미래 교육을 선도하는 역할을 할 수 있도록 돕습니다.

따라서 'Google로 칼퇴하는 교사들의 시크릿'은 구글 활용 수업에 어려움을 느끼는 교사뿐만 아니라, 미래 교육에 관심 있는 모든 교사들에게 필독서라고 할 수 있습니다. 이 책을 통해 독자들은 교육 현장의 현실적인 문제들을 해결하고, 미래 교육을 위한 새로운 가능성을 발견할 수 있을 것입니다.

친절하고 유능한 AI, Gemini

Google 도구로 인해 변화된 학교의 모습

Google 도구는 접근성이 뛰어나며, 실시간 협업과 다양한 기능 확장이 가능하다는 장점을 갖추고 있어 학교 현장에서 널리 활용되고 있습니다. 디지털 도구 도입 시 가장 큰 걸림돌이었던 '로그인' 문제가 Google에서는 간단히 해결된다는 점이 특히 매력적입니다. 교사가 학생들에게 권한을 부여하면 별도의 로그인 없이도 Google 도구를 활용한 다양한 활동에 참여할 수 있기 때문입니다. 더불어, 현재 교육청과 학교 단위로 Google 계정과 Google Workspace가 보급되어 있어 교사와 학생 모두 쉽게 Google 계정을 이용할 수 있습니다. 이를 통해 다양한 플랫폼에 별도의 회원가입 없이 접근할 수 있어 사이트마다 다른 아이디와 비밀번호를 기억해야 하는 번거로움을 줄일 수 있습니다.

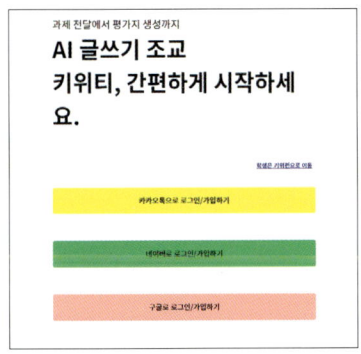
◆ 그림 0-1 AI코스웨어 SSO 로그인

◆ 그림 0-2 메타버스 SSO 로그인

Chrome 브라우저의 확장 프로그램을 이용하면 필요한 기능을 쉽게 추가할 수 있습니다. 또, AIDT의 프로젝트 학습이나 메타버스 공간에서 Google 도구는 동영상, 오디오, 지도, 소셜 미디어 게시물, 문서 등을 특정 플랫폼이나 웹 페이지에 삽입할 수 있는 임베드 embed 기능을 제공합니다. 이러한 뛰어난 연동성 덕분에 다양한 플랫폼을 통합적으로 활용할 수 있어 디지털 교육 환경을 쉽게 구축할 수 있습니다.

◆ 그림 0-3 Google Classroom을 활용한 글쓰기 과제 배포 및 수합

한편, Google 도구의 도입으로 학교 현장은 디지털 학습과 협업이 일상화된 공간으로 변화했습니다. 이제 수업은 교실이라는 물리적 공간을 넘어, Google Classroom과 같은 온라인 교실에서도 활발히 이루어지고 있습니다. 교사는 클릭 한 번으로 문서나 프레젠테이션 자료를 학생들에게 전송할 수 있고, 학생들은 완료한 과제를 온라인으로 즉시 제출할 수 있어 학습의 효율성과 편리성이 크게 향상되었습니다.

◆ 그림 0-4 Google Sites를 활용한 온라인 교무실 구축

Google을 활용하는 선생님은 업무와 관련된 자료를 모을 때, 더 이상 메시지를 일일이 주고받거나 첨부 파일을 하나씩 확인하는 번거로움을 겪지 않아도 됩니다. Google Sheets로 실시간으로 자료를 입력하고, Google Drive와 연동하여 파일을 체계적으로 수합할 수 있기 때문입니다. 나아가 학교마다 온라인 교무실을 구축하여 부서별, 교과별, 학년별로 자료를 손쉽게 공유하고, 인수인계 문서와 파일을 디지털화하여 보존함으로써 행정 업무를 한층 효율적으로 처리할 수 있습니다.

가정통신문을 인쇄하기 위해 복사기 앞에서 '인원수×학급수'를 계산하던 과거의 모습 역시 이제는 찾아볼 수 없습니다. 파일을 번호순, 학급별, 학년별로 정리하고 확인하던 수고도 사라졌습니다. 대신, Google Forms을 활용하여 가정통신문을 제작, 배포, 수합하면 통계 처리까지 빠르고 간편하게 수행할 수 있습니다.

이 책은 Google 전문가로 활동하고 있는 저희가 Google을 사용하지 않았거나 사용하기 시작했을 무렵 실제로 겪었던 경험을 담아 집필하였습니다. 이 책을 통해 Google 도구 활용법을 익히고 지금보다 더 빠르고 효율적으로 업무를 처리하실 수 있길 기대합니다. 디지털 대전환 시대인 지금 이 순간에도 묵묵히 교단을 지키고 있는 모든 선생님들께 깊은 존경을 보냅니다. 이 책이 선생님들의 일상과 학교생활에 작게나마 보탬이 되길 소망합니다.

여는 글 • 4
추천사 • 5
Google 도구로 인해 변화된 학교의 모습 • 7

Google, 너와 함께여서 여유로웠다

Chapter 01 Google 계정 관리

•• 로그인 문제로 수업이 멈출 때마다 제 멘탈도 멈췄어요　　18

1 - 1. Google Workspace for Education 계정 관리　　20

1) Google Workspace for Education 이해하기　　20

2) SSO(Single Sign-On) 알아보기　　20

3) Google Workspace에서 계정 생성하기　　21

4) ID 수정하기　　23

5) 학생들이 분실한 비밀번호 찾아주기　　24

1 - 2. Google Workspace for Education 계정 이용하기　　26

Chapter 02 Google Forms / Sheets

•• 설문조사 통계 내다가 책상을 내리칠 뻔 했어요　　28

2 - 1. Google Forms　　30

1) Google Forms 알아보기　　30

2) 가정통신문, 선도·연구학교 등 각종 설문조사 만들기　　30

3) 설문 게시 및 공유 권한 설정하기　　33

4) 응답 결과 확인하기　　37

2 - 2. Google Sheets 38

    1) Google Sheets 알아보기 38

    2) 정보화기기 수리 대장 효율적으로 관리하기 38

    3) 드롭다운 기능을 활용해 각종 의견 수합하기 40

Chapter 03 Google Docs

•• 회의록 작성과 동시에 결재 통과하는 방법 알려드려요 42

3 - 1. Google Docs 44

    1) Google Docs 알아보기 44

    2) Google Docs로 함께 회의록 작성하기 44

    3) 댓글 활용하기 47

    4) 수정, 제안 모드 활용하기 48

    5) 스마트 칩을 활용하여 자료 첨부 및 공유하기 50

Chapter 04 Google Calendar

•• 전체 행사 일정 잡다 멱살 잡았어요 54

4 - 1. Google Calendar 56

    1) Google Calendar 알아보기 56

    2) 공유 기능 활용하기 56

    3) 알림 기능 활용하기 60

    4) 약속 일정 기능을 활용하여 특별실 예약 시스템 만들기 61

    5) 이벤트 만들기 64

    6) 화상 회의 추가하기 66

Chapter 05 Google Classroom

•• 학생들이 제출한 과제에 커피 쏟은 이야기 좀 할게요   68

5 - 1. Google Classroom   70

1) Google Classroom 알아보기   70

2) Google Classroom 실행하기   70

3) 수업 만들고 학생 초대하기   71

4) Google Classroom 과제 생성하기   74

5) 학습 목적에 따라 과제 세부 정보 설정하기   76

6) 과제 게시하기   78

7) 퀴즈 과제 활용하기   79

8) 클릭 한 번에 편하게! 과제 제출하기와 돌려주기   80

Chapter 06 온라인 교무실

•• 정보 담당이 생존을 위해 해야만 했던 일이 있었어요   82

6 - 1. 개인 계정부터 학교 계정까지: 북마크 관리하기   84

1) 북마크 추가하기   84

2) 북마크 공유하기   85

6 - 2. Google Workspace의 북마크 배포 기능 알아보기   87

1) 북마크 배포하기   88

2) 북마크 배포 기능 응용하기   90

2

Google이 없었다면 아찔했을 순간들

Chapter 01 Google Drive

- •• 10년치 백업 업무자료 날렸어요 …… 94

1 - 1. Google Drive …… 96
- 1) Google Drive 알아보기 …… 96
- 2) Google Drive에 접속하기 …… 96
- 3) Google Drive에 파일 업로드, 다운로드, 만들기 …… 97

1 - 2. Google Drive 공유하기 …… 100
- 1) 파일, 폴더 공유하기 …… 101
- 2) 권한 설정하기 …… 102
- 3) 공유 취소하기 …… 103

1 - 3. Google Drive 파일 관리하기 …… 104
- 1) 폴더 색상 지정하기 …… 104
- 2) 이름 바꾸기, 이동, 바로가기, 중요 문서함에 추가하기 …… 105
- 3) 검색 기능 알아보기 …… 106

1 - 4. Google 공유 드라이브 …… 107
- 1) Google 공유 드라이브 알아보기 …… 107
- 2) Google 공유 드라이브 만들기 …… 107
- 3) Google 공유 드라이브 멤버 관리하기 …… 108

Chapter 02 데스크톱용 Drive

•• 급할 때 다른 컴퓨터를 내 컴퓨터로 만드는 법 알려드려요   110

2 - 1. 데스크톱용 Drive   112

1) 데스크톱용 Drive 알아보기   112

2) 데스크톱용 Drive 설치 파일 다운받기   112

3) 데스크톱용 Drive 설치하기   113

4) 데스크톱용 Drive 설정하기   114

2 - 2. 데스크톱용 Drive에서 한글(HWP) 파일 작업하기   117

1) 한글(HWP) 파일을 열어 편집하고, 업로드 상태 확인하기   117

2) 한글 문서를 쉽게 배포하고 수합하기   118

2 - 3. 메신저로 다운로드한 파일 다른 PC에서 확인하기   120

1) 메신저 다운로드 폴더를 Google Drive에 동기화 설정하기   120

2) 다른 PC에서 메신저로 다운로드한 파일 확인하기   122

Chapter 03 Chrome 확장 프로그램

•• 공개 수업 때 인터넷에 이상한 광고 뜬 적 없으세요?   124

3 - 1. Chrome 확장 프로그램   126

1) Chrome 확장 프로그램 알아보기   126

2) Chrome 웹 스토어 접속하기   128

3 - 2. 확장 프로그램 추가하기   130

1) 확장 프로그램 추가하기   130

2) 추천 확장 프로그램   132

3
Gemini야!
내 퇴근시간을 앞당겨줘

Chapter 01 Gemini 프롬프트 작성법

•• 아직도 막 쓰고 있나요?　　　　　　　　　　　　　　　　　　　140

1 - 1. 교육을 도와주는 AI, Gemini 알아보기　　　　　　　　　142

　1) Gemini, 생성형 AI를 만나기　　　　　　　　　　　　　　　142

　2) AI도 실수를 합니다 - 할루시네이션(환각 현상) 이해하기　　　145

　3) Gemini의 특별한 능력 - 멀티모달 AI 이해하기　　　　　　　147

1 - 2. AI 마스터가 되어보자, High Quality 프롬프트 작성법 알아보기　152

　1) 효과적인 프롬프트 작성의 5단계 알아보기　　　　　　　　　152

　2) Gemini와 더 잘 소통하기 위한 4가지 전략 알아보기　　　　　166

Chapter 02　AI 작문 전문가 Gemini

•• 곁에 두고 활용해 보세요　　　　　　　　　　　　　　　　　　170

2 - 1. Gemini 활용 글쓰기　　　　　　　　　　　　　　　　　172

　1) 보도자료 작성하기　　　　　　　　　　　　　　　　　　　172

　2) 생활기록부 참조 예시문 만들기　　　　　　　　　　　　　　175

2 - 2. Gemini 활용 글 교정하기　　　　　　　　　　　　　　178

　1) 맞춤법 검사하기　　　　　　　　　　　　　　　　　　　　178

　2) 글 매끄럽게 만들기　　　　　　　　　　　　　　　　　　　180

Chapter 03 Gemini in Google Tools

•• Google Workspace를 더 스마트하게 써보세요   182

3 - 1. Google Workspace의 새로운 파트너, Gemini 알아보기   184

3 - 2. 나만의 든든한 문서 작성 도우미 - Google Docs × Gemini 알아보기   187

    1) 문서 요약 기능으로 문서 속 내용을 한 방에 파악하기   188

    2) 수정하기 기능으로 문서를 한 방에 바꾸기   190

    3) 다시 작성하기 기능으로 문서의 일부분을 다른 표현으로 바꾸기   191

3 - 3. 데이터 분석 마법사 - Google Sheets × Gemini 알아보기   194

    1) 표 만들기 기능으로 예쁘고 기능적인 표 한 방에 만들기   195

    2) 자동 시각화 기능으로 데이터 한 눈에 파악하기   197

    3) 수식 작성 기능으로 함수 쉽게 사용하기   198

    4) 데이터 분석, 이제 더 쉽고 똑똑하게 사용하기   199

닫는 글 • 203

Google, 너와 함께여서
여유로웠다

Chapter 01 **Google 계정 관리**
  •• 로그인 문제로 수업이 멈출 때마다 제 멘탈도 멈췄어요

Chapter 02 **Google Forms / Sheets**
  •• 설문조사 통계 내다가 책상을 내리칠 뻔 했어요

Chapter 03 **Google Docs**
  •• 회의록 작성과 동시에 결재 통과하는 방법 알려드려요

Chapter 04 **Google Calendar**
  •• 전체 행사 일정 잡다 멱살 잡혔어요

Chapter 05 **Google Classroom**
  •• 학생들이 제출한 과제에 커피 쏟은 이야기 좀 할게요

Chapter 06 **온라인 교무실**
  •• 정보 담당이 생존을 위해 해야만 했던 일이 있었어요

CHAPTER 01
Google 계정 관리

〝 로그인 문제로 수업이 멈출 때마다 제 멘탈도 멈췄어요 〞

"선생님, 비밀번호를 까먹었어요."

1인 1기기 보급은 꿈도 꿀 수 없던 그 시절, 학생들이 직접 개인 스마트폰이나 태블릿을 학교로 가지고 와서, 그것도 안 되면 교사가 공기계를 개인적으로 구해와서 수업을 하던 그때, 호기롭게 Google Classroom의 입장 방법을 설명하던 저는 학생의 한마디에 얼음이 되고 말았습니다.

"선생님, 저는 ID가 없어요."

학생의 문제를 해결해주고 다음 활동을 진행하려고 할 때 다른 학생들이 연이어 손을 들었습니다. "저는 ID가 기억이 안나요.", "선생님, 비밀번호를 까먹었어요.", "선생님, 비밀번호 까먹어서 찾으려고 하니까 본인인증 하라는데요…"

8개 학급을 수업하는 저는 여덟 번이나 원하지 않던 상황을 마주해야 했습니다. 스마트 기기를 활용한 즐거운 학습을 기대하고 수업을 시작했지만, "비밀번호를 까먹었어요."라는 말이 이어지자 마음속에는 긴 한숨만이 흘렀습니다. '내가 그리던 수업에 이런 변수는 없었는데….'

어떻게든 긍정적인 마음을 유지하며 수업을 진행하려고 노력했지만, 그 뒤로 이어진 수업에서도 비밀번호를 잊어버리거나 로그인이 되지 않는 일이 반복되었습니다. 이런 상황에서 교사로서 제가 할 수 있는 일은 마음을 차분히 가라앉히고 학생의 문제를 해결하거나 기도하는 마음으로 문제가 생기지 않기를 바라는 것 뿐이었습니다.

제 수업뿐만 아니라 함께 스마트 기기를 활용한 수업을 개척하려던 선생님의 수업에서도 이런 장면은 동일하게 나타났고, 고민은 깊어져만 갔습니다. 이 문제를 고민하다가 결국 의원면직하는 꿈을 꾸기도 했습니다.

Google Workspace for Education

그러던 어느날 우연히 G suite for Education(현, Google Workspace for Education)을 알게 되었습니다. 학교의 도메인을 활용해 우리 학교만의 플랫폼을 구축하고 계정도 생성하여 학교만의 폐쇄적인 환경을 구축할 수 있게 도와주는 서비스로, Google에서 교육기관임을 인증하면 무료로 사용할 수도 있었습니다. '어, 이거면 고민을 해결할 수 있겠는데?'

저는 그 이후 Google Workspace for Education의 시스템을 통해 일정한 규칙으로 학생들의 Google 아이디를 발급하였습니다. 이제 학생들도 쉽게 자신의 계정을 기억할 수 있었고, 혹시 비밀번호를 분실하더라도 빠르게 대처할 수 있었습니다. 계정을 관리할 권한이 교사에게 있었기 때문입니다. 아이디와 비밀번호를 발급하는 과정이 처음에는 번거로웠지만, 점차 학생들 스스로 계정을 관리하는 방법을 배우기 시작했습니다. 시간이 지나면서 학생들끼리 서로 도움을 주며 문제를 해결하는 모습도 보였습니다.

그 이후로 스마트 기기를 활용한 수업은 안정적으로 진행되었습니다. 더 이상 비밀번호 분실 문제로 수업이 지연되는 일은 없었고, 교사 역시 활동에만 집중할 수 있었습니다. 혹여라도 문제가 생긴다면 그 자리에서 대응이 가능해 수업의 흐름이 끊기는 일은 거의 겪지 않게 되었습니다.

Google과 함께 수업하고 있는 지금, 그 시절의 어려움도 이제는 미소 지으며 추억할 수 있게 되었습니다. Google Workspace for Education 덕분에 계정 문제로 수업의 흐름이 끊기거나 교사가 큰 스트레스를 받는 일은 더 이상 없기 때문입니다.

'Google Workspace for Education으로 계정을 관리하니 편하고 좋아요.'

1 - 1. Google Workspace for Education 계정 관리

Tip Google Workspace for Education 계정으로 실습해 보세요.

1) Google Workspace for Education 이해하기

Google Workspace는 하나의 도메인을 기반으로 Google Drive, Google Docs, Google Sheets 등 생산성 도구를 안전하고 폐쇄된 환경에서 활용할 수 있게 해주는 업무 솔루션입니다. 도메인을 기반으로 하여 조직 내부와 외부를 나누는 선이 분명하게 구분되기 때문에 이름만 대면 알 수 있는 대기업에서도 이를 활용하고 있습니다. 또한, 국내 17개 시·도 교육청에서도 교수-학습 지원을 위해 제공되고 있습니다.

한편 다양한 Google Workspace의 서비스 중 교육기관을 위한 Google Workspace for Education은 교육 현장의 수요자들에게 보다 최적화된 서비스를 제공하기 위해 출시되었습니다. 다양한 이유로 방해받기 쉬운 교육 현장을 방해 요인으로부터 지키고 교사와 학생이 교육의 본질에 집중할 수 있도록 도와줍니다. Google Workspace for Education을 이용할 경우, 학생 개인 이메일을 학습 플랫폼에 연결할 때 발생할 수 있는 스팸 메일, 광고, 악성 링크 등의 문제에서 벗어날 수 있고, 학교 전용 계정을 통해 필요한 자료와 도구에만 접근할 수 있어 보안이 한층 강화된다는 장점이 있습니다. 또한, 사용자 연령 설정에 따라 특정 서비스가 기본적으로 제한되기도 하고, Google Classroom에 YouTube 영상 링크를 게시했을 때는 광고가 재생되지 않기도 합니다. 이 모든 서비스는 교육 기관임을 인증하면 무료로 이용할 수 있습니다.

2) SSO(Single Sign-On) 알아보기

SSO(Single Sign-On)는 하나의 아이디와 비밀번호로 여러 개의 시스템에 로그인할 수 있도록 해주는 인증 방식을 의미합니다. Google 계정은 다양한 사이트에서 SSO를 지원하고 있으므로 이를 활용하면 수업 중 로그인 때문에 낭비하는 시간을 절약할 수 있습니다.

◆ 그림 1-1 에듀넷 SSO 로그인 모습

그림 1-1과 같이, '간편 로그인'을 통해 다양한 사이트에 손쉽게 접속할 수 있는 것은 바로 SSO 기능 덕분에 가능한 일입니다. 더이상 각 사이트마다 별도로 회원가입을 하고 아이디와 비밀번호를 기억할 필요가 없습니다. Google 계정 하나만 있다면 빠르고 쉽게 로그인할 수 있습니다.

Google Workspace for Education을 사용하려면 학교별 신청이 필요합니다.
- 신청하는 방법
1) 학교 도메인, 도메인 관리 권한, 학교장의 허가
2) 'https://bit.ly/구글워크스페이스신청' 접속 후 요청하는 내용 작성하기
3) 도메인 인증을 통해 이메일 주소 활성화하기
4) 최종 승인 후 신세계 경험하기!
- 구체적인 신청 방법은 아래 링크 또는 오른쪽의 QR코드를 통해 확인할 수 있습니다.
https://bit.ly/gwfe_manual

3) Google Workspace에서 계정 생성하기

Google Workspace에서 계정 관리 및 설정은 학교 도메인을 기반으로 한 관리 콘솔에서 할 수 있습니다. 지금부터 학생, 교사, 행정 직원 등 구성원들의 Google 계정을 생성하고 관리하는 방법을 알아보겠습니다.

1 관리 콘솔에 로그인하기

먼저 주소창에 'admin.google.com'을 입력하고, Google Workspace 관리자 계정으로 로그인합니다.

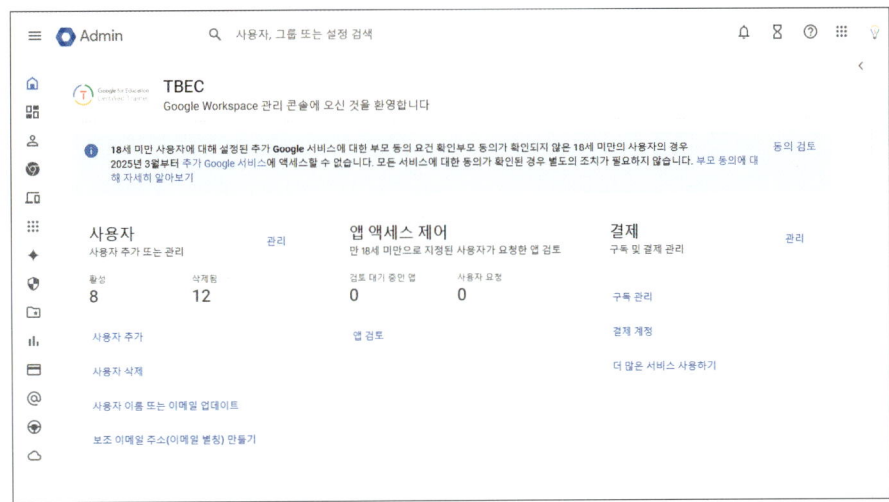

◆ 그림 1-2 관리 콘솔 첫 화면

2 새 사용자 추가 메뉴 선택하기

관리 콘솔의 ❶ '디렉터리' - ❷ '사용자' 메뉴로 이동해 ❸ '새 사용자 추가'를 클릭합니다.

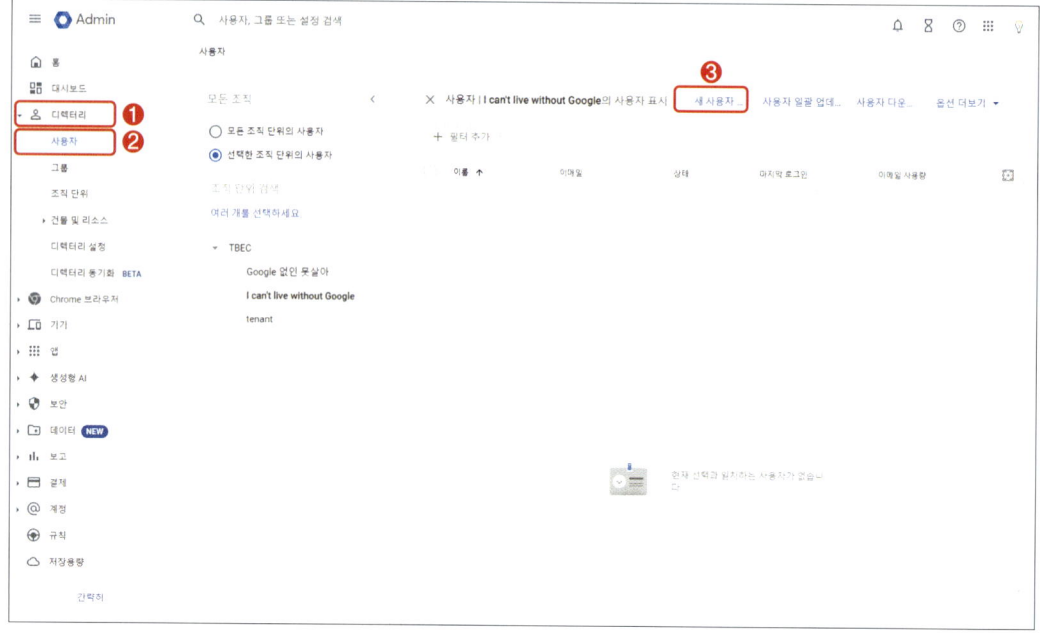

◆ 그림 1-3 관리콘솔 화면

3 세부 정보 입력하기

❶ 성, ❷ 이름, ❸ ID로 사용할 기본 이메일(예 student@domain.com) 등 사용자의 기본 정보를 입력합니다. 이어서 해당 계정이 들어갈 ❹ '조직단위'를 선택합니다. ❺ 비밀번호는 관리자의 운영 전략에 따라 자동 생성할지, 임의의 비밀번호를 지정할 것인지 정할 수 있고, 임의의 비밀번호를 지정하는 경우 로그인과 동시에 비밀번호를 변경하도록 선택할 수 있습니다.

◆ 그림 1-4 사용자 추가 및 정보 입력화면

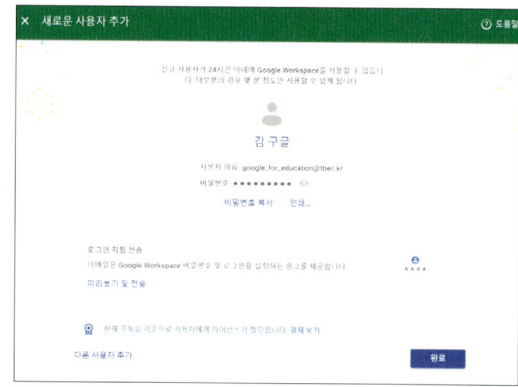

◆ 그림 1-5 계정 생성 완료 화면

조직단위는 무엇인가요?

- 조직단위는 사용자를 저장하고 정책을 달리 적용할 수 있는 그룹입니다. 예를 들어, '교사'라고 이름을 정한 조직에는 교사들만 배치하고, '학생' 조직에는 학생만 배치하고 이를 기반으로 교사에게 허용할 앱, 학생들에게 허용할 앱 등을 구별할 수 있습니다.
- 또한 북마크를 배포할 때 교사 조직에는 업무자료를 배포하여 온라인 교무실로, 학생 조직에는 학습자료를 배포하여 온라인 교실로 만들 수 있습니다. 북마크 배포 기능을 활용한 온라인 교무실 구축 방법은 Chapter 06. 온라인 교무실에서 자세히 알아보겠습니다.

4) ID 수정하기

Google Workspace에서는 관리 콘솔을 통해 ID 변경도 쉽게 할 수 있습니다. 그러나 ID 변경은 건물에 붙어있는 지번을 변경하는 것과 유사한 일이기 때문에 특정 상황에서 신중하게 해야 합니다. 다음과 같은 상황일 경우 ID를 변경할 수 있습니다.

- 학생이 개명하는 경우: 법적인 성명이 정정된 경우 반영을 위한 수정
- 오타 또는 부정확한 정보가 입력된 경우: 정확한 정보로 정정하기 위한 수정
- 보안상의 이유: 계정 유출 등으로 변경이 필요한 경우
- 진급하는 경우: 당해 연도에 맞춰 계정을 현행화 하는 경우

1 관리콘솔에서 작업하기

관리 콘솔에 로그인 한 후 ❶ '디렉터리' - ❷ '사용자' 메뉴에서 수정하려는 계정 옆에 표시되는 ❸ '사용자 이름 바꾸기'를 클릭합니다.

◆ 그림 1-6 사용자 이름 바꾸기

2 변경할 정보 입력하고 확인하기

변경하고자 하는 ❶ 사용자의 '성' ❷ '이름' ❸ '기본 이메일'을 정확하게 입력하고 ❹ '사용자 업데이트' 버튼을 눌러 수정 사항을 확정합니다. 수정을 마친 후에는 학생들에게 새로운 ID를 안내하고, 로그인이 제대로 되는지 확인합니다.

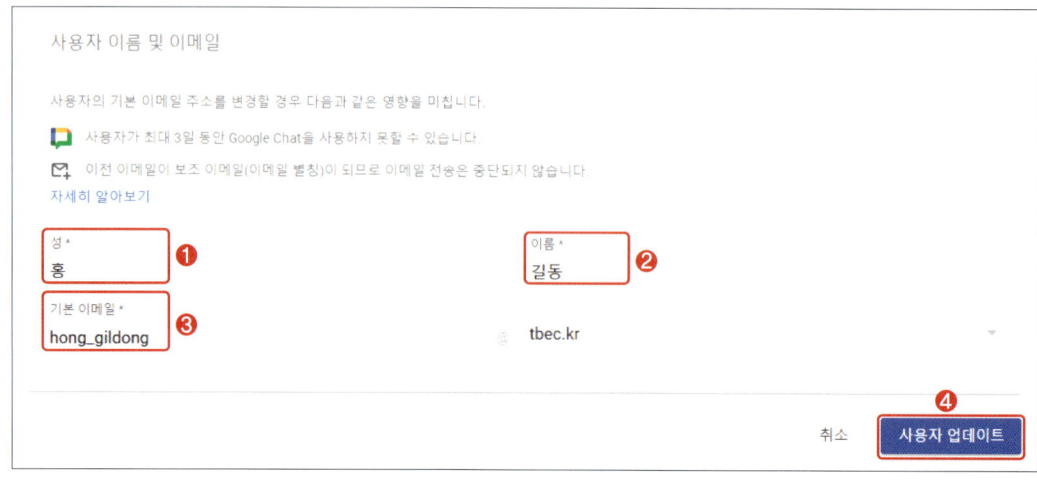

◆ 그림 1-7 사용자 정보 업데이트

5) 학생들이 분실한 비밀번호 찾아주기

학생들이 비밀번호를 잊어버려 로그인을 할 수 없는 경우, 관리 콘솔을 통해 비밀번호를 변경할 수 있습니다. 간혹 관리자는 모든 정보를 볼 수 있다고 오해하는 경우도 있습니다. 그러나 관리 콘솔에서 관리자는 사용자의 비밀번호를 조회할 수 없습니다. 다만, 비밀번호를 변경할 수 있을 뿐입니다. 관리자가 사용자의 비밀번호를 변경하는 방법은 다음과 같습니다.

관리 콘솔 화면에서 ❶ '디렉터리' - ❷ '사용자'를 클릭합니다. ❸ 비밀번호 변경을 원하는 계정 옆에 나타나는 ❹ '비밀번호 재설정'을 눌러 새로운 비밀번호를 설정합니다. 이 때, 첫 로그인 시 새 비밀번호로 변경하도록 설정합니다.

◆ 그림 1-8 비밀번호 재설정

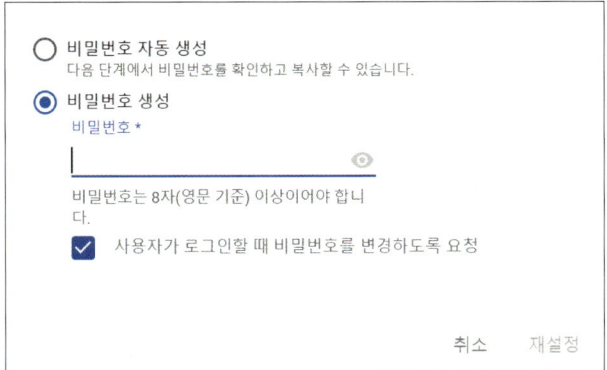

◆ 그림 1-9 사용자가 로그인할 때 비밀번호를 변경하도록 요청

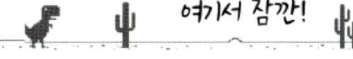

학생 계정 생성과 비밀번호 관리 노하우

- 학생의 입학연도와 학번을 조합하여 계정 만들기
  예 2025년에 입학한 1학년 1반 1번 학생의 경우, ID: 20251101
- 초기비밀번호는 기억하기 쉬운 규칙(예: 이름+학번)으로 설정하세요.
- 학생들에게 비밀번호 관리의 중요성을 교육하고, 안전한 비밀번호 설정 방법도 안내하세요.

1 - 2. Google Workspace for Education 계정 이용하기

1 로그인하기

계정을 생성하고 배포했으니 이제 실제로 로그인을 해 볼 차례입니다. 로그인 과정은 우리가 평소 사용하는 Google 계정의 로그인 방법과 동일합니다. 단, 학교 도메인 기반 계정(ID@domain.com)이라는 점만 다를 뿐입니다. Google 로그인 창이 나타나면, 평소처럼 이메일 입력란에 ID를 입력하되, 도메인까지 포함하여 입력합니다. 예를 들어, 학생이라면 student001@domain.com, 선생님이라면 teacher@domain.com과 같은 형식으로 입력하면 됩니다.

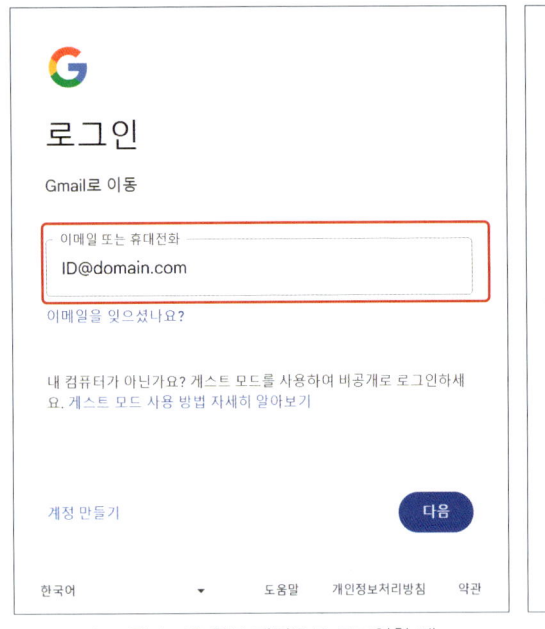

◆ 그림 1-10 학교 계정으로 로그인할 때   ◆ 그림 1-11 일반 Google 계정으로 로그인할 때

Google Workspace for Education 계정은 그냥 일반 Google 계정이 아니라, 학교 조직에서 발급한 특별한 계정입니다. 이 계정을 활용하면 Gmail, Google Drive, Google Classroom 등 Google의 모든 서비스를 개인용과 학교용으로 용도를 나눠 마음껏 사용할 수 있습니다.

2 액세스 차단 해제하기

Google Workspace for Education 계정으로 로그인 할 때 액세스가 차단되어 로그인하지 못하는 경우가 종종 있습니다. 이는 Google의 미성년자 계정 관련 정책 때문에 생기는 문제로, 학교 관리자가 허가한 웹 페이지만 접속할 수 있도록 설정되어 있기 때문입니다. 수업 또는 업무와 관련하여 접속해야 하지만 액세스가 차단되는 경우 액세스 요청을 눌러 관리자에게 액세스를 승인 요청을 보낼 수 있습니다.

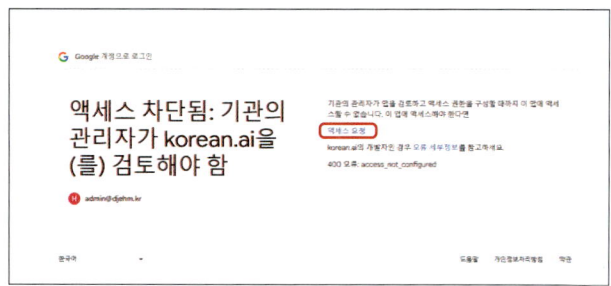

◆ 그림 1-12 앱 엑세스 차단 및 요청

액세스 요청을 받은 관리자는 다음과 같은 순서로 액세스 요청을 수락할 수 있습니다. ❶ 관리 콘솔 첫 화면의 '앱 앱세스 제어'의 '앱 검토'를 누릅니다. ❷ 허가할 앱의 '액세스 설정'을 눌러 ❸ '신뢰할 수 있음'을 선택한 뒤 저장하면 해당 사이트에 접속할 수 있습니다.

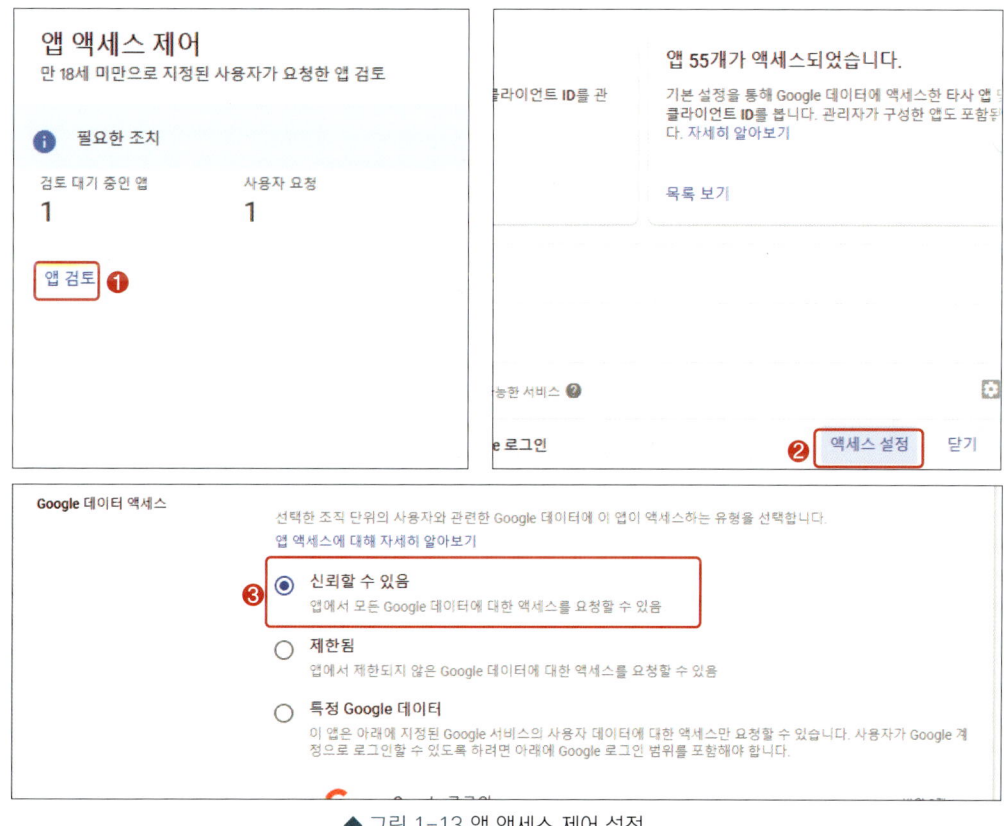

◆ 그림 1-13 앱 액세스 제어 설정

Google Workspace for Education을 활용하면 계정 관리 문제로 시간을 낭비하거나 보안에 대해 걱정할 필요 없이, 학습의 본질에만 집중할 수 있습니다. 진정한 교육 목표를 달성하기 위한 도구로서 Google Workspace for Education은 믿음직한 동반자로 언제나 선생님과 함께할 것입니다.

Google Forms / Sheets

설문조사 통계 내다가 책상을 내리칠 뻔 했어요

"만족도 조사 결과 수합하고 통계 내는데 시간 많이 쓰지 않으세요?"

학교 선생님들은 생각보다 많은 일을 합니다. 수업 준비는 기본, 업무 관련 서류 관리, 가정통신문 발송, 그리고 다양한 학교 행사 운영까지 그 업무는 매우 다양합니다. 더구나, 당장 내일까지 학교 구성원 전체를 대상으로 특정 내용을 조사해서 알려달라는 국회의원의 자료 요청 공문이라도 받는 날에는 교사인지 행정 직원인지 정체성의 혼란을 겪는 순간마저 생깁니다.

또, 11월은 학교의 모든 업무 담당자들이 각종 만족도 조사와 같은 설문을 실시하느라 분주한 시기입니다. 전교생을 대상으로 하는 설문부터 교사용 설문, 특정 학년 또는 특정 학급만을 대상으로 실시하는 설문, 심지어 한 명만을 대상으로 하는 설문까지 다양합니다. 그리고 예상대로 이러한 업무가 집중적으로 몰리는 사람은 항상 정해져 있습니다. 네, 그게 바로 접니다.

출근하자마자 메신저에 접속하니 수많은 설문 협조 요청 쪽지들이 쌓여 있습니다. 보통 적게는 몇 개에서, 몇십 개에 이르기도 합니다. 오늘은 전교에서 한 반만 실시하면 되는 '급식 만족도 조사 설문'과 '학교 예술 강사 만족도 조사 설문'에 당첨되었습니다. 거기에 더해 보건 선생님께서 '보건 수업 만족도 조사 설문'도 부탁하셨습니다. 물론 설문 결과 정리와 학생들 답안 분포에 따른 통계 작업까지 해야 합니다. 이 정도면 그냥 저 혼자 설문 참여만 하면 되는 20페이지 분량의 '연구학교 운영에 관한 부장 교사 대상 설문'은 그야말로 애교 수준입니다.

'오늘도 아름다운 설문과 통계 속에 파묻힐 수 있다니, 너무 행복하잖아♡'

문득, 이런 일들 때문에 고생하던 저의 초임 교사 시절이 생각납니다. 그날은 전교생의 학교 교육과정 만족도 조사 설문 결과 수합 및 통계 작업을 부탁받은 날이었습니다. 학기 말에 이루어지는 교육과정 만족도 조사 설문은 문항 수가 수십 개에 달하는 상당한 분량의 설문입니다. 설문 결과를 정리하려면 학생들이 선택한 보기별로 하나하나 손을 들게 하며 숫자를 세어야 했고, 한 학급의 결과를 수합하는 데에는 족히 한 시간이 걸리곤 했습니다. 부끄럽지만 아이들이 손을 늦게 들거나 타이밍을 놓쳐 숫자를 다시 세야 하는 일이 발생하면 저도 모르게 목소리가 커지곤 했습니다. 아이들이 모두 돌아간 텅 빈 교실에서, 홀로 조용히 책상을 내리친 적도 있었습니다.

"하지만 지금은 다릅니다. 저에게는 Google Forms와 Sheets가 있거든요."

감사하게도 보건 수업 만족도 조사는 Google Forms로 제작된 설문 링크를 보내주셨습니다. 교사용 PC로 접속하여 설문 응시용 QR코드를 만들고 화면에 띄운 뒤, 아침 자습 시간에 아이들에게 설문에 참여하도록 하니 5분도 채 되지 않아 설문을 마쳤습니다. 설문 결과는 Google Forms와 연계된 Google Sheets에 자동으로 수합되고 통계까지 작성되었습니다. 그러나 급식 만족도 조사와 학교 예술 강사 만족도 조사는 정성스럽게 한 장 한 장 복사해 보내주신 인쇄물로 도착했습니다.
'부장님, 만족도 조사 결과 통계내서 보내주시면 감사하겠습니다^^'라는 메모와 함께.

그렇지만, 지난 15년의 세월 동안 저는 많이 강해졌습니다. 씨익 웃으며 여유있게 Google Forms를 열고 만족도 조사 문항 수만큼의 빈 객관식 문항을 만든 뒤, Google Classroom에 설문 주소를 업로드 하자 Google Forms에 익숙해진 아이들은 짧은 시간에 척척 설문을 완료했습니다. 이번에도 설문 결과는 Google Forms와 연계된 Google Sheets에 자동으로 수합되었고, 저는 그저 응답이 기록된 Google Sheets의 주소를 담당 선생님께 보내기만 하면 되었습니다.
세 종류의 만족도 조사를 실시하는 데에는 20분이 채 걸리지 않았습니다. 그리고 저는 여전히 식지 않은 커피를 마시며 여유롭게 1교시 수업을 준비할 수 있었습니다.

'만약 이 순간 Google Forms와 Google Sheets가 없었으면 어땠을까요?'

2 - 1. Google Forms

1) Google Forms 알아보기

Google Forms는 온라인 양식과 설문조사를 손쉽게 만들고 공유하며 실시간으로 응답을 분석할 수 있도록 해주는 도구입니다. 수집된 응답은 따로 통계 작업을 하지 않아도 그래프 형식으로 표시되며, 클릭 한 번으로 설문 결과를 Google Sheets로 옮기면 더 많은 데이터 가공 작업을 할 수도 있습니다.

◆ 그림 1-14 학교 행사(사진 공모전) 설문   ◆ 그림 1-15 설문 결과 요약

2) 가정통신문, 선도·연구학교 등 각종 설문조사 만들기

1 Google Forms는 **❶** 'Google 앱 메뉴'를 클릭한 뒤 **❷** 'Forms'를 선택하거나 주소창에 Google Forms 주소인 'forms.google.com'을 입력하여 실행할 수 있습니다.

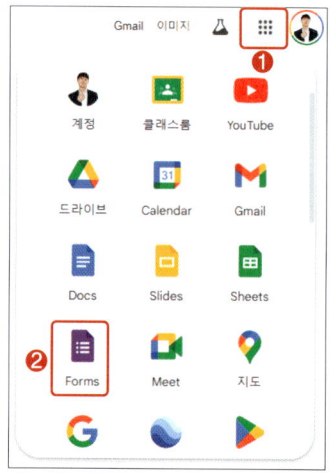

◆ 그림 1-16 Google Forms 실행하기

2 Google Forms를 활용하면 손쉽게 설문을 제작할 수 있습니다. Google Forms에서 제공하는 여러 가지 ❶ '템플릿 갤러리'를 활용할 수도 있고 ❷ '빈 양식'에 직접 설문 내용을 입력해 제작할 수도 있습니다.

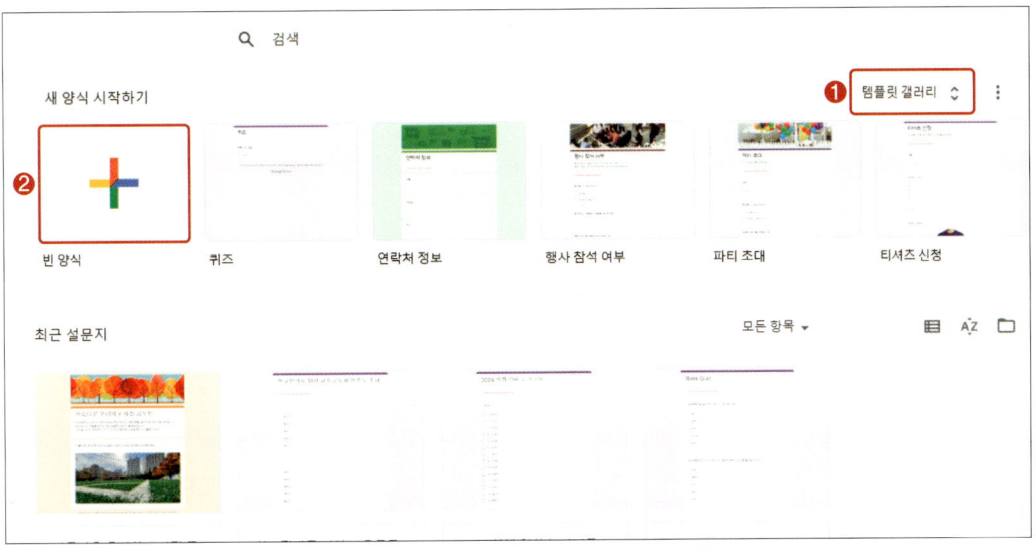

◆ 그림 1-17 새 Google Forms 설문 만들기

3 빈 양식을 생성했다면 다음과 같은 화면을 볼 수 있습니다. 각 질문 형식의 특징은 다음과 같습니다.

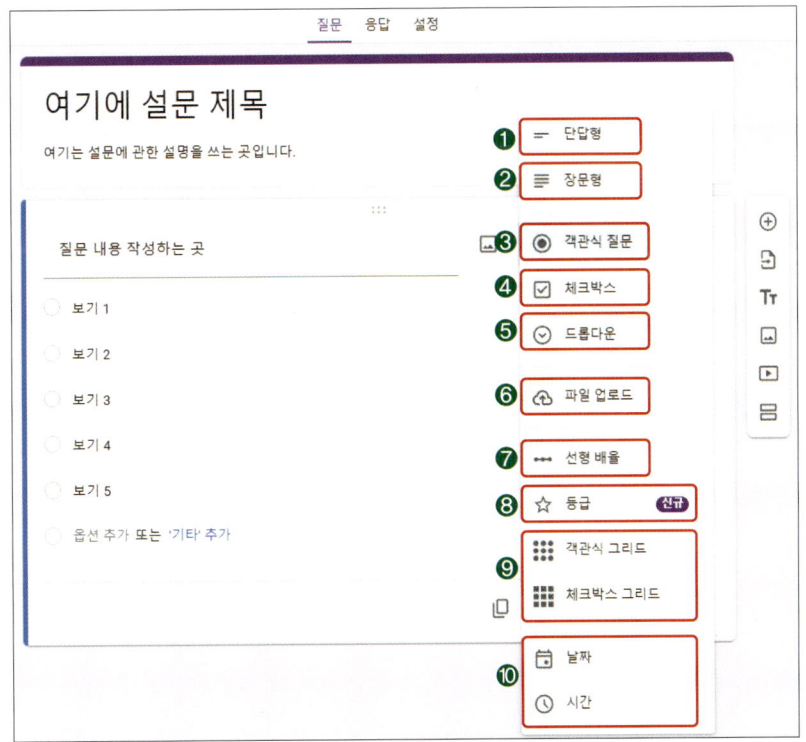

◆ 그림 1-18 설문을 만들 때 활용할 수 있는 질문 형식

❶ 단답형 : 짧은 답변 작성을 요구하는 질문에 사용합니다.

❷ 장문형 : 긴 답변 작성을 요구하는 질문에 사용합니다.

❸ 객관식 질문 : 여러 개의 보기 중 하나만 선택하도록 하는 질문에 사용합니다.

❹ 체크박스 : 주어진 보기 중 여러 개를 선택하도록 하는 질문에 사용합니다.

❺ 드롭다운 : 여러 개의 보기 중 하나만 선택하도록 하지만, 보기 좋게 정리된 형태로 제공하고 싶을 때 사용합니다. 객관식 질문과 기능은 동일합니다.

❻ 파일 업로드 : 이미지, 문서, 비디오 등의 파일을 받아야 하는 질문에 사용합니다.

❼ 선형 배율 : 특정 항목에 대한 만족도, 중요도 등을 숫자 척도로 평가하도록 하는 질문에 사용합니다.

❽ 등급 : 특정 항목에 대한 만족도, 등급 등을 별, 하트, 좋아요 등의 개수를 통해 표시하도록 하는 질문에 사용합니다.

❾ 그리드 질문 : 객관식 그리드는 여러 행과 열로 이루어진 표 형식의 질문을 제시하고, 각 행에 대해 하나의 답변을 선택하도록 하는 질문에 사용합니다. 체크박스 그리드는 객관식 그리드와 유사하지만, 각 행에서 여러 개의 답변을 선택할 수 있도록 하는 질문에 사용합니다.

❿ 날짜, 시간 : 날짜나 시간 입력을 요구하는 질문에 사용합니다.

4 질문을 작성했다면 각 질문에 대한 옵션을 설정할 수 있습니다. 옵션 메뉴는 질문을 작성하는 화면 오른쪽 아래에 있습니다. 옵션 메뉴에서는 해당 질문에 대한 답변을 필수로 수집할 것인지(응답자가 답을 체크하지 않고 건너뛰는 것을 허용할 수도 있습니다.), 답변을 기준으로 질문 섹션을 이동할 것인지, 옵션(객관식, 체크리스트 문항의 보기) 순서를 무작위로 섞을 것인지 등을 정할 수 있습니다.

◆ 그림 1-19 질문 옵션 메뉴

만들고자 하는 설문의 목적에 따라 다양한 형식의 질문을 사용하여 설문을 완성할 수 있습니다.

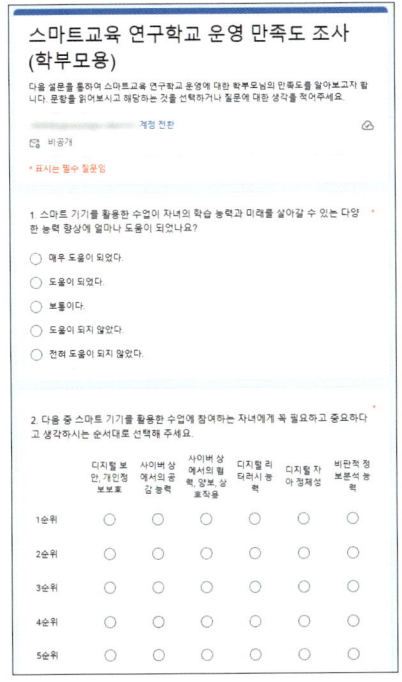

◆ 그림 1-20 다양한 형식의 질문을 활용한 설문

3) 설문 게시 및 공유 권한 설정하기

1️⃣ 응답을 받기 위해서는 먼저 설문을 게시해야 합니다. 완성된 설문은 오른쪽 상단의 '게시' 버튼을 눌러 게시할 수 있습니다.

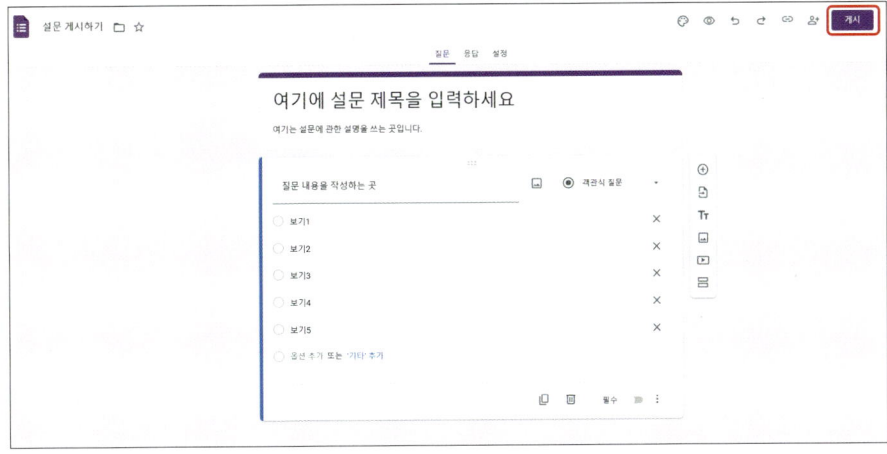

◆ 그림 1-21 설문지 게시 버튼

01 Google, 너와 함께여서 여유로웠다 33

2 게시 버튼을 누르고 나면 게시 양식 메뉴에서 공유 권한을 설정할 수 있습니다.

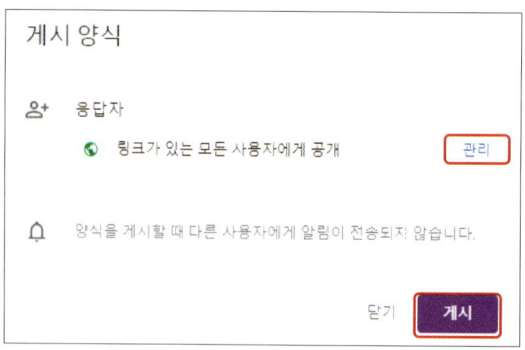

◆ 그림 1-22 게시 양식 설정하기

3 '관리' 버튼을 눌러 특정 사람이나 조직에게만 응답 권한을 부여하거나, 설문의 공동 편집자를 추가할 수 있습니다. 그러나 이러한 기능이 필요하지 않다면 바로 '게시' 버튼을 눌러 게시하면 됩니다.

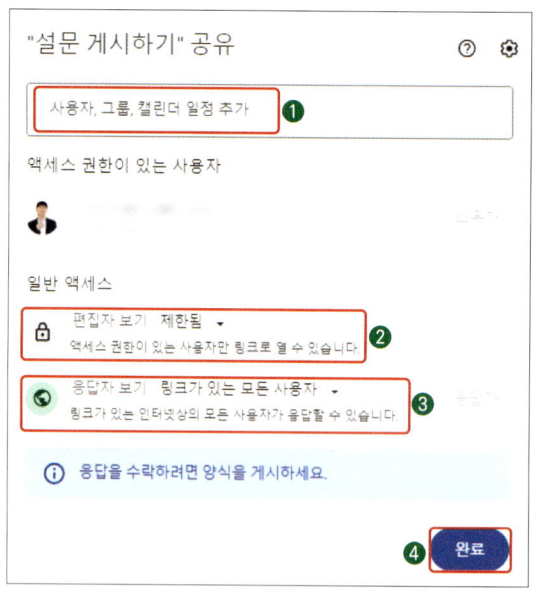

◆ 그림 1-23 공유 권한 설정하기

❶ 특정 사용자와 공유 : 공유할 사람의 Gmail 주소를 직접 입력해서 추가합니다. 추가한 사람의 역할은 응답자와 편집자 중 선택할 수 있습니다.

❷ 편집자 보기 : 제한된 사람(❶에서 추가한 사람)만, 또는 링크가 있는 모든 사용자에게 편집자 권한을 부여할 수 있습니다.

❸ 응답자 보기 : 제한된 사람(❶에서 추가한 사람)만, 또는 링크가 있는 모든 사용자에게 응답자 권한을 부여할 수 있습니다.

❹ 완료 : 공유 권한 설정을 완료하고 게시 양식 메뉴로 돌아갑니다.

4 설문을 게시하면 오른쪽 상단에 '게시됨'이 표시되는 것을 확인할 수 있습니다.

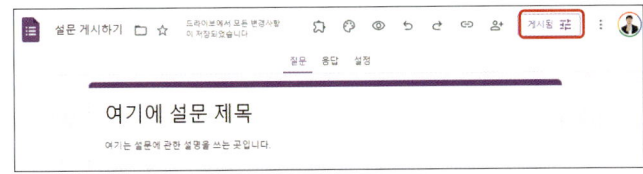

◆ 그림 1-24 설문이 게시된 상태

5 이제 완성된 설문을 공유할 차례입니다. 링크 버튼을 클릭해서 게시된 설문의 응답자 링크를 확인합니다. 이때 링크 주소가 너무 길다면 'URL 단축'을 체크해서 링크 주소를 짧게 만들 수도 있습니다. 만들어진 링크의 URL을 응답자에게 전달합니다.

◆ 그림 1-25 응답자 링크 메뉴

6 '설정' 메뉴에서는 응답자의 이메일 주소 수집 여부, 응답 수정 가능 여부, 응답 횟수 제한 여부를 설정할 수 있습니다. 일반적으로 학교에서 실시하는 익명 설문의 경우 이메일 주소 수집하지 않음, 응답 수정 허용하지 않음, 응답 횟수를 1회로 제한하여 배포하는 것이 좋습니다.

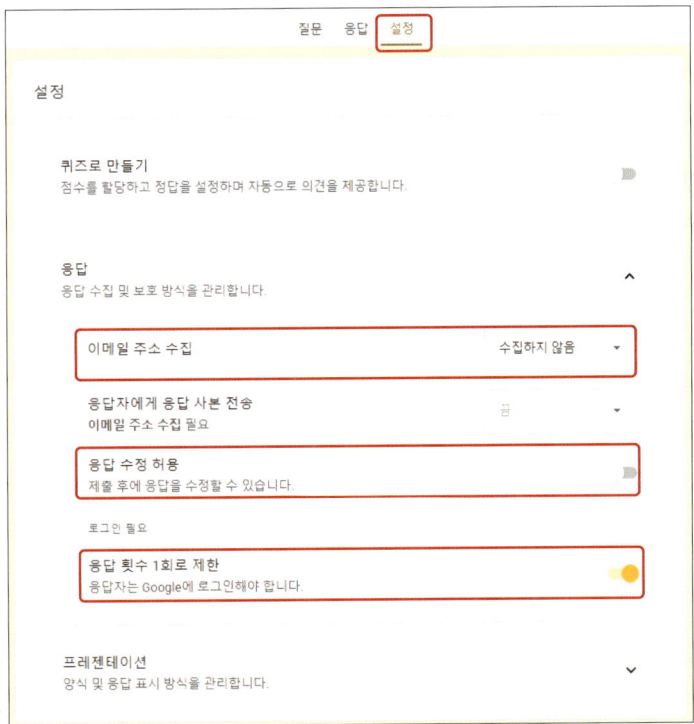

◆ 그림 1-26 Google Forms의 설정 메뉴

- Google 설문을 열었는데 앞서 살펴본 설명과 내용 및 메뉴 구성이 다르더라도 당황할 필요는 없습니다.
- 2024년 12월, Google Forms 메뉴 업데이트가 있었습니다. 이 시기 이전에 작성된 설문은 위에서 설명한 것과 메뉴 구성이 조금 다릅니다. 가장 큰 차이는 게시 버튼 대신 '보내기' 버튼이 있는 것인데, 보내기 버튼 사용 방법은 다음과 같습니다.
- 작성이 완료된 설문을 응답자에게 보내기 위해서는 먼저 오른쪽 상단에 있는 ❶ '보내기' 버튼을 누릅니다. 이후 나타나는 설문지 보내기 메뉴에서 ❷ Gmail 또는 직접 링크 전송 중 응답자에게 링크를 전송할 방식을 선택합니다. Gmail을 선택했다면 응답자의 메일 주소를 직접 추가할 수 있고, 링크 전송 메뉴를 선택했다면 설문 응답 링크를 복사해서 응답자에게 전송할 수 있습니다. 설정이 완료되었으면 ❸ '보내기' 버튼을 눌러 설문 대상자에게 보낼 수 있습니다.

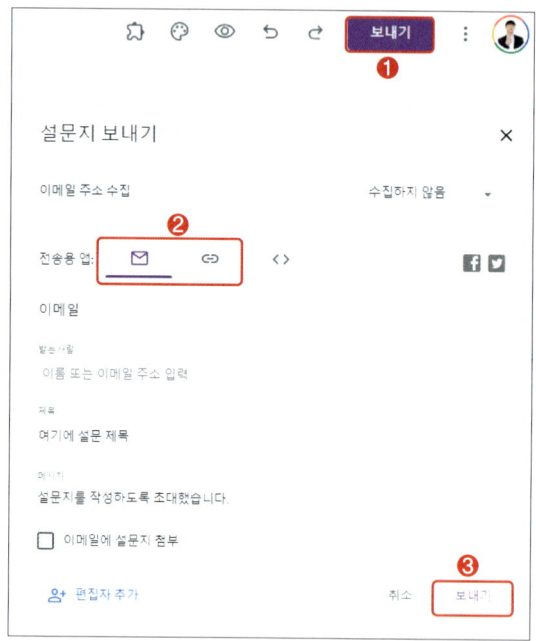

◆ 그림 1-27 보내기 버튼 사용 방법

4) 응답 결과 확인하기

1 설문 결과는 응답 메뉴에서 실시간으로 확인할 수 있습니다. 또, 'Sheets에서 보기' 버튼을 활용해 Google Sheets로 응답 결과를 불러올 수도 있습니다. 설문 응답을 그만 받고 싶을 때는 오른쪽 상단의 '게시됨' - '응답받기' 항목의 체크를 해제하여 설문 응답을 비활성화할 수 있습니다. 설문 응답이 비활성화되면 설문 링크에 접속해도 응답할 수 없습니다.

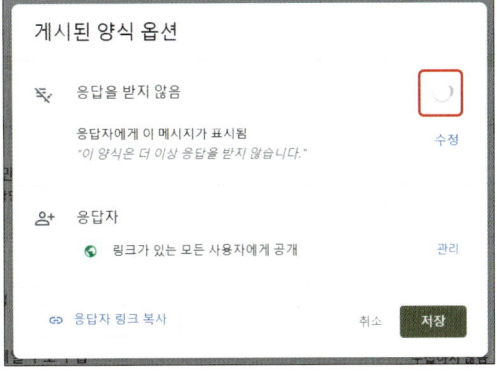

◆ 그림 1-28 응답 메뉴 화면

2 응답받기가 비활성화된 설문은 언제든지 다시 응답을 활성화할 수 있습니다. 필요에 따라 적절히 수정해 가며 활용하면 됩니다.

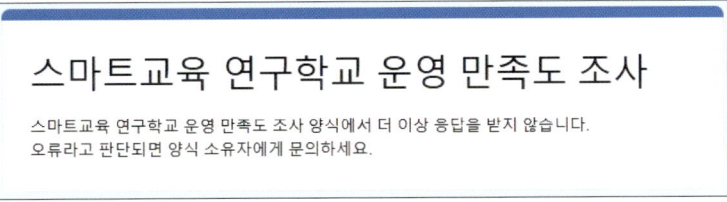

◆ 그림 1-29 응답받기가 비활성화된 설문의 접속 화면

2 - 2. Google Sheets

1) Google Sheets 알아보기

Google Sheets는 실시간 공동작업이 가능한 온라인 스프레드시트 도구입니다. Google Sheets를 사용하면 언제든지 온라인에서 데이터 관리, 시각화, 분석 등을 할 수 있습니다. 또, '삽입'-'테이블' 메뉴를 선택하여 사전에 제작된 템플릿을 활용하면 쉽고 빠르게 자료를 제작할 수도 있습니다.

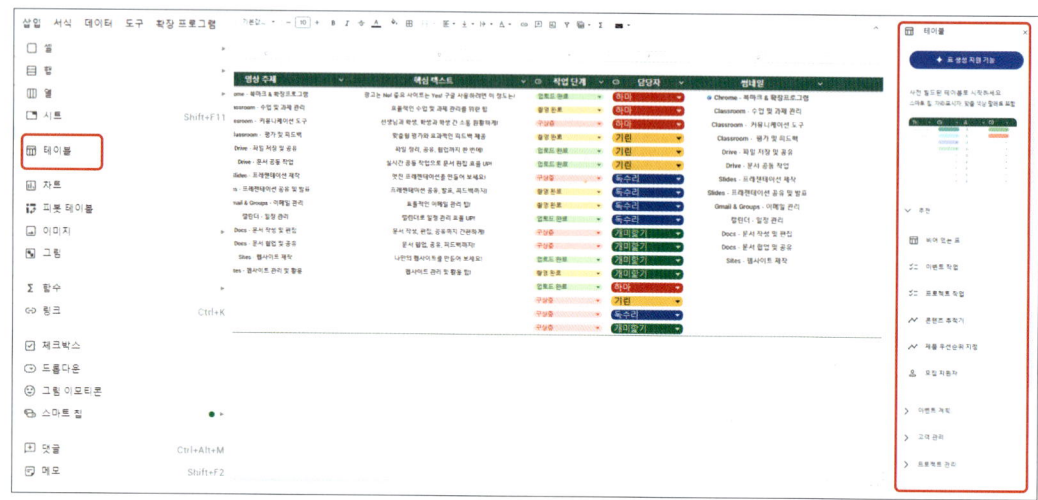

◆ 그림 1-30 Google Sheets 템플릿 활용 예시

2) 정보화기기 수리 대장 효율적으로 관리하기

1 Google Sheets는 ❶ 'Google 앱 메뉴'를 클릭한 뒤 ❷ 'Sheets'를 선택하거나 주소창에 Google Sheets 주소인 'sheets.google.com'을 입력하여 실행할 수 있습니다.

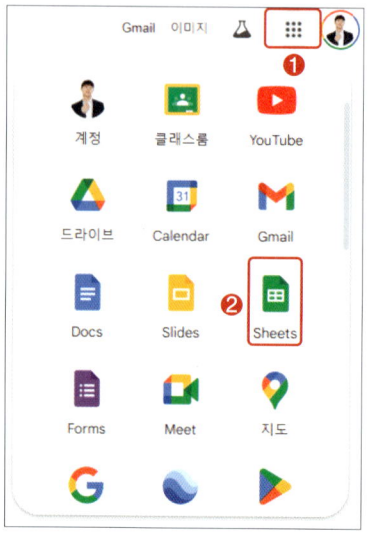

◆ 그림 1-31 Google Sheets 실행하기

❷ 여러 사람이 공동으로 관리해야 하는 각종 대장이나 월간·주간 계획, 공동 예산 사용 내역과 연수 이수 내역 등을 Google Sheets를 활용해 작성하면 시간과 장소에 구애받지 않고 누구나 내용을 작성하고 확인할 수 있습니다. ❶ 새 Google Sheets에서 입력해야 하는 항목을 작성합니다. ❷ 대장을 활용하는 모든 사람이 알아야 하는 정보도 눈에 잘 띄게 적습니다.

◆ 그림 1-32 Google Sheets 기반 정보화기기 수리 대장 예시

❸ 대장 양식을 생성했다면 공유 권한을 설정합니다. ❶ '공유' 버튼을 누른 뒤 ❷ Gmail 주소를 활용해 사용자를 직접 추가하거나 ❸ 링크를 통해 들어오는 사용자의 권한을 설정한 뒤 공유합니다. 처리가 완료된 건은 삭제하거나 처리 완료 표시를 하는 등 미리 협의된 방식으로 대장을 관리합니다.

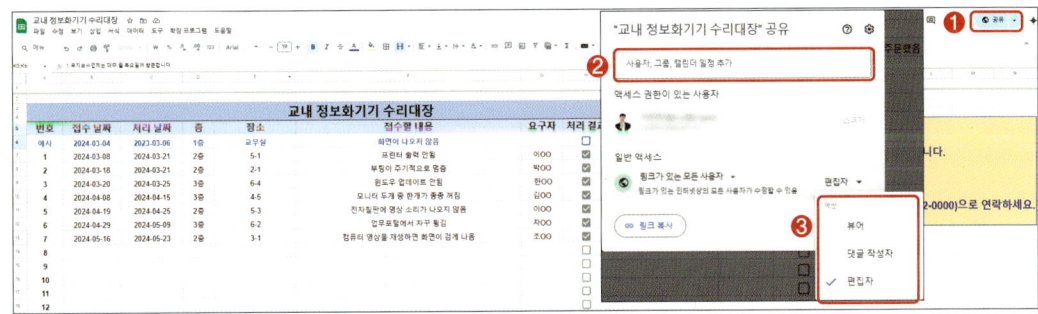

◆ 그림 1-33 정보화기기 수리 대장 공유 및 관리하기

❹ 하나의 Google Sheets 주소에 여러 개의 Sheet를 추가해서 사용하면 각종 대장 관리를 더욱 효과적으로 할 수 있습니다. 새 Sheet 페이지를 추가하고 싶다면 왼쪽 하단의 +버튼을 누르면 됩니다.

새로 작성해야 하는 대장이 있을 때마다 Sheet를 추가하며 사용한다면, 마치 작은 규모의 온라인 교무실을 구축한 것과 같은 효과를 누릴 수 있습니다.

◆ 그림 1-34 새 Sheet 추가하기

3) 드롭다운 기능을 활용해 각종 의견 수합하기

Google Sheets의 드롭다운 기능을 활용하면 간식 메뉴 수합, 자료 제출 여부 관리 등을 쉽게 할 수 있습니다.

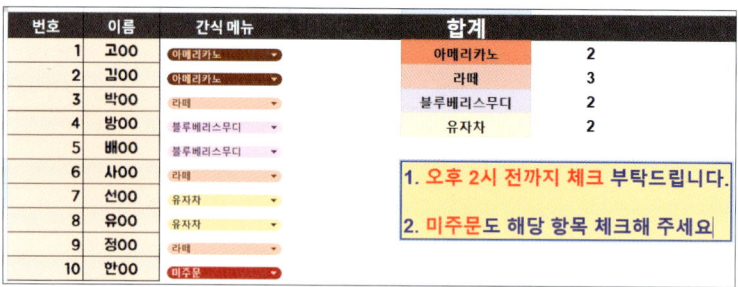

◆ 그림 1-35 드롭다운 기능을 활용한 의견 수합 Sheet 예시

1 의견 수합용 Sheet를 작성하기 위해 먼저 ❶ 새 Sheet에서 의견을 받을 사람 명단을 입력합니다. ❷ 드롭다운을 적용할 영역을 드래그한 뒤 ❸ 마우스 오른쪽 버튼(또는 '삽입' 메뉴) - '드롭 다운'을 클릭합니다. 화면 오른쪽에 표시되는 ❹ 데이터 확인 규칙 메뉴에서 드롭다운에 사용할 색상과 항목을 지정해 줍니다.

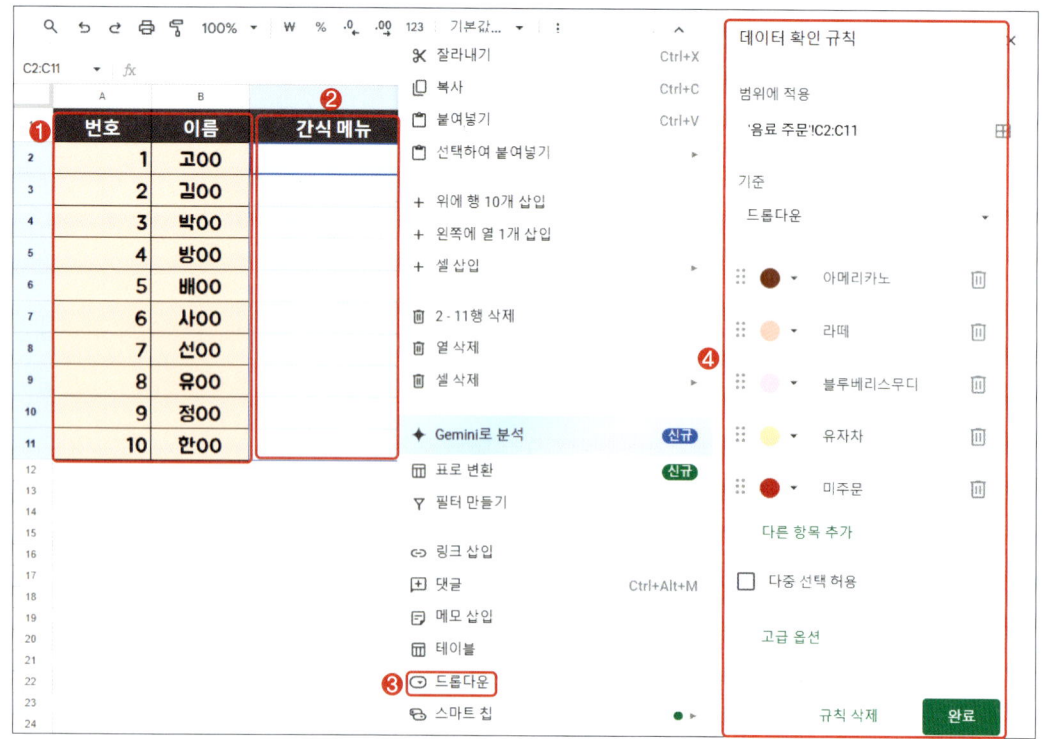

◆ 그림 1-36 드롭다운 기능을 적용해서 의견 수합 Sheet 만들기

2 드롭다운 기능을 적용한 표가 포함된 Sheet 주소를 구성원들에게 공유하면 손쉽게 의견을 수합할 수 있습니다.

◆ 그림 1-37 드롭다운 기능을 이용해 의견 수합하기

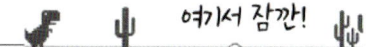 여기서 잠깐!

Google Sheets는 드롭다운 외에 체크박스, 그림 이모티콘, 스마트 칩 등의 기능을 제공하고 있으니, 필요에 따라 유용하게 활용할 수 있습니다. 특히 스마트 칩 기능으로 추가한 자료는 정보 간의 연결성, 사용자 간의 협업을 강화해 줍니다. 스마트 칩 활용법은 Chapter 03. Google Docs에서 자세히 소개하고 있으니 참고하시기 바랍니다.

◆ 그림 1-38 삽입 메뉴에서 첨부할 수 있는 도구

CHAPTER 03
Google Docs

> 회의록 작성과 동시에
> 결재 통과하는 방법 알려드려요

"몰랐으니까. Google Docs로 달라질지 몰랐으니까! 알면 그랬겠나?"

　동료 장학 수업 공개 후, 당시 막내였던 저는 수업 협의 내용을 회의록으로 남기라는 임무를 받았습니다. 더 좋은 수업을 위해 고민하는 중요한 자리에서 회의록 작성이라는 막중한 임무를 맡았기에 이 시간만큼은 단 한 마디도 놓치지 않고 열심히 회의록을 쓰리라 다짐했습니다. 그러나 시간이 지날수록 손은 떨려왔고, 심지어는 정신이 몽롱해지는 느낌마저 들었습니다.

　'나는 누구? 여긴 어디? 회의록은 언제까지...?'

　그날의 회의는 결국 손이 덜덜 떨릴때쯤이 되어서야 끝났습니다. 그리고 저는 그날 밤, 열심히 손으로 쓴 회의록을 타이핑하여 '한글 문서'로 옮기는 일을 부지런히 했습니다. 다음 날은 교장선생님께서 3일간 출장을 가시기 전 결재를 받을 수 있는 마지막 기회의 날이었기 때문입니다.

　그러나 교장선생님께 결재를 받기 위해 교장실에 들어가는 일은 '하늘의 별 따기'였습니다. 쉬는 시간에 갔더니 교내를 순시하시는지 안 계시고, 점심 시간에 갔더니 이미 대기하는 다른 선생님들이 계시고, 기다리고 기다리다 수업 시간이 되어 다음 기회를 기약하기까지 수 차례... 결국 수업을 모두 마친 오후가 되어서야 교장실에 들어갈 수 있었습니다. 오랜 기다림 끝에 만난 교장선생님께서는 군데군데 수정이 필요한 부분을 표시한 뒤 회의록을 돌려주셨습니다. 한 번에 결재를 통과할 수 있으리란 생각은 저의 착각이었던 것입니다. 결국 저는 결재를 받기 위해 다시 열심히 회의록을 수정해야 했습니다.

손 떨리는 회의록 작성과 무한 기다림의 결재를 경험한 뒤로 저는 회의록 작성이 필요한 회의에 참석하게 되는 경우 반드시 노트북을 가져가기 시작했습니다. 그리고 회의가 진행되는 동안 빛의 속도로 내용을 입력하여 한글 문서로 된 여러 장의 회의록을 완성했습니다. 완벽한 '속기사'가 된 것만 같은 순간이었습니다. '역시 사람은 도구를 써야 해.'

때는 바야흐로 전 세계가 혼돈 그 자체였던 코로나19 시절, 저는 Google Docs와 처음 만났습니다. 화상 회의를 진행하면서 오늘도 역시 '노트북 + 한글 문서' 공식을 활용해야겠다고 생각했던 그 순간, 부장님이 조심스레 채팅창에 링크를 보내주시며 말씀하셨습니다.

"이게 Google Docs라는 건데... 오늘은 회의하면서 회의록을 같이 써볼까요?"

처음엔 낯설고 어색했습니다. 그러나 Google Docs에 접속한 여러 계정이 동시에 각자의 텍스트를 써 내려가는 것을 보며 불과 몇 초도 안 돼 처음의 낯선 기분이 환희로 바뀌었습니다.

"대박! 이거 진짜 대박이에요!!"

이후, 저의 생활은 달라졌습니다. 이제 더 이상 교장선생님을 하염없이 기다리거나, 수정해 주신 문서를 들고 와 컴퓨터로 수정하는 작업을 하지 않습니다. 대신, Google Docs로 작성한 회의록 링크를 교장선생님께 공유한 뒤, 교장선생님께서 제안해주신 수정사항을 바탕으로 최종 수정을 합니다. 온라인에서 피드백을 받고 수정하며 훨씬 효율적으로 일하게 된 것입니다.

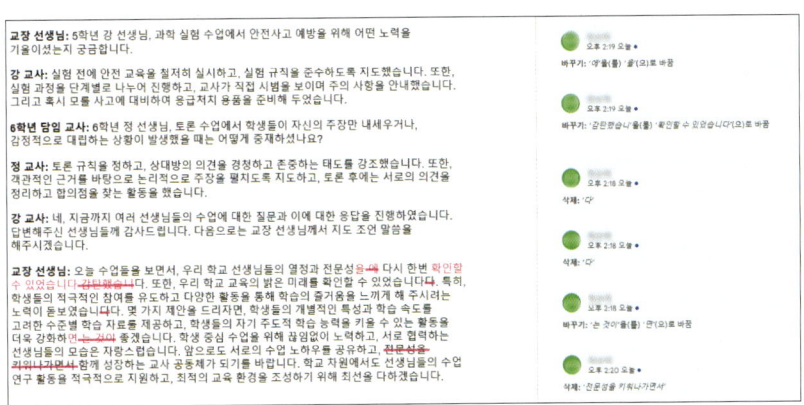

Google Docs를 몰랐던 시절에도 회의록을 작성하고, 결재를 받았습니다. 그러나 지금은 Google Docs를 활용하여 조금 더 수월하고 합리적으로 업무를 처리하고 있습니다. 문득 Google Docs를 몰랐던 때를 떠올려보니, Google Docs를 알고 있음에 참으로 다행이라는 생각이 듭니다.

'불필요한 절차를 합리적으로 줄일 수 있다면, 그것이야말로 업무 간소화 아닐까요?'

3 - 1. Google Docs

1) Google Docs 알아보기

Google Docs는 온라인으로 문서를 작성하고 편집할 수 있는 도구입니다. Google Docs를 활용하면 언제 어디서든 문서 작성과 편집을 쉽게 할 수 있습니다. 또한 여러 사용자가 실시간으로 동시에 작업할 수 있는 '협업' 기능을 활용할 수 있으며, 작성한 문서는 Google Drive에 자동으로 저장됩니다.

2) Google Docs로 함께 회의록 작성하기

1 Google Docs는 ❶ 'Google 앱 메뉴'를 클릭한 뒤 ❷ 'Docs'를 선택하거나 주소창에 Google Docs 주소인 'docs.google.com'을 입력하여 실행할 수 있습니다.

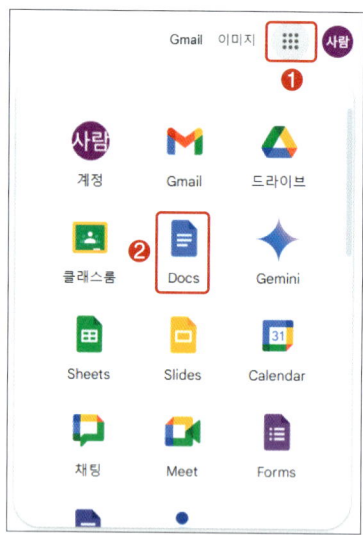

◆ 그림 1-39 Google Docs 실행하기

❷ Google Docs로 동시 작업을 하기 위해 오른쪽 상단에 있는 ❶ '공유' 버튼을 클릭하고 ❷ '링크가 있는 모든 사용자'로 액세스 권한을 설정한 뒤, ❸ '편집자' 역할을 부여합니다. ❹ 링크를 복사하여 공유하면 여러 사람과 동시에 문서 작업을 할 수 있습니다.

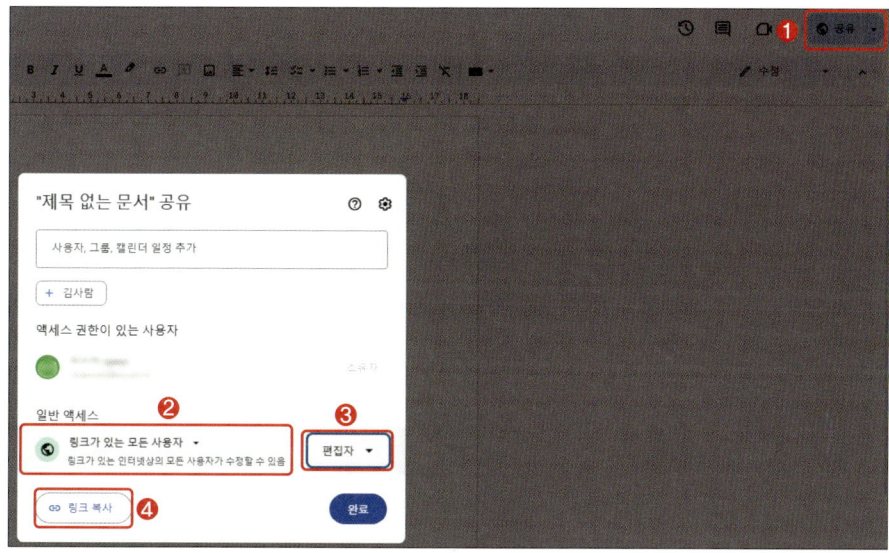

◆ 그림 1-40 공유 권한 설정하기

'링크가 있는 모든 사용자'의 역할에 따라 수행할 수 있는 작업은 달라집니다.

☑ '뷰어' 링크를 공유받은 사람들은 해당 문서를 보기만 할 수 있고 편집은 할 수 없습니다.

☑ '댓글 작성자' 문서를 확인하고 댓글을 작성하는 것까지만 할 수 있습니다.

☑ '편집자' 내용을 자유롭게 수정하거나 추가, 삭제하는 등의 편집을 할 수 있습니다.

Google Docs는 역할에 따라 다른 권한을 부여할 수 있으므로, 필요한 권한을 고려하여 역할을 선택한 뒤에 링크를 복사하고 공유하면 됩니다.

특정 사용자만 문서에 접근하게 하고 싶다면 해당 사용자 계정을 입력하여 추가할 수도 있습니다. 초기에 설정한 공유 권한은 중간에 얼마든지 수정할 수 있으므로 필요할 때마다 역할을 조정하여 회의록을 함께 작성할 수 있습니다.

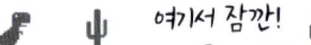

Google Docs는 실시간으로 여러 사람이 들어왔다는 것을 오른쪽 상단 동그란 아이콘 표시로 보여줍니다. 여러 사람이 동시 작업을 할 때, 작성하고 있는 내용의 오른쪽 커서 부분에 작성하는 사람의 계정 이름이 나타나므로 누가 무엇을 작성하고 있는지도 실시간으로 확인할 수 있습니다.

◆ 그림 1-41 여러 사람이 들어왔다는 것이 실시간으로 나타나는 모습

특정 계정을 입력한 뒤 링크를 공유하였다면 그 사용자의 계정 이름이 바로 나타나지만, '링크가 있는 모든 사용자'를 대상으로 링크를 공유하였다면 사용자의 계정 대신 '익명의 ~'라고 표시됩니다. 그러므로 작업 참여자가 누구인지 정확히 확인할 필요가 있다면 해당 사용자의 계정을 입력한 뒤 '편집자' 권한을 부여하여 공유하는 것이 좋습니다.

3) 댓글 활용하기

Google Docs에서는 댓글을 활용하여 피드백을 주고받을 수 있습니다. 댓글에 답글을 달아 쌍방향으로 의견을 교환하는 것도 가능합니다. 교사는 댓글 기능을 활용하여 학생들이 작성한 문서에 적절한 피드백을 제공할 수 있고, 학생들끼리도 상호 피드백을 주고받을 수 있습니다.

1 Google Docs에서 댓글을 추가하는 방법은 다양합니다. 먼저 댓글을 추가하고 싶은 문장이나 단락을 블록 지정한 뒤 ❶ '삽입' 메뉴에서 ❷ '댓글'을 클릭합니다. 화면 오른쪽에 댓글 입력창이 생성되면 댓글을 작성할 수 있습니다.

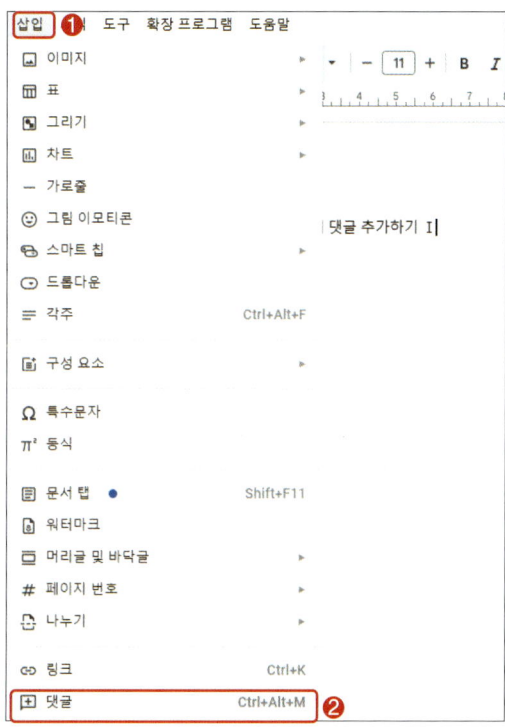

◆ 그림 1-42 Google Docs에서 댓글 추가하기 Ⅰ

2 또한, ❶ 문서의 오른쪽에 마우스를 가져다 대면 아래와 같은 아이콘이 뜨는데, 이때 가장 위쪽의 ❷ '댓글 추가' 버튼을 클릭하면 바로 댓글을 추가할 수 있습니다.

◆ 그림 1-43 Google Docs에서 댓글 추가하기 Ⅱ

3 마지막으로 ❶ 마우스 오른쪽 버튼을 클릭하여 생성된 팝업 메뉴 중, ❷ '댓글' 버튼을 눌러 댓글을 추가할 수도 있습니다.

◆ 그림 1-44 Google Docs에서 댓글 추가하기 Ⅲ

댓글은 Google Docs에서 원활한 협업을 가능하게 해주는 기능입니다. 댓글 기능을 적절하게 활용하면 문서 내에서 다양한 사용자와 활발하게 상호작용하며 더욱 효과적으로 협업할 수 있습니다.

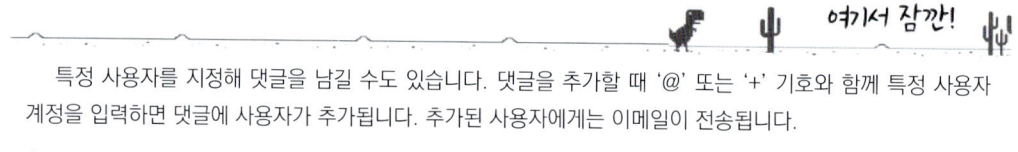

특정 사용자를 지정해 댓글을 남길 수도 있습니다. 댓글을 추가할 때 '@' 또는 '+' 기호와 함께 특정 사용자 계정을 입력하면 댓글에 사용자가 추가됩니다. 추가된 사용자에게는 이메일이 전송됩니다.

4) 수정, 제안 모드 활용하기

Google Docs에서는 링크를 공유받은 사용자가 문서를 직접 수정할 수도 있고, 수정 의견만 제안할 수도 있습니다. 문서를 직접 수정하려면 수정 모드, 수정을 제안하려면 제안 모드를 사용하면 됩니다.

1 마우스 오른쪽 버튼을 클릭하여 '수정 제안' 혹은 '수정으로 돌아가기'를 선택하거나, 오른쪽 상단의 '수정', '제안' 버튼을 클릭하여 모드를 전환할 수 있습니다.

◆ 그림 1-45 마우스 오른쪽 버튼 활용

◆ 그림 1-46 오른쪽 상단 버튼 활용

수정 모드를 사용하면 원본 문서 자체가 수정되고, 어느 부분을 어떻게 수정했는지에 대한 기록은 표시되지 않습니다. 그러나 제안 모드를 사용하면 어느 부분을 어떻게 수정하였는지 모든 기록이 표시됩니다. 문서의 일부 내용을 삭제하거나 다른 내용을 추가하는 경우, 문서의 일부 내용을 다른 내용으로 대체하였을 경우, 그리고 심지어 단락을 추가했을 때에도 수정 사항은 모두 시각적으로 기록되고 표시됩니다.

2 아래의 그림은 제안 모드에서 문서의 일부 내용을 삭제한 경우입니다. '삭제'라는 키워드와 함께 삭제된 본문에는 붉은 선이 그어집니다. 삭제된 내용이 무엇인지도 확인할 수 있습니다.

◆ 그림 1-47 제안 모드의 '삭제'

3 이번에는 원본 문서에 새로운 내용을 추가한 경우를 살펴보겠습니다. '추가'라는 키워드와 함께 추가된 내용이 표시됩니다. 또한 문단을 나누거나 공백을 만들기 위해 줄바꿈을 한 경우, 줄바꿈한 횟수를 포함하여 '단락 추가'라고 표시됩니다. 다른 사용자의 본문에서는 추가된 내용이 붉은색 글씨로, 추가된 단락은 붉은색 선으로 표시됩니다.

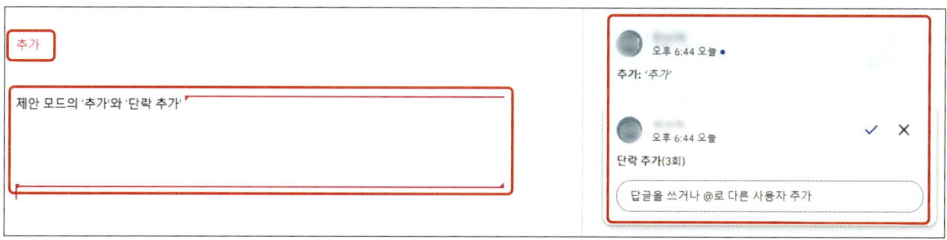

◆ 그림 1-48 제안 모드의 '추가'와 '단락 추가'

4 또한, 문서의 일부 내용을 바꾸었을 때는 '바꾸기'라는 키워드와 함께 어떤 부분을 어떻게 변경하였는지 표시됩니다. 다른 사용자의 본문에서는 수정된 부분에 붉은색 선이 그어지고, 변경한 내용은 붉은색 글씨로 나타나 쉽게 구분할 수 있습니다.

◆ 그림 1-49 제안 모드의 '바꾸기'

이처럼 Google Docs에서 제안 모드를 활용하면 원본 문서에서 삭제된 내용, 추가된 내용, 변경된 내용 등 모든 수정 사항을 확인할 수 있습니다. 따라서 수정 과정 자체를 이해하고 진행해야 하는 업무나 수업 활동을 할 때 매우 효과적으로 활용할 수 있습니다.

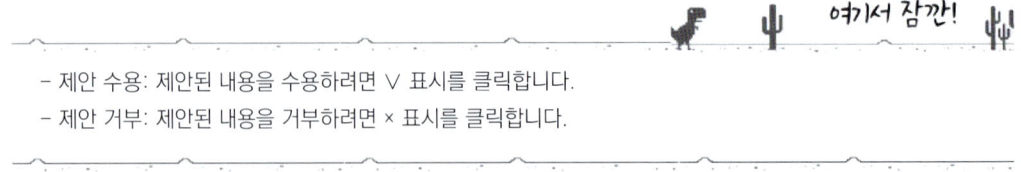

- 제안 수용: 제안된 내용을 수용하려면 ∨ 표시를 클릭합니다.
- 제안 거부: 제안된 내용을 거부하려면 × 표시를 클릭합니다.

5) 스마트 칩을 활용하여 자료 첨부 및 공유하기

Google Docs에서 스마트칩 기능을 활용하면 자료 첨부와 공유를 쉽게 할 수 있습니다. 스마트 칩으로 입력할 수 있는 정보는 날짜, 사용자, 파일, 일정, 장소 등이 있으며, 유료 서비스인 Google Workspace for Education Plus를 사용하는 경우 스톱워치, 타이머, 작업, 변수, 투표 칩 등의 스마트 칩도 활용할 수 있습니다.

1 스마트 칩을 추가하려면 먼저 ❶ '삽입' 메뉴에서 ❷ '스마트 칩'을 클릭합니다. ❸ 표시되는 다양한 스마트 칩 중 알맞은 것을 선택하여 활용합니다.

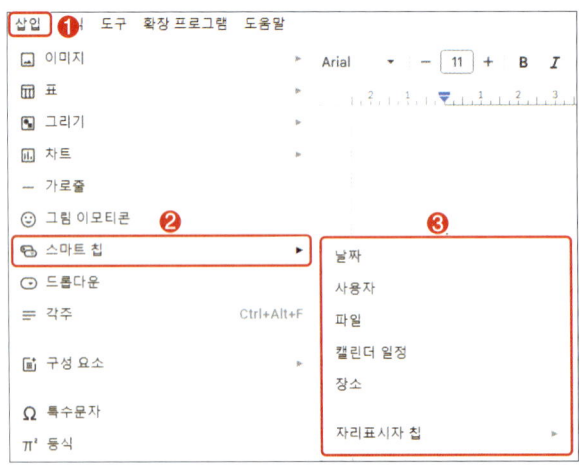

◆ 그림 1-50 스마트 칩 추가하기 I

2 스마트 칩을 추가하는 다른 방법으로는 '@' 기호를 입력하는 방법이 있습니다. '@' 기호를 입력하면 바로 스마트 칩을 추가할 수 있는 팝업 메뉴가 나타납니다.

◆ 그림 1-51 스마트 칩 추가하기 Ⅱ

[스마트 칩-사용자] 특정 사용자를 칩의 형태로 문서에 입력하는 기능입니다. 스마트 칩으로 사용자를 입력하면 스마트 칩에 마우스를 가져다 대었을 때 해당 사용자에 대한 간단한 정보가 나타나며, 해당 사용자에게 메일을 보내거나 세부 정보를 확인할 수 있습니다.

◆ 그림 1-52 스마트 칩 - 사용자

[스마트 칩-파일] Google Docs, Google Presentation, Google Sheets 등 Google 도구들을 스마트 칩으로 입력하면 해당 파일로 바로 이동할 수 있는 하이퍼링크 기능을 사용할 수 있습니다. 또, '미리보기 열기' 기능을 통하여 문서 내에서 간단히 파일을 확인할 수도 있습니다.

'파일'은 '@'를 입력하면 나타나는 여러 정보 중에서 '파일'을 선택하여 활용하거나, 자리표시자 칩을 클릭하여 나타나는 '파일'을 선택하여 입력할 수 있습니다.

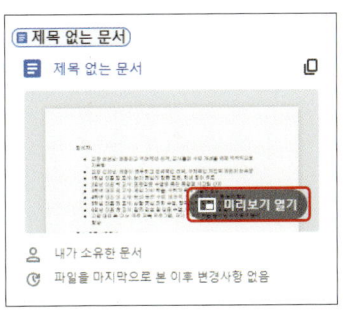

◆ 그림 1-53 스마트 칩 - 파일

[스마트 칩-날짜] 특정 날짜를 입력할 수 있는 기능입니다. 스마트 칩을 활용하면 날짜를 쉽게 입력할 수 있을 뿐만 아니라, 더욱 가독성 있게 표시된다는 장점이 있습니다. 시간 단위까지 세부적으로 입력할 수 있고, 필요에 따라 다른 나라의 시간대를 선택하여 활용할 수도 있습니다.

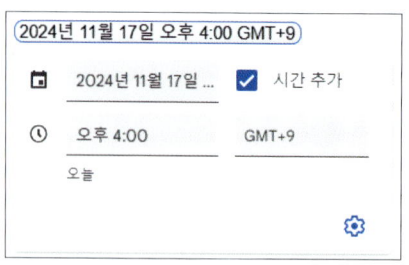

◆ 그림 1-54 스마트칩 – 날짜

[스마트 칩-장소] 특정 장소를 입력할 수 있는 기능입니다. '장소'는 '자리표시자 칩' - '장소'를 클릭하여 입력할 수 있습니다. 생성된 장소 스마트 칩을 클릭하여 특정 장소를 검색한 뒤 입력합니다. 장소까지 입력된 스마트 칩 위에 마우스를 가져다 대면 해당 장소의 지도가 간단히 나타나며, '미리보기 열기'를 클릭하면 화면 오른쪽에 표시되는 지도를 통해 장소에 대한 세부 정보도 확인할 수 있습니다.

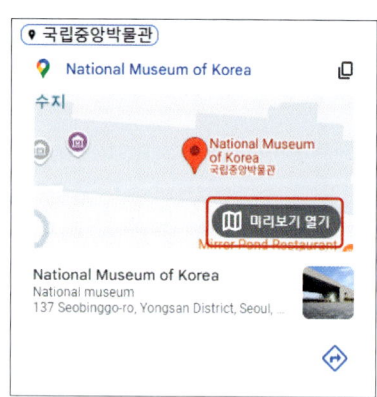

◆ 그림 1-55 스마트 칩 – 장소

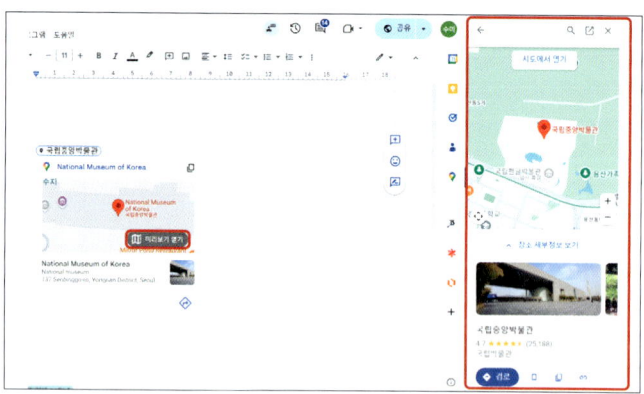

◆ 그림 1-56 스마트 칩 – 장소 미리보기 열기

경로 보기를 클릭하면 지도 화면에서 바로 출발지나 목적지를 설정할 수 있으므로 특정 장소에 대한 더욱 다양한 정보를 얻을 수 있습니다.

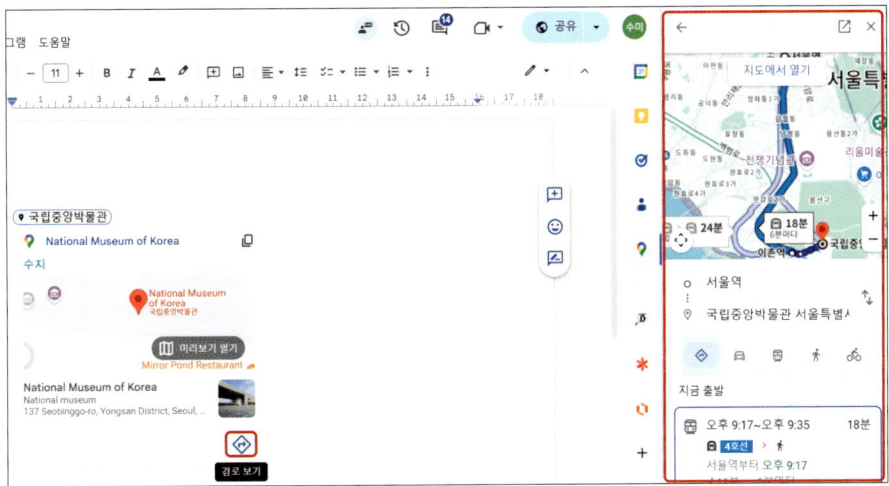

◆ 그림 1-57 스마트 칩 – 장소 경로 보기

이처럼 Google Docs에서 스마트 칩을 활용하면 사용자, 파일, 날짜, 장소 등과 관련된 정보를 쉽게 입력하고 확인할 수 있어 더욱 효율적으로 일할 수 있습니다. 스마트 칩으로 입력한 사용자의 이메일로 바로 메시지를 보내거나 첨부된 문서의 내용을 미리보기로 빠르게 확인할 수도 있습니다. 또, 출장지나 워크숍 장소 등을 첨부한 뒤 해당 장소까지의 경로를 즉시 확인할 수도 있습니다. 업무의 생산성과 편의성을 높여주는 스마트 칩의 다양한 기능을 꼭 활용해 보시기 바랍니다.

Google Calendar

전체 행사 일정 잡다 멱살 잡혔어요

"Google Calendar, 나의 일정을 환하게 비춰줘!"

"아니, 이게 말이 돼?!" 쩌렁쩌렁 울려 퍼지는 부장님의 고함 소리에 심장이 덜컹 내려앉았습니다. 손에 땀이 흥건하게 차오르고, 머릿속은 이미 새하얘져 아무 생각이 나지 않았습니다.

'무슨 일이 꼬였나 보다…' 당시 제가 근무하던 학교는 매우 큰 규모였고, 전체 학교 행사 일정을 조율하는 일은 복잡하고 까다로운 일이었습니다. 그래서 학교에서는 전체 학교 행사 일정을 조율하는 업무를 별도로 분장하였고, 제가 그 일을 담당하고 있었습니다. 그리고 방금 그 고함 소리가 울려 퍼지기 딱 1분 전, 부장님께서는 제게 질문을 던지셨습니다.

"이번 주 목요일 오후 3시에 시청각실 비워두었지?"

"네? 그 시간에는 음악 경연대회에 나가는 아이들이 예행 연습을 한다고 해서 잡아두었는데요?"

"그러면 그날 오후 3시에 학부모 연수는 어떻게 하려고?"

"네? 3시에 학부모 연수…?"

순간 머릿속에서 경고음이 울렸습니다. 항상 가지고 다니는 수첩을 뒤적거려 보니, 세상에! 학부모 연수 일정을 깜빡 잊고 시청각실을 이중으로 예약해버린 것입니다. 결국 그날 저는 부장님께 멱살을 잡히고 말았습니다. 엄청 혼이 났고, 학부모 연수는 급하게 다른 장소에서 진행해야 했습니다. 여담이지만 그날 제 멱살을 잡은 부장님과는 지금도 종종 안부를 묻기도 하고 가끔 함께 식사도 하는데, 한 번씩 그때 이야기를 나눌 때면 멱살을 잡아 미안했다고 말씀하시기도 합니다.

그 당시 저는 수첩과 달력을 활용해 이중으로 일정을 확인하며 전체 행사 일정을 관리하려고 노력했지만, 동시에 많은 일정을 처리하다 보니 간혹 실수가 발생하기도 했습니다.

Google Calendar를 쓰기 전, 저는 그야말로 '인간 캘린더'였습니다. 수첩과 달력에 깨알 같은 글씨로 일정을 꾹꾹 눌러 적고, 형형색색의 펜으로 중요도를 표시했습니다. 행여 일정이 변경이라도 될 때면 수정펜으로 일정을 지우고 그 위에 다시 일정을 적었습니다. 이렇게 수첩과 달력에 모든 일정을 빈틈없이 완벽하게 적어놓았다고 자신했지만, 문제는 생각지도 못한 곳에서 발생하곤 했습니다. 제 머릿속은 수첩과 달력만큼 완벽하게 정리되어 있지 못했기 때문입니다.

지금은 전체 행사 일정을 조율하는 업무를 담당하지 않지만, 만약 다시 하게 된다고 할지라도 전혀 걱정하지 않습니다. 유능한 비서 Google Calendar가 제 삶을 관리해 주고 있기 때문입니다.

요즘 제가 아침에 일어나자마자 제일 먼저 확인하는 것은 스마트폰에 설치한 Google Calendar입니다. 오늘은 어떤 일정이 있는지, 무엇을 준비해야 하는지 한눈에 확인할 수 있기 때문입니다. 특히 중요한 일정은 미리 알림을 설정해 두므로 걱정 없이 일정을 챙길 수 있습니다. 덕분에 약속 시간에 늦거나 중요한 회의를 놓치는 일이 없어졌고, 시청각실 이중 예약과 같은 일들은 옛날이야기가 되었습니다. Google Calendar는 컴퓨터뿐만 아니라 태블릿, 스마트폰과 모두 연동이 되므로 가정에서도, 학교에서도, 심지어 여행 중에도 일정을 확인하고 관리할 수 있습니다.

무엇보다 좋은 것은 여러 사람과 일정을 공유할 수 있다는 점입니다. Google Calendar의 일정 공유 기능을 활용하면 각자가 일정을 깜빡하거나 전달하지 못했을지라도 공유된 캘린더를 통해 서로의 일정을 확인할 수 있습니다.

Google Calendar는 단순한 일정 관리 도구를 넘어, 소중한 시간을 효율적으로 관리할 수 있도록 돕는 나만의 비서이자 도우미입니다. 삶을 더욱 풍요롭게 만들어주는 마법 같은 존재인 Google Calendar를 효율적으로 활용하여 많은 사람들의 생활이 편리해졌으면 좋겠습니다.

'복잡한 일정 때문에 머리 아플 일은 이제 그만!'

4 - 1. Google Calendar

1) Google Calendar 알아보기

Google Calendar는 일정을 효율적으로 관리할 수 있게 해주는 일정 관리 도구입니다. Google Calendar를 활용하면 특별실 예약 시스템을 만들어 효율적으로 학교 일정을 관리할 수 있을 뿐만 아니라 구성원들과 일정을 공유할 수도 있습니다. 또, 미리 알림을 설정해두면 학교의 중요한 일정을 잊어버리거나 놓치는 일이 없도록 도와줍니다.

2) 공유 기능 활용하기

Google Calendar를 활용하여 특별실 예약 시스템을 만들기 위해 먼저 공유 기능에 대해 알아보겠습니다.

1 Google Calendar는 ❶ 'Google 앱 메뉴'를 클릭한 뒤 ❷ 'Calendar'를 선택하거나 주소창에 Google Calendar 주소인 'calendar.google.com'을 입력하여 실행할 수 있습니다.

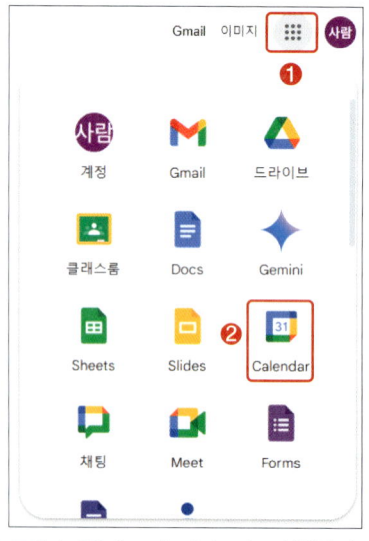

◆ 그림 1-58 Google Calendar 실행하기

스마트폰으로 Google Calendar를 활용하는 경우, 홈 화면에 위젯을 추가하면 더욱 빠르게 Calendar에 접근할 수 있습니다.

2 이미 생성되어 있는 Google Calendar를 공유하려면 화면 왼쪽 아래에서 ❶ 공유하고 싶은 캘린더를 선택하고 ❷ 더 보기(:) - ❸ '설정 및 공유'를 클릭합니다. 일정의 액세스 권한에서 ❹ '공개 사용 설정'을 선택한 뒤 ❺ '공유 가능한 링크 받기'를 클릭합니다. '링크 복사'를 눌러 해당 링크를 공유하고 싶은 사람들에게 안내하면 다른 사람들과 Calendar의 일정을 공유할 수 있습니다.

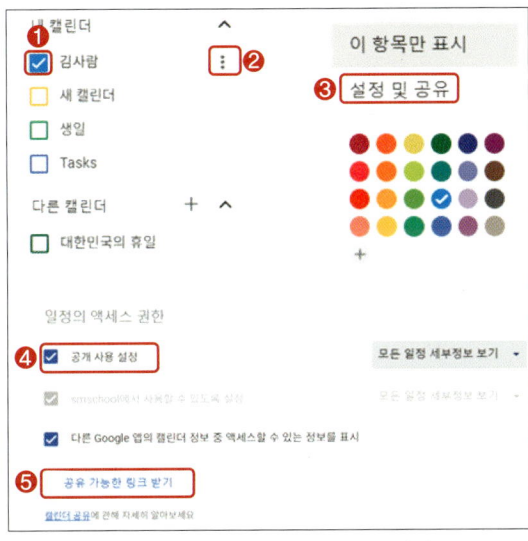

◆ 그림 1-59 Google Calendar 공유하기 I

3 일정의 액세스 권한에서 '공개 사용 설정'을 체크할 경우, 한가함/바쁨 정보만 보여줄 것인지, 모든 일정의 세부정보를 보여줄 것인지 선택할 수 있습니다.

◆ 그림 1-60 '일정의 액세스 권한'에서 선택할 수 있는 권한의 종류

❶ 한가함/바쁨 정보만 보기 : 한가함/바쁨 정보만 확인할 수 있습니다. 일정의 이름이나 세부정보는 확인할 수 없습니다.

❷ 모든 일정 세부정보 보기 : '비공개'로 설정한 일정을 제외한 모든 일정의 세부정보를 확인할 수 있습니다. 단, '참석자 목록 보기' 권한이 없는 일정의 참석자 목록은 볼 수 없습니다.

4 Google Calendar를 공유하는 다른 방법은 ❶ '특정 사용자 또는 그룹과 공유' 메뉴에서 ❷ '사용자 및 그룹 추가' - ❸ 특정 사용자의 이메일 또는 이름을 추가한 뒤 ❹ '보내기'를 클릭하는 것입니다.

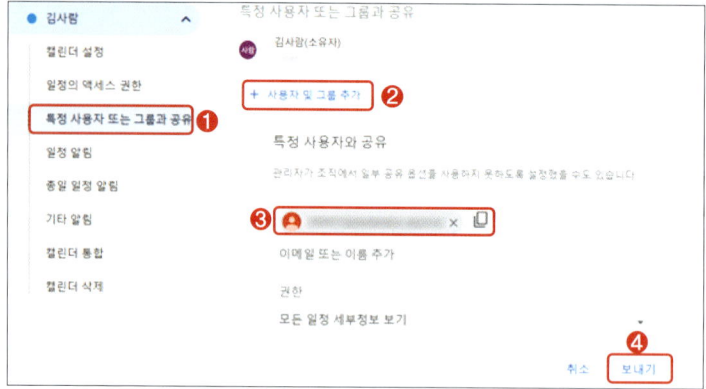

◆ 그림 1-61 Google Calendar 공유하기 Ⅱ

단, Google Workspace for Education 사용자라면 관리자가 조직에서 설정한 옵션에 따라 일부 공유 옵션은 선택하지 못할 수 있습니다.

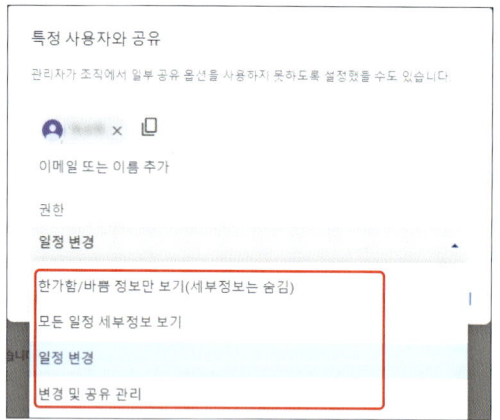

◆ 그림 1-62 '특정 사용자와 공유'에서 선택할 수 있는 권한의 종류

5 이메일 또는 이름을 추가하여 공유한 사용자에게는 이메일이 발송됩니다. 받은 이메일에서 '이 캘린더를 추가'를 클릭하면 Google Calendar를 공유할 수 있습니다.

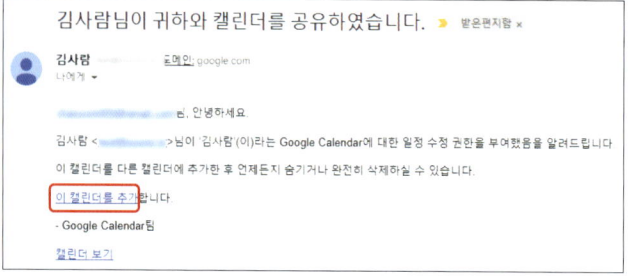

◆ 그림 1-63 이메일로 공유받은 Google Calendar 추가하기

6 새 캘린더를 만들어 공유하고 싶다면 ❶ 다른 캘린더의 오른쪽에 있는 '+' 버튼을 클릭하고, ❷ '새 캘린더 만들기'를 누릅니다. ❸ 새 캘린더의 이름과 설명, 시간대를 입력하고 '캘린더 만들기' 버튼을 클릭합니다.

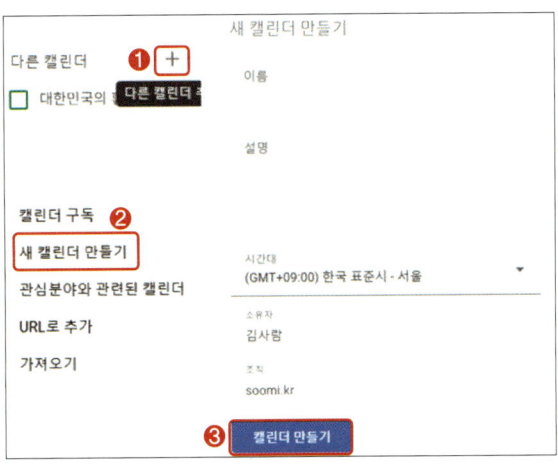

◆ 그림 1-64 새 캘린더 만들기

7 특정 사용자로부터 공유 받은 캘린더의 이벤트는 내 캘린더에서도 확인할 수 있습니다. 해당 이벤트를 클릭하면 이벤트의 세부 정보와 함께 특정 사용자가 지정한 캘린더의 이름이 나타나므로, 어떤 캘린더에서 입력한 일정인지 쉽게 알 수 있습니다.

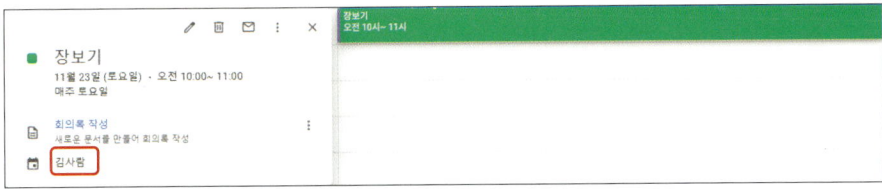

◆ 그림 1-65 공유 받은 캘린더의 이벤트를 클릭했을 때의 모습

이처럼 Google Calendar를 활용하면 필요에 따라 새로운 캘린더를 만들고 원하는 사람과 특정 캘린더를 공유할 수 있습니다.

3) 알림 기능 활용하기

Google Calendar에는 중요한 일정을 잊거나 놓치는 일이 없도록 도와주는 알림 기능이 있습니다. 알림 시간을 지정해두면, 설정된 시간에 맞춰 알림이 나타납니다. 여러 개의 알림을 추가할 수도 있고, 알림 대신 이메일을 받도록 설정을 변경할 수도 있습니다.

1 알림 기능은 만들어진 일정을 편집하거나 새 일정을 만들 때 설정할 수 있습니다. 만들어진 일정이라면 해당 일정을 누른 뒤 ❶ '수정' 버튼을 클릭합니다. ❷ 알림을 얼마 전으로 설정할 것인지를 선택한 뒤 ❸ '저장' 버튼을 클릭합니다. 알림의 단위는 분, 시간, 일, 주 중에서 선택할 수 있습니다.

◆ 그림 1-66 만들어진 일정에서 알림 기능 설정하기

2 새 일정을 만들 때 알림을 설정하려면 새 이벤트 추가 화면 가장 아래쪽 항목에 나타나는 ❶ 캘린더 이름 - ❷ '알림 추가' 버튼을 클릭하여 알림을 지정합니다. 또는 ❸ '옵션 더보기' - ❹ '알림 추가'를 선택하여 알림을 지정할 수도 있습니다.

◆ 그림 1-67 새 이벤트를 만들며 알림 기능 설정하기

4) 약속 일정 기능을 활용하여 특별실 예약 시스템 만들기

　Google Calendar는 일정 예약 페이지를 만들어 공유할 수 있는 약속 일정 기능을 제공하고 있습니다. 캘린더를 공유하고 있다면 예약 페이지에 접근할 수 있고, 공유하지 않는다 하더라도 짧은 링크를 통해 바로 예약 페이지에 접근할 수 있어 쉽게 예약 페이지를 공유할 수 있습니다. 또한, 예약 양식을 설정해두면 예약 시 필요한 추가 정보를 수집할 수도 있습니다.

1 약속 일정 기능을 활용하여 특별실 예약 시스템을 만들기 위해 먼저 ❶ '만들기' - ❷ '약속 일정'을 클릭합니다. 생성된 팝업창에 ❸ 특별실의 이름 등으로 제목을 추가하고 ❹ 약속 지속 시간, 일반적으로 참여 가능한 시간, 일정 예약 기간, 조정 후 참여 가능한 시간, 예약된 약속 설정 등의 항목에서 원하는 정보를 입력한 뒤 ❺ '다음'을 클릭합니다. ❻ 예약 페이지 사진 및 이름, 장소 및 회의, 설명, 예약 양식, 예약 확인 및 알림 항목에서 필요한 정보를 추가로 입력한 뒤 ❼ '저장'을 클릭하면 캘린더에 약속 일정이 만들어진 것을 확인할 수 있습니다.

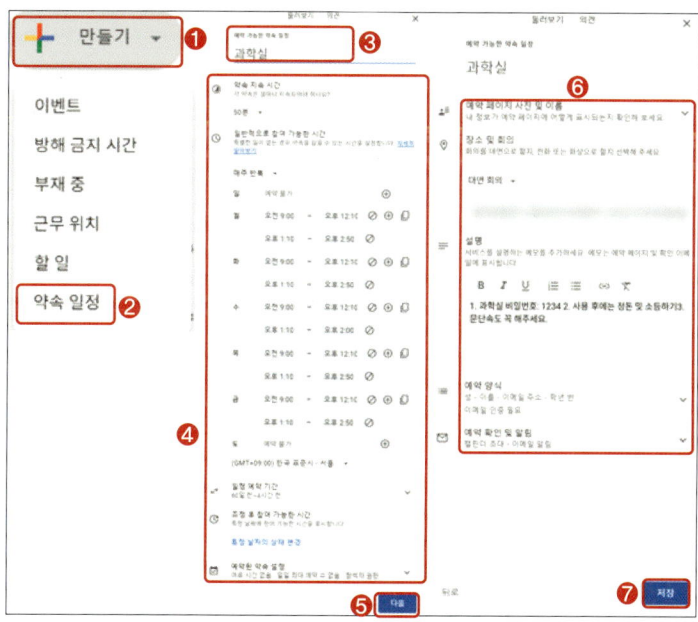

◆ 그림 1-68 약속 일정으로 특별실 예약 시스템 만들기

◆ 그림 1-69 약속 일정을 만들 때 입력할 수 있는 항목 예시

❶ 제목 : 예약 가능한 약속 일정 제목을 추가합니다.

❷ 약속 지속 시간 : 약속이 지속되는 시간을 추가합니다.

❸ 일반적으로 참여 가능한 시간 : 약속을 잡을 수 있는 시간을 설정합니다.

❹ 일정 예약 기간 : 약속을 예약할 수 있는 시간 범위를 제한합니다.

❺ 장소 및 회의 : 회의를 대면으로 할지, 전화 혹은 화상으로 할지 선택합니다.

❻ 설명 : 설명하는 메모를 추가합니다.

❼ 예약 양식 : 약속 일정을 예약하는 데 사용할 양식을 맞춤 설정합니다.

❽ 예약 확인 및 알림 : 약속을 잡은 사용자에게 이메일이 전송됩니다.

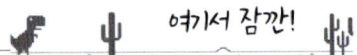

- 약속 지속 시간: 학교급별 수업 시간 + 쉬는 시간을 약속 지속 시간으로 설정하는 것이 좋습니다. 예를 들어, 초등학교의 경우에는 1차시가 40분, 쉬는 시간이 10분이므로 약속 지속 시간은 50분으로 설정합니다.
- 일정 예약 기간: 일정 예약 기간의 최대 시간과 최소 시간을 설정합니다. 예를 들어, 30일 전부터 1시간 전까지 사전에 특별실 사용을 예약할 수 있게 설정할 수 있습니다. 이 옵션을 선택 해제하면 누구나 시간제한 없이 특별실을 예약할 수 있습니다.
- 설명: 특별실을 예약하고 사용할 때의 주의 사항을 적어둡니다.
- 예약 양식: 항목 추가를 눌러 특별실 예약에 필요한 학년 반 정보 등을 추가합니다.

2 공유 받은 약속 일정 예약 페이지에 들어가면 예약 가능한 약속 시간이 나타납니다. 원하는 시간을 클릭하면 예약할 수 있습니다.

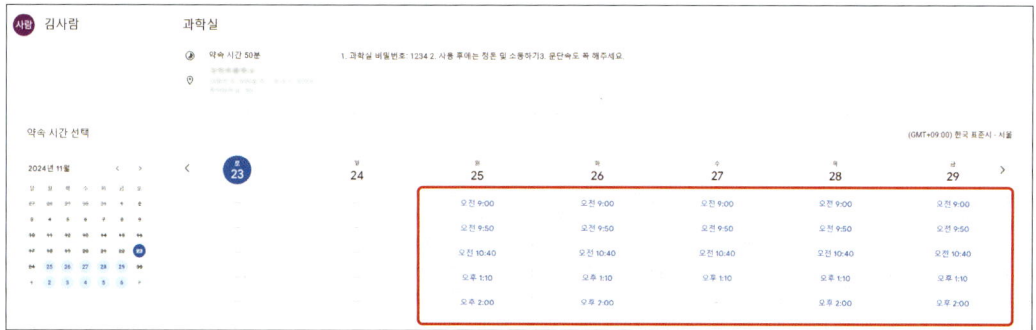

◆ 그림 1-70 약속 일정 예약 페이지

3 예약한 일정을 취소하고 싶다면 해당 이벤트를 누른 뒤 '약속 취소'를 클릭합니다.

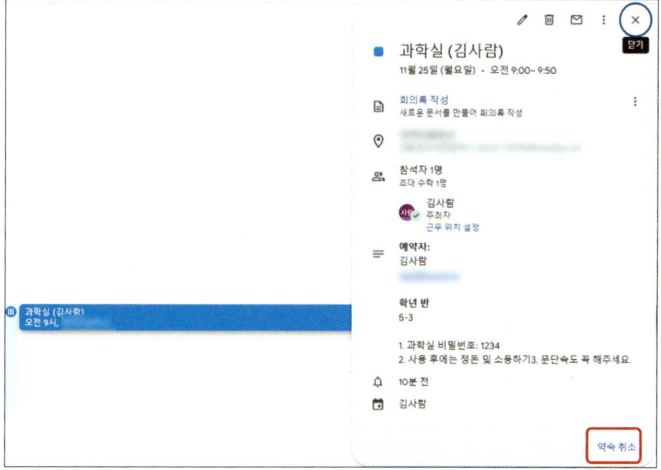

◆ 그림 1-71 약속 일정 취소하기

5) 이벤트 만들기

Google Calendar를 활용하면 하나의 캘린더에서 여러 개의 특별실 예약 시스템을 만들 수 있고, 이 캘린더는 학교 일정 관리 캘린더로도 활용할 수 있습니다. 특별실 예약 시스템을 구축해 둔 캘린더에 학교 일정을 추가하여 캘린더의 활용도를 높여보겠습니다.

1 Google Calendar에서 이벤트를 만드는 방법은 다양합니다. 먼저 ❶ '만들기' - ❷ '이벤트'를 클릭합니다. 생성된 팝업 창에서 ❸ 이벤트에 관한 정보를 입력한 뒤 ❹ '저장' 버튼을 클릭하면 캘린더 공간에 새 이벤트가 만들어진 것을 확인할 수 있습니다.

◆ 그림 1-72 이벤트 만들기

2 이벤트를 만드는 다른 방법은 캘린더의 빈 공간을 클릭하는 것입니다.
- ☑ ['일' 또는 '주' 단위로 보는 경우] 원하는 날짜와 시간이 교차하는 지점을 클릭합니다.
- ☑ ['월' 단위로 보는 경우] 원하는 요일을 클릭합니다.

일정 지속 시간이 1시간을 초과하거나 1일 이상인 경우, 클릭이 아닌 드래그를 활용하여 이벤트를 만들고 관련 정보를 입력한 뒤 저장합니다.

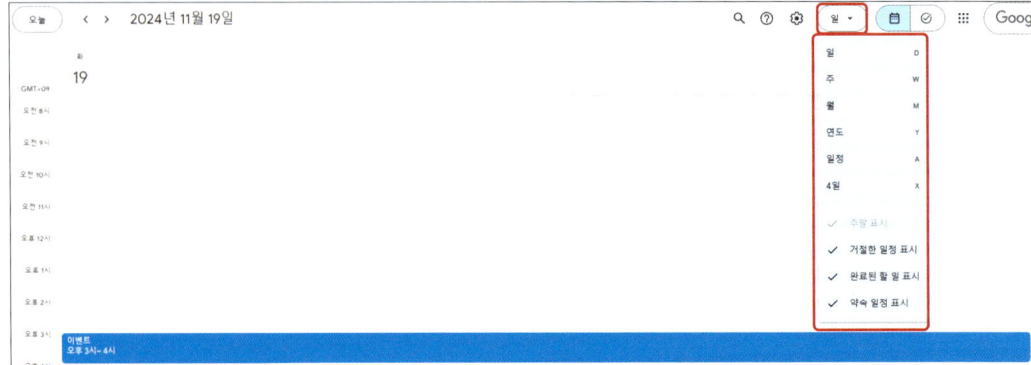

◆ 그림 1-73 캘린더 보기 메뉴 및 캘린더에 만들어진 이벤트

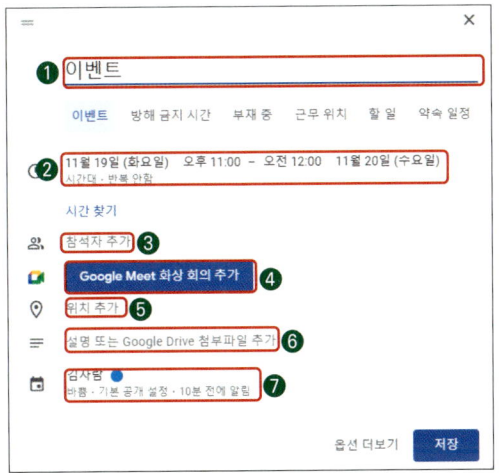

◆ 그림 1-74 캘린더 보기 메뉴 및 캘린더에 만들어진 이벤트

❶ 제목 : 이벤트 제목을 추가합니다.

❷ 날짜 및 시간 : 이벤트 날짜 및 시간을 추가합니다.

❸ 참석자 추가 : 이벤트에 참여하는 참석자를 추가합니다.

❹ Google Meet 화상 회의 추가 : Google Meet 화상 회의를 추가합니다.

❺ 위치 추가 : 특정한 위치를 검색하여 추가합니다.

❻ 설명 또는 Google Drive 첨부파일 추가 : 설명 및 파일을 추가합니다.

❼ 캘린더, 상태, 공개 설정, 알림 : 캘린더, 상태, 공개 설정, 알림을 추가합니다.

- Google Calendar 왼쪽 상단의 미니 캘린더에서 특정 기간을 드래그하여 선택하면, 드래그한 기간만큼이 캘린더 공간에 표시됩니다.
- 이어서 다른 날짜를 클릭하면 이전에 선택한 기간만큼의 날짜가 동시에 선택됩니다. 예를 들어, 18일부터 20일까지 3일을 드래그한 뒤 다른 날짜인 25일을 클릭하면, 25일부터 27일까지 3일이 동시에 선택됩니다.
- 설정된 여러 일수를 해제하고 싶을 경우, 선택된 날짜 중 맨 앞에 있는 날짜를 클릭하면 됩니다.

◆ 그림 1-75 미니 캘린더에서 날짜를 드래그한 모습

6) 화상 회의 추가하기

대면 회의가 어려운 상황에서 급하게 회의를 진행해야 할 경우, Google Calendar의 화상 회의 기능을 활용할 수 있습니다. Google Calendar에서 이벤트를 생성할 때 화상 회의를 추가하면 화상 회의 링크와 회의 참석자를 추가할 수 있습니다. 참석자들에게 화상 회의 일정과 링크, 첨부한 파일 등이 포함된 초대 이메일을 손쉽게 전송할 수 있어 보다 간편하게 회의를 준비할 수 있습니다. 또한, 화상 회의 생성 시 영상 통화 옵션을 활용하면, 호스트 제어 기능 및 참석자 설정을 조정하는 등 세부적인 설정을 할 수 있습니다

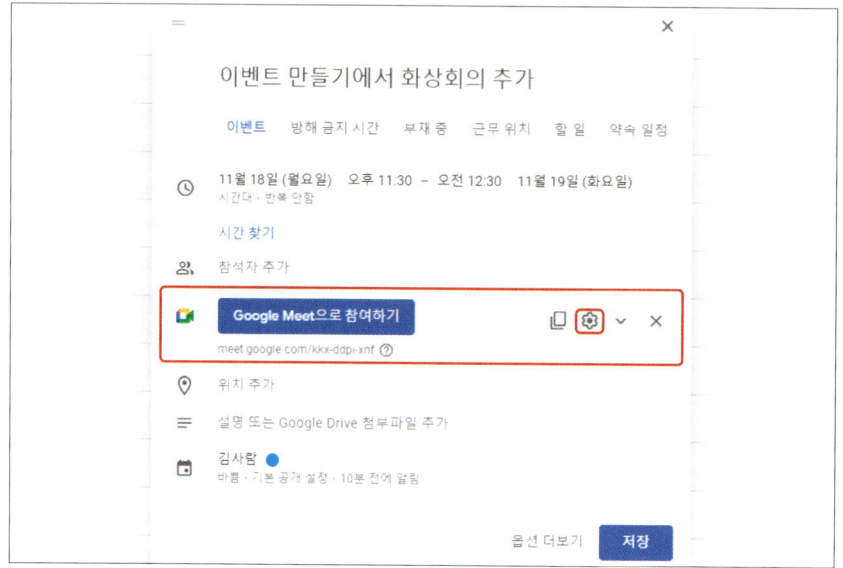

◆ 그림 1-76 이벤트 만들기에서 화상 회의를 추가한 모습

캘린더에 만들어진 이벤트를 통해 화상 회의에 참여하려면 이벤트를 클릭한 뒤 나타나는 창에서 Google Meet으로 참여를 클릭하면 됩니다. 또한, 이벤트를 만들 때 파일을 첨부하면, 해당 이벤트를 클릭했을 때 나타나는 창에서 첨부된 파일을 바로 확인할 수 있습니다. 예를 들어, '회의록(이벤트)' 파일을 첨부한 경우, 이를 클릭하면 바로 '회의록(이벤트)'에 해당하는 Google Docs 링크가 열려 관련 자료를 확인할 수 있습니다.

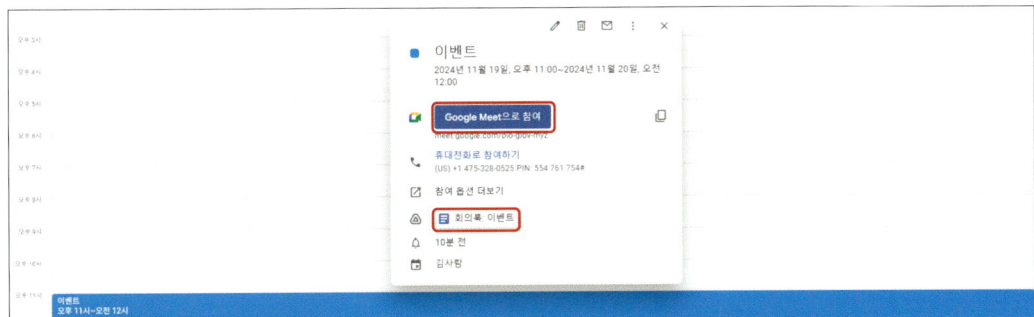

◆ 그림 1-77 캘린더에서 Google Meet으로 참여하기

이처럼 Google Calendar에서 이벤트를 만들고 화상 회의를 추가하는 것만으로도 바로 활용가능한 온라인 회의실을 만들 수 있습니다. 일정과 관련된 위치를 추가하거나 알림을 설정하는 등 유용한 기능을 함께 활용할 수 있고, 특히 참석자를 추가하면 업로드한 파일과 화상 회의 링크를 포함한 이메일을 바로 보낼 수 있어 업무의 효율성을 크게 향상시킬 수 있습니다.

CHAPTER

Google Classroom

학생들이 제출한 과제에
커피 쏟은 이야기 좀 할게요

"산더미같이 쌓인 과제물과 학습 자료 관리, 어렵지 않으세요?"

평가 마감 시기, 선생님의 책상은 매우 혼잡해집니다. 각종 수행평가 자료부터 수업 과제물, 때로는 학생 인원수만큼의 교과서까지 쌓여있기도 합니다. 수행평가 학습지의 경우 평가 지침에 따라 일정 기간 보관해야 하므로 교사용 캐비닛이나 사물함에도 각종 종이가 꽉 차 있는 모습을 볼 수 있습니다. 중요한 서류이기에 자물쇠로 잠그는 것 또한 잊지 말아야 합니다. 학습 자료 관리도 쉽지 않습니다. 매일 검사하는 노트와 일기장은 교사용 책상의 단골손님입니다. 방대한 양의 노트들을 들고 연구실이나 교무실로 이동하다가 바닥에 쏟기라도 하면 상상만 해도 끔찍합니다.

"하지만 저는 걱정 없습니다. 저에게는 Google Classroom이 있거든요."

하루 중 학교가 가장 활기가 넘치는 점심시간, 한 무리의 아이들이 이야기하며 걸어오다가 실수로 교사용 책상 위의 머그잔을 건드렸습니다. 그 순간, 머그잔이 쏟아지며 책상 위에 놓인 학습지로 커피가 빠르게 스며들기 시작했습니다. 새하얀 종이에 커피가 스며드는 것처럼, 아이들의 얼굴은 당혹스러움으로 물들고 있었습니다. 놀란 아이들은 파닥파닥 거리며 허둥지둥 나름대로 수습해 보겠다고 바삐 움직였습니다. 한 아이는 사물함으로 달려가 휴지를 가져오고, 다른 아이는 재빨리 엎어진 컵을 치웠습니다. 그리고 나머지 한 아이는 저에게 죄송하다고 연신 사과했습니다.

그러나 저는 전혀 당황하지 않았습니다.

오히려 아이들이 스스로 해결해 보겠다고 열심히 노력하는 모습이 귀여워 웃음이 나오기도 했습니다. 저는 웃음을 참아가며 아이들에게 말했습니다.

"다친 데는 없니? 학습지는 괜찮으니까 신경 쓰지 않아도 돼."

위기의 순간에 당황하지 않고 학생들을 먼저 살피는 따뜻한 교사의 모습! 제가 말하고도 저 스스로가 너무 멋진 것 같았습니다. 사실, 그 순간 아이들을 혼내거나 당황하지 않고 여유 있는 모습을 보일 수 있었던 것은 Google Classroom 덕분이었습니다. 커피를 쏟은 과제들은 모두 학급 Google Classroom에 이미 제출되어 있었기 때문입니다.

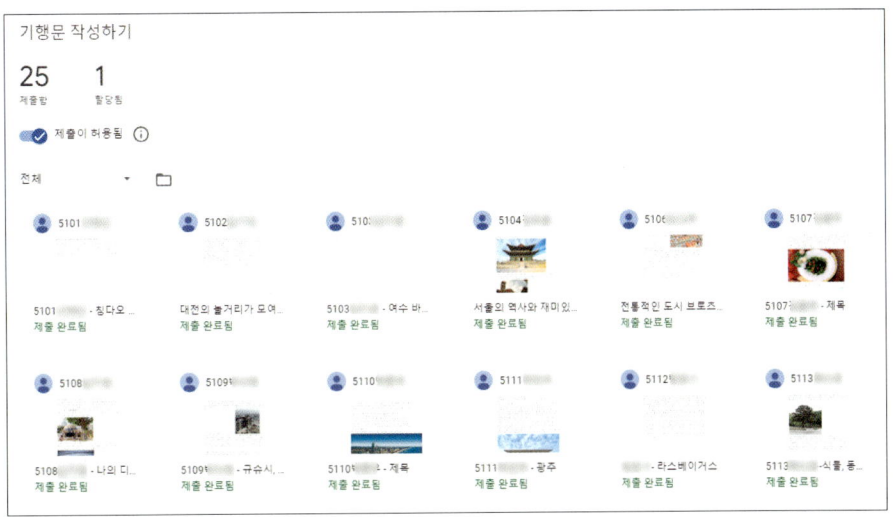

Google Classroom의 장점은 학생과 교사의 Google Drive에 과제가 자동으로 누적 관리된다는 것입니다. 특히 온라인 과제의 경우 Google Classroom 안에서 학습지를 만들고 곧바로 학생들에게 배포할 수 있어 더욱 편리합니다. 언제든지 필요할 때 다시 꺼내 보고 수정할 수도 있습니다. 교과서 속 활동이나 인쇄물로 배포한 학습지들도 학생들이 완료한 후 사진을 찍어 Google Classroom에 제출하면 교사가 앉은 자리에서 모든 학생의 과제를 검토하고 개별 피드백을 줄 수 있습니다. Google Classroom의 이러한 장점들이 저를 당황스러운 상황에서도 웃음을 잃지 않고 학생들의 안전을 먼저 걱정하는 따뜻한 교사의 모습으로 만들어 준 것입니다.

'선생님. 책상에 커피 쏟아서 죄송해요. 그리고 혼내지 않고 웃으면서 이야기해 주셔서 너무 감사했어요.' 그날 아이의 일기장에 적혀 있던 문장입니다.

'만약 제가 Google Classroom을 사용하지 않았다면 어땠을까요?'

5 - 1. Google Classroom

1) Google Classroom 알아보기

Google Classroom은 수업과 과제를 관리하고 공동작업과 의사소통을 도와주는 도구입니다. Google Workspace for Education 도구를 활용해 학습 자료를 만들고, 제작한 자료를 손쉽게 학생들에게 배포할 수 있으며, 제출된 과제를 검토하고 피드백과 함께 돌려주는 일련의 과정을 간편하게 할 수 있습니다.

Google Classroom으로 교사가 제시한 과제와 학생들이 제출한 자료는 자동으로 수업 Drive 폴더에 저장 및 정리된다는 장점이 있습니다.

◆ 그림 1-78 수업 Drive 폴더에 자동으로 저장 및 정리된 Google Classroom의 모든 과제

2) Google Classroom 실행하기

1 Google Classroom은 ❶ 'Google 앱 메뉴'를 클릭한 뒤 ❷ '클래스룸'을 선택하거나 주소창에 Google Classroom 주소인 'classroom.google.com'을 입력하여 실행할 수 있습니다.

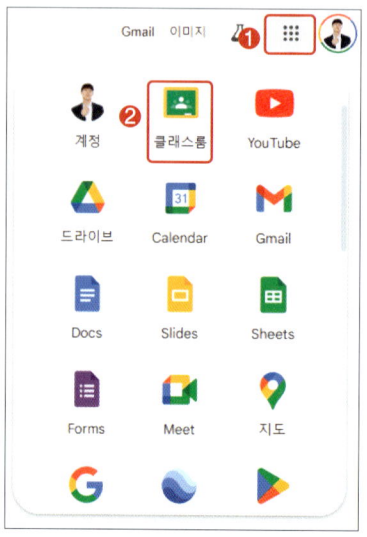

◆ 그림 1-79 Google Classroom 접속하기

❷ 휴대폰이나 태블릿에서 Google Classroom을 사용하려면 Google Play에서 Google Classroom 앱을 검색하여 설치하면 됩니다.

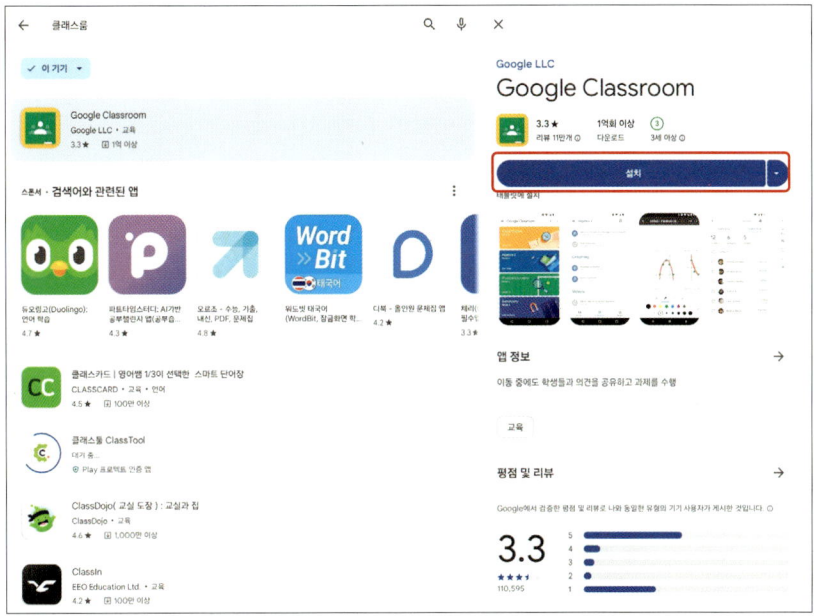

◆ 그림 1-80 Google Classroom 어플 설치하기

3) 수업 만들고 학생 초대하기

❶ Google Classroom에 처음 접속하면 교사와 학생 중 역할을 골라야 합니다. 한번 선택한 역할을 바꾸려면 다소 복잡한 과정을 거쳐야 하니 꼭 신중하게 선택해야 합니다.

◆ 그림 1-81 Google Classroom 역할 선택하기

❶ 교사 : 수업을 만들거나 이미 만들어진 수업에 참여할 수 있습니다.

❷ 학생 : 만들어진 수업에 참여하는 것만 가능합니다. 수업을 만들 수는 없습니다.

2 수업을 만들기 위해서는 ❶ 오른쪽 상단의 '+' 버튼을 누른 뒤 ❷ '수업 만들기'를 선택합니다.
❸ 수업 이름을 입력하고 ❹ '만들기' 버튼을 클릭하여 수업을 만듭니다. 섹션, 제목, 강의실 입력은 선택 사항입니다.

◆ 그림 1-82 수업 만들기

3 Google Classroom에 학생을 초대하는 방법은 수업 코드를 공유하는 방법과 Gmail 계정으로 초대하는 방법이 있습니다. 수업 코드를 활용해 학생들을 초대하려면 ❶ '게시판' 메뉴에서 ❷ 수업 코드 오른쪽에 표시되는 더 보기(:)를 클릭합니다. ❸ 수업 초대 링크 또는 ❹ 수업 코드를 복사한 뒤 공유하여 초대할 수 있습니다.

◆ 그림 1-83 초대 링크와 코드를 활용해 학생 초대하기

4 교사에게 수업 코드를 공유받은 학생들은 '수업 참여하기' 메뉴에서 공유받은 수업 코드를 입력하여 수업에 참여할 수 있습니다.

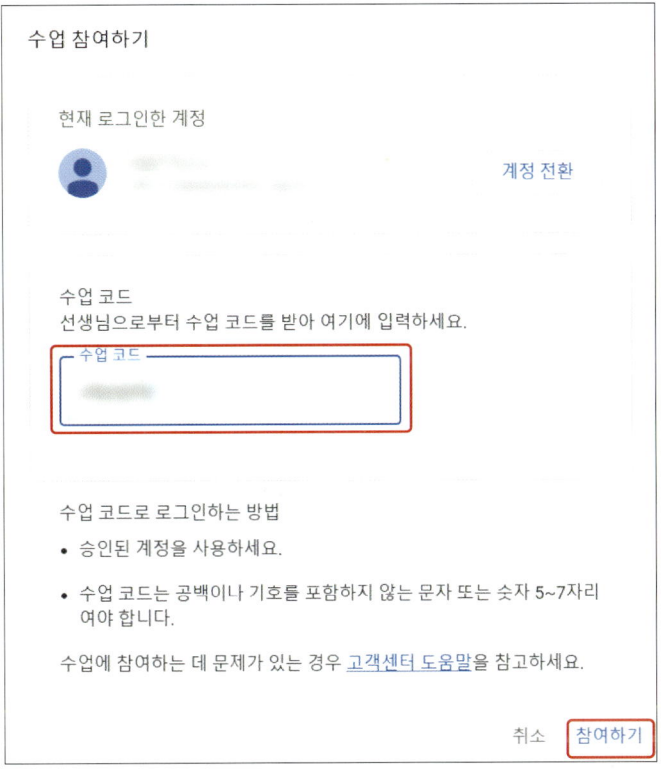

◆ 그림 1-84 수업 코드를 활용해 클래스룸 참여하기

5 Gmail 계정을 활용해 학생들을 수업에 초대하려면 ❶ '사용자' - ❷ 학생 항목 오른쪽의 사람 모양 버튼을 클릭합니다. ❸ 학생들의 Gmail 주소를 입력하면 초대 링크를 Gmail로 전송할 수 있습니다. 학생들은 전송받은 수업 초대 링크를 클릭해서 수업에 참여할 수 있습니다.

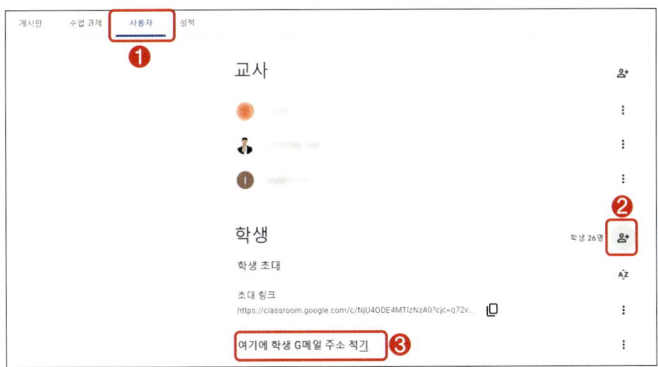

◆ 그림 1-85 Gmail 계정을 활용해 학생 초대하기

6 학급에서 사용하고 있는 디지털 기기가 태블릿(갤럭시탭, 아이패드 등)일 경우 학생들을 가장 쉽고 빠르게 초대하는 방법은 수업 초대 링크를 QR코드로 만들어 화면에 제시하는 것입니다. 그러나 학급에서 사용하고 있는 디지털 기기가 노트북이나 PC라면 수업 초대 URL을 짧게 요약해서 제시하는 것이 편리합니다. QR코드, 단축 웹 주소를 간편하게 생성하려면 Chrome 확장 프로그램을 활용하는 것이 좋습니다. Chrome 확장 프로그램 사용법은 Part 2에서 자세히 소개하고 있습니다.

◆ 그림 1-86 수업 초대 링크 QR코드 예시

◆ 그림 1-87 수업 초대 링크 단축 웹 주소 예시

4) Google Classroom 과제 생성하기

1 Google Classroom에서 과제를 만들기 위해서는 ❶ '수업 과제' - ❷ '만들기' 버튼을 클릭합니다. 만들기 메뉴의 구성은 다음과 같습니다.

◆ 그림 1-88 만들기 메뉴 구성

❶ 과제 : 일반적인 과제를 제시할 때 사용합니다. 첨부파일을 전송하고 결과물을 수합할 수 있습니다.
❷ 퀴즈 과제 : Google Forms를 활용해 자동 채점할 수 있는 과제를 제시할 때 사용합니다.

❸ 질문 : 객관식 또는 단답형으로 간단히 답할 수 있는 질문형 과제를 제시할 때 사용합니다.
❹ 자료 : 자료를 제공하되, 수행 결과를 수합할 필요가 없을 때 사용합니다.
❺ 게시물 재사용 : 내가 교사로 초대된 다른 수업에 업로드된 과제와 첨부파일을 그대로 가져와서 재사용할 때 사용합니다.
❻ 주제 : 비슷한 성격의 과제들을 분류해서 정리할 수 있는 기능입니다. 보통은 과목별, 또는 단원별로 주제를 만들어 과제를 분류합니다.

2️⃣ 과제를 학생들에게 제시할 때 가장 많이 사용하는 것은 '과제' 메뉴 입니다. 과제 제목, 안내, 첨부 등을 설정하여 과제를 만들 수 있으며 과제 제목은 필수 입력 항목, 안내와 첨부는 선택 입력 항목입니다.

◆ 그림 1-89 과제 설정 및 내용 입력하기

3️⃣ 첨부 기능을 활용할 경우 Google 도구로 작성한 문서나 Google Drive 내의 파일, 유튜브, 웹 페이지 링크, PC에 저장된 파일 등을 업로드할 수 있습니다.

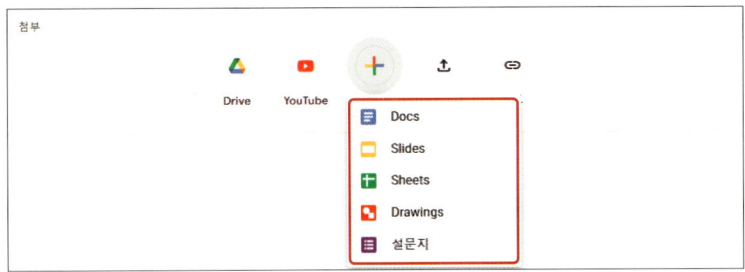

◆ 그림 1-90 과제에 첨부할 수 있는 자료의 종류

간단한 내용의 문서를 첨부하고 싶을 때에는 첨부 메뉴 안에서 곧바로 만들어 첨부하는 것이 간편하지만, 미리 만들어놓은 문서가 있거나 복잡한 내용의 문서라면 만들어진 문서의 웹 주소 링크를 첨부하는 것이 편리합니다. 또, Gemini를 활용하면 과제 템플릿 문서를 더욱 쉽게 만들 수 있습니다. 이에 대한 자세한 내용은 Part 3 - Chapter 03. Gemini in Google Tools에서 소개하고 있습니다.

5) 학습 목적에 따라 과제 세부 정보 설정하기

1 과제에 자료를 첨부할 때는 목적에 따라 배포 방식을 다르게 설정해야 합니다.

◆ 그림 1-91 과제 자료 첨부 권한 설정하기

❶ 학생에게 보기 권한 제공 : 해당 양식을 볼 수만 있고 수정할 수는 없습니다.

❷ 학생에게 수정 권한 제공 : 하나의 파일에 학생들이 동시 접속해서 실시간으로 협업할 수 있습니다.

❸ 학생별로 사본 제공 : 학생별로 학습지 사본을 생성해서 배포합니다.

◆ 그림 1-92 과제 원본 파일

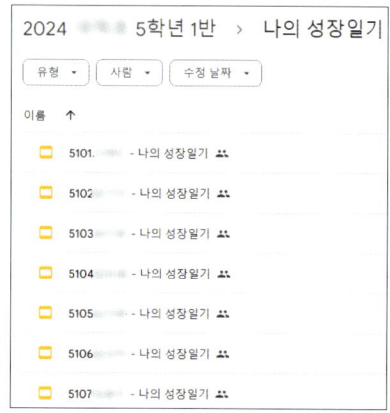

◆ 그림 1-93 학생들에게 사본으로 제공된 모습

'학생별로 사본 제공' 기능을 활용하면 학생들은 자신만의 문서를 갖게 되므로 자신의 속도와 학습 스타일에 맞춰 개별 맞춤형 학습을 할 수 있습니다. 또한, 종이 낭비를 막고 환경을 보호할 수 있으며, 교사는 학생 개개인의 수행 결과와 과제 제출 여부를 한 화면에서 간편하게 관리할 수 있습니다. 단, 학생별로 사본 제공 기능은 과제를 처음 만들 때만 설정할 수 있으며, 이미 만들어진 과제를 수정할 때에는 선택할 수 없습니다.

2 과제 만들기 화면 오른쪽의 과제 설정 메뉴를 활용하면 과제의 목적에 따라 세부 정보를 설정할 수 있습니다. 특별한 설정이 필요하지 않다면 기본 설정으로 배포해도 됩니다.

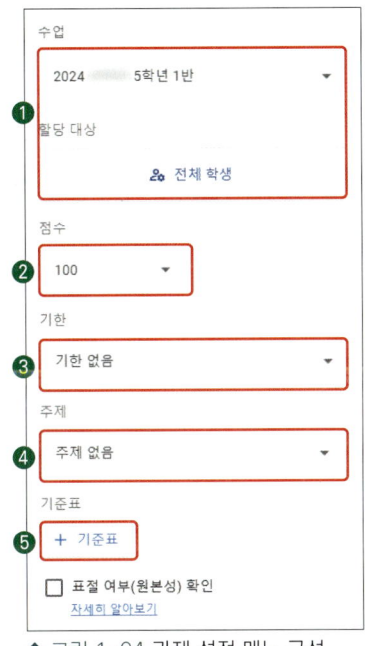

◆ 그림 1-94 과제 설정 메뉴 구성

❶ 수업 및 대상 학생 : 어떤 수업의 과제인지 선택하는 메뉴입니다. 작성한 과제를 내가 교사로 들어가 있는 여러 개의 수업에 동시에 배포할 수도 있습니다. 마찬가지로 과제를 해당 수업의 전체 학생에게 할당할지, 특정 학생에게만 할당할지 선택할 수도 있습니다.

❷ 과제의 총점 : 과제의 점수를 몇 점 만점으로 할지 설정할 수 있습니다. 미채점을 선택할 수도 있습니다.

❸ 과제 제출 기한 : 학생들이 과제를 언제까지 제출해야 하는지 설정할 수 있습니다.

❹ 과제가 속할 주제 : 과제가 어떤 주제에 포함되는지를 설정할 수 있습니다.

❺ 채점 기준표 : 과제를 어떤 기준으로 평가할 것인지 설정할 수 있습니다. 이 기능을 활용하면 미리 설정해놓은 채점 기준을 참고하며 채점을 할 수 있어 객관적이고 투명한 평가를 실시할 수 있습니다.

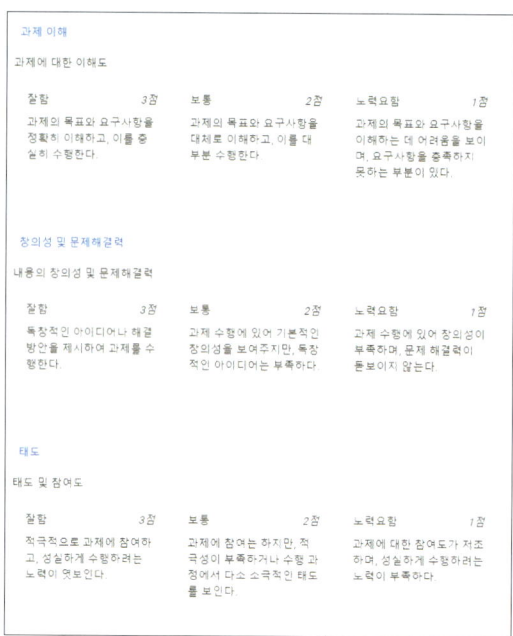

◆ 그림 1-95 채점 기준표 예시

한번 작성한 채점 기준표는 다른 과제에서 다시 불러와 사용할 수 있어 편리합니다.

6) 과제 게시하기

과제 작성이 모두 끝나면 오른쪽 상단의 '과제 만들기' 버튼을 눌러 과제를 게시합니다. 과제를 게시할 때 선택할 수 있는 옵션은 다음과 같습니다.

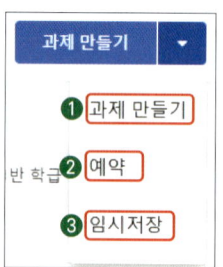

◆ 그림 1-96 과제 만들기 옵션

❶ 과제 만들기 : 작성한 과제가 즉시 게시됩니다.

❷ 예약 : 미리 작성해 둔 과제 게시를 원하는 날짜와 시간을 지정하여 예약할 수 있습니다.

❸ 임시저장 : 아직 완성되지 않은 과제를 저장하거나, 나중에 수정할 필요가 있는 과제를 임시로 저장합니다.

7) 퀴즈 과제 활용하기

1 Google Classroom의 퀴즈 과제를 활용하면 자동으로 채점이 될 뿐만 아니라 성적을 Google Classroom으로 바로 가져올 수 있어 편리합니다. 퀴즈 과제를 만들기 위해서는 '만들기' - '퀴즈 과제' 를 선택한 뒤 자동으로 생성되는 Google Forms 도구에 평가 문항을 작성합니다.

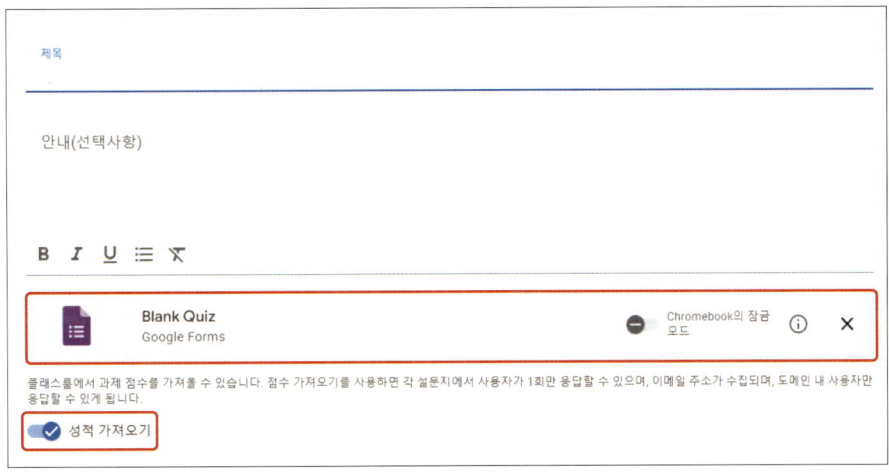

◆ 그림 1-97 Google Classroom 퀴즈 과제 메뉴 화면

퀴즈 과제의 성적을 Google Classroom에 가져오려면 몇 가지 조건이 필요합니다.

☑ 퀴즈가 과제의 유일한 첨부물이어야 합니다.(다른 첨부물이 과제에 함께 있으면 안됩니다.)

☑ 학생의 답변은 1개로 제한되며(객관식 문항으로만 퀴즈를 구성해야 합니다.) 학생은 교사와 동일한 도메인(Google Workspace for Education 계정)을 사용해야 합니다.

☑ 퀴즈 과제의 응답을 설정할 때 학생의 이메일 주소를 수집해야 합니다.

2 이메일 주소를 자동으로 수집하도록 설정하기 위해서는 ❶ '설정' - '응답' 메뉴에서 ❷ '이메일 주소 수집' 항목을 '인증됨'으로 선택하면 됩니다.

◆ 그림 1-98 퀴즈 과제 이메일 주소 수집 설정

3 학생들이 퀴즈 과제를 마치면 학생 과제물 탭의 '성적 가져오기' 버튼을 클릭하여 학생들의 성적을 Google Classroom으로 가져올 수 있습니다.

◆ 그림 1-99 학생 과제물 탭의 성적 가져오기 버튼

Google Classroom을 활용하면 과제별 또는 학생별로 성적을 쉽게 확인할 수 있을 뿐만 아니라 성적 데이터를 Google Sheets로 내보내거나 가져올 수 있어 효율적으로 성적을 관리하고 분석할 수 있습니다.

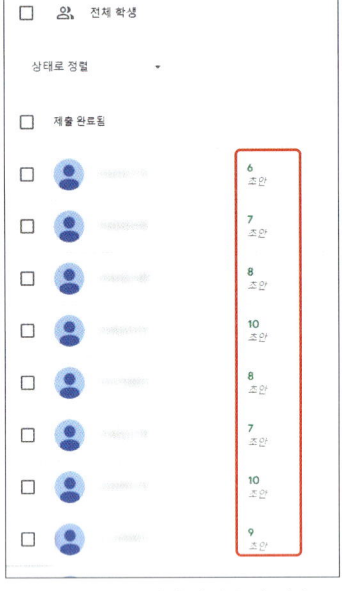

◆ 그림 1-100 성적 가져오기 결과

8) 클릭 한 번에 편하게! 과제 제출하기와 돌려주기

학생들은 과제를 해결한 뒤 바로 교사에게 과제를 제출할 수 있습니다. 교사는 학생 과제물 메뉴에서 학생들의 과제 제출 여부를 확인할 수 있고, 제출한 과제에 성적을 부여할 수도 있습니다. 또한, 수정, 보완이 필요한 과제는 비공개 댓글 기능을 활용해 교사의 조언과 함께 학생에게 돌려줄 수 있습니다. 필요하다면 몇 차례든 돌려주기와 제출하기를 반복할 수 있습니다.

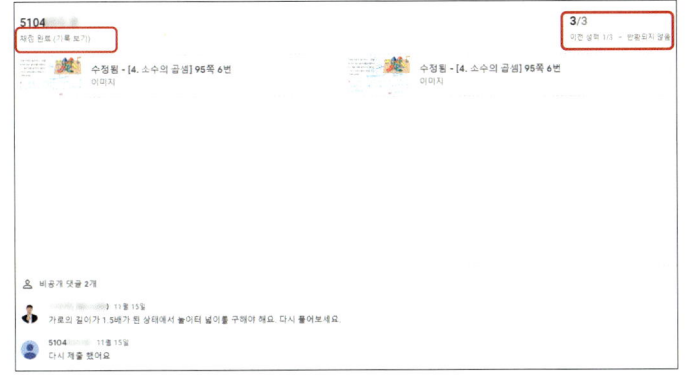

◆ 그림 1-101 과제 제출 및 돌려주기를 활용해 소통 하기 ◆ 그림 1-102 자동 누적 기록된 성적과 피드백 기록

이 모든 과정은 Google Classroom의 수업 Drive 폴더에 체계적으로 기록되기 때문에 오프라인에서보다 훨씬 체계적으로 수업과 평가의 전 과정을 관리할 수 있습니다. (학생들의 과제를 모두 Drive에 저장하고 관리하려면 충분한 저장 공간이 필요합니다. 따라서 도메인에 100TB의 저장 공간을 기본으로 제공하는 Google Workspace for Education 계정을 활용하는 것이 Google Classroom을 보다 효과적으로 활용하는 방법입니다.)

◆ 그림 1-103 과제물 관리 페이지

이처럼, Google Classroom은 교사와 학생 간의 상호작용을 증진시키고, 학습 효과를 극대화하는 데 기여합니다. 더 나아가, 개별 학생의 학습 진행 상황을 면밀히 파악하고 맞춤형 피드백을 제공하여 학습자 중심의 교육 환경을 구축할 수 있도록 도와줍니다.

온라인 교무실

*정보 담당이 생존을 위해
해야만 했던 일이 있었어요*

"제 카메라가 작동이 안돼요! 도와주세요."
"왜 자꾸 하울링이 나는거죠?"
"선생님, 이 자료 어디서 찾는 거예요?"
"온라인 수업 링크 좀 다시 보내주시겠어요?"

때는 바야흐로 코로나19로 인한 사상 초유의 온라인 개학 시기. 뜻밖의 온라인 개학과 맞닥뜨린 교육 현장에서 정보업무를 담당했던 교사 혹은 에듀테크에 능한 교사들은 매일같이 쏟아지는 질문과 요청으로 여기저기 뛰어다녔습니다. 온라인 수업 도중에 소리가 끊기거나 화면이 제대로 나오지 않을 때, 혹은 파일을 공유하고자 할 때에도 모두 이분들의 손길을 거쳐야만 무사히 수업을 이어갈 수 있었던 기억이 납니다. 그리고 저 역시 선생님들을 돕기 위해 매일 이 교실, 저 교실을 뛰어다녔습니다. 그렇게 매일같이 지원 요청을 받다 보니 책임감은 무거워지고, 점점 지쳐갔습니다. 한 번이면 괜찮지만 같은 요청을 반복해서 받게 되자, 마음속에서는 이런 생각이 스멀스멀 올라왔습니다.

'내 수업 준비는 언제하지?'
'이 일에 사람이 꼭 필요할까?'

분명 사람의 손길이 필요한 일이지만, 반복적이고 간단한 일들도 적지 않기 때문에 효율적으로 처리할 수 있는 방법이 있을 것 같다는 생각이 들었습니다.

'간단하고 체계적으로 정보를 정리하고, 쉽게 접근하도록 만들 수 있다면?'
'담당자의 손길이 굳이 닿지 않더라도 문제가 해결될 수 있다면?'

그렇다면 교사가 행정업무보다는 수업에 대해 고민하고 연구할 수 있는 시간이 더 늘어날 수 있지는 않을까 하는 생각이 연이어 이어졌습니다. 실제로 교사들이 여러 가지 행정이나 기술적 지원을 위해 시간을 소모하다 보면, 정작 학생들과 수업에 집중하는 시간이 줄어들기 때문입니다. 모든 정보를 한눈에 볼 수 있고, 자율적으로 처리할 수 있는 시스템이 구축되어 있다면, 적어도 단순 반복 업무에서 오는 피로를 덜어낼 수 있지 않을까요? 그러한 생각 끝에 나온 결론은 바로 온라인 교무실이라는 아이디어였고, 온라인 교무실이 갖추어야 할 조건을 다음과 같이 정리했습니다.

- 구성원이라면 모두 접근이 가능해야한다.
- 모두가 내용을 수정할 수 있는 페이지와 그렇지 않은 페이지를 구분해야 한다.
- 권한을 부여받은 관리자가 중앙에서 내용을 배포할 수 있는 형태여야 한다.

이 아이디어를 실현하는 데 큰 도움이 된 것이 바로 Google Workspace의 북마크 배포 기능이었습니다. 북마크 배포 기능을 활용해 특정 링크나 문서를 단 몇 번의 클릭만으로 공유할 수 있도록 구조화하자, 구성원들은 번거롭게 주소를 입력할 필요 없이 클릭 한 번으로 원하는 자료에 접근할 수 있게 되었습니다. 더 나아가 학교 현장에서 자주 업데이트되는 자료나 공지 사항도 빠르게 반영할 수 있어 관리 측면에서도 훨씬 효율적이었습니다. 또, 공유된 문서를 기반으로 누구나 쉽게 접근하여 질문하거나 수정 요청을 할 수 있어 상호작용의 장벽이 낮아진다는 장점도 함께 누릴 수 있었습니다.

온라인교무실 | 수업운영 | 수업자료

온라인 교무실이 정착되자 점차 무인화할 수 있는 업무를 고민해보게 되기도 했습니다. 이러한 시스템이 더 많은 학교에 구축된다면, 교사들은 조금 더 여유롭게 수업을 고민하고 교육의 질을 높일 수 있는 방법을 고민할 수 있을 것이라고 기대합니다.

'북마크 배포로 모든 길을 한곳에 모으다.'

6 - 1. 개인 계정에서 학교 계정까지: 북마크 관리하기

Chrome 브라우저의 북마크는 자주 방문하는 웹 페이지를 쉽게 저장하고 빠르게 접근할 수 있도록 도와주는 도구입니다. 웹 페이지를 북마크에 추가하면 해당 URL을 매번 검색하거나 입력할 필요 없이 클릭 한 번으로 접근할 수 있습니다. 이러한 기능은 개인뿐만 아니라 조직 단위에서도 유용하게 활용할 수 있습니다. 먼저, 북마크를 추가하고 공유하는 방법을 알아보겠습니다.

1) 북마크 추가하기

인터넷 주소창 하단 ❶ 북마크바에서 마우스 오른쪽 버튼을 클릭 - ❷ '페이지 추가'를 선택합니다. 생성된 팝업 창에서 북마크에 표시될 ❸ 이름을 설정한 뒤 ❹ '저장'합니다. 방금 추가한 인터넷 페이지가 북마크바에 즐겨찾기 된 것을 확인할 수 있습니다.

◆ 그림 1-104 북마크 추가하기

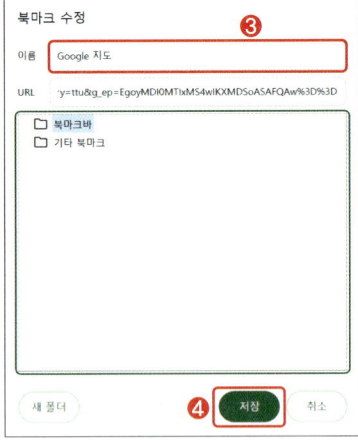
◆ 그림 1-105 북마크 이름 정하기

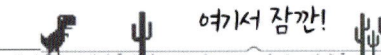

- 북마크 이름을 설정하지 않으면 아이콘 형태로 북마크바에 추가 됩니다.
- 북마크바가 보이지 않는 경우 'Ctrl + Shift + B' 단축키를 눌러보세요.

2) 북마크 공유하기

1 북마크 관리자를 활용하여 북마크를 수정, 삭제, 공유하는 방법을 알아보겠습니다. ❶ Chrome 브라우저의 오른쪽 상단의 더 보기(:) - ❷ '북마크 및 목록' - ❸ '북마크 관리자'를 클릭합니다.

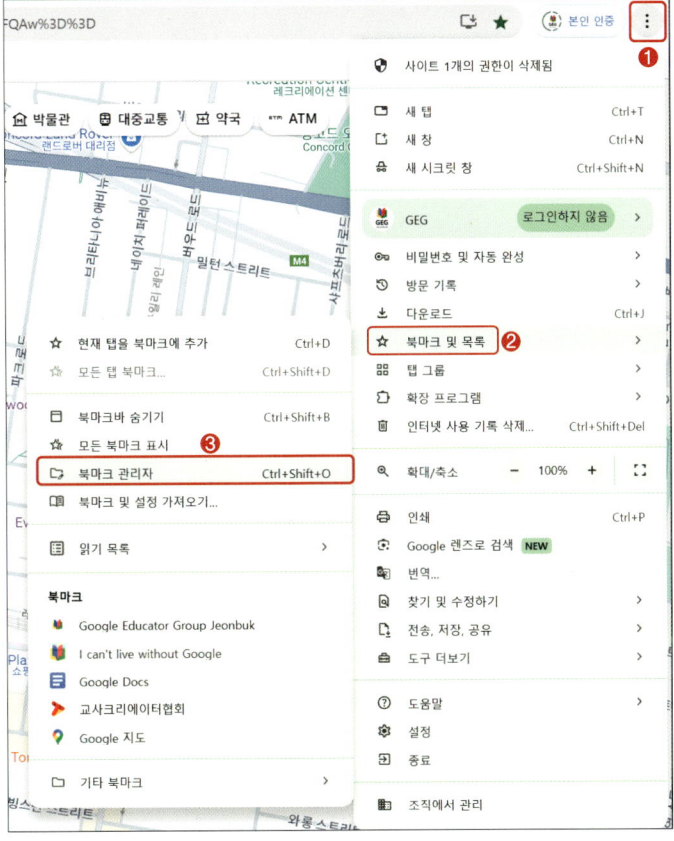

◆ 그림 1-106 북마크 관리자

2 북마크 관리자 페이지 오른쪽 상단의 더 보기(:)를 클릭하면 북마크 가져오기와 내보내기 메뉴를 확인할 수 있습니다. 이 메뉴를 통해 자신이 등록한 북마크를 공유할 수 있습니다.

◆ 그림 1-107 북마크 공유를 위한 메뉴

❶ 북마크 가져오기: 공유받은 북마크를 Chrome 브라우저에 추가합니다.

❷ 북마크 내보내기: 북마크를 공유하기 위해 HTML 파일 형식으로 저장합니다.

3️⃣ 북마크 내보내기를 클릭하여 북마크 정보를 HTML 파일 형식으로 저장한 뒤, 동료 선생님 또는 공유가 필요한 사람에게 전달합니다. 공유받은 사용자가 Chrome 브라우저에서 '북마크 가져오기'를 실행하면 공유받은 북마크를 사용할 수 있습니다.

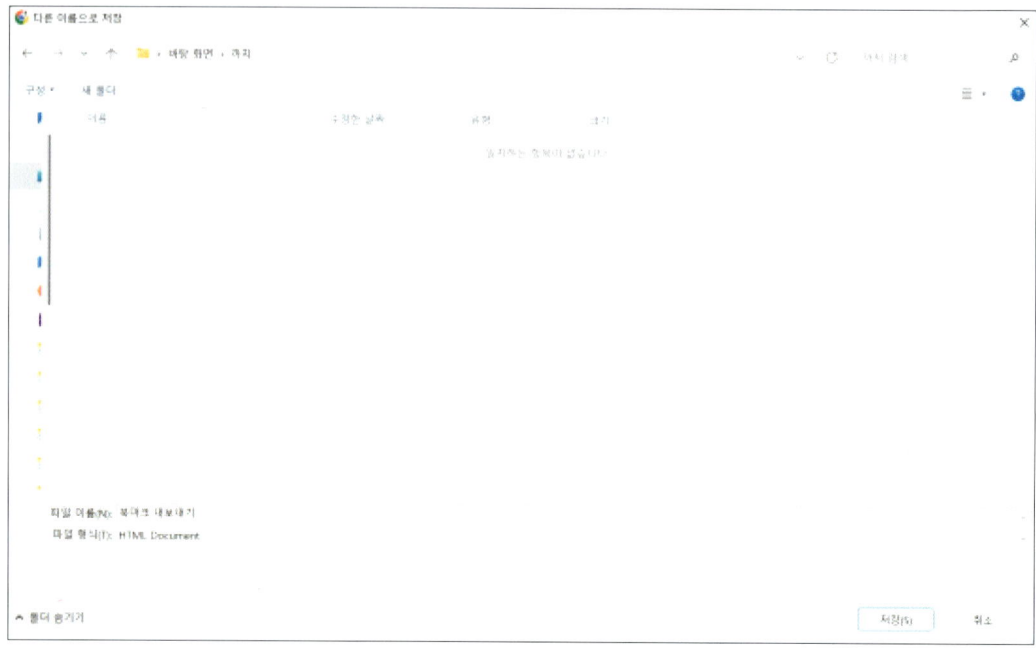

◆ 그림 1-108 북마크 내보내기

4️⃣ 아래 그림은 다른 브라우저에서 북마크 가져오기를 실행한 모습입니다. 내보기를 실행한 브라우저의 북마크가 '가져온 북마크' 폴더 내에 그대로 옮겨진 것을 확인할 수 있습니다.

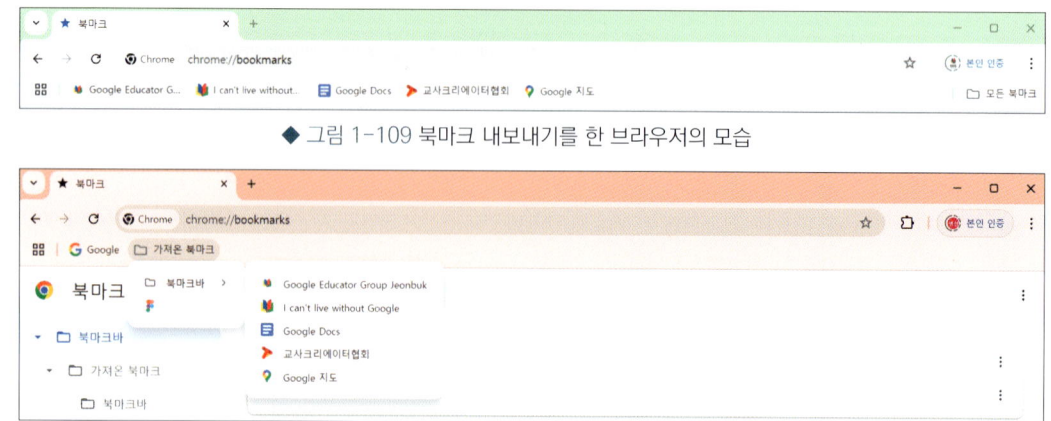

◆ 그림 1-109 북마크 내보내기를 한 브라우저의 모습

◆ 그림 1-110 북마크 가져오기를 한 브라우저의 모습

6 - 2. Google Workspace의 북마크 배포 기능 알아보기

Tip Google Workspace for Education 계정으로 실습해 보세요.

앞서 언급한 북마크 관리 기능과는 별개로 Google Workspace에서는 관리 콘솔에서 사용자에게 북마크를 강제로 배포할 수 있습니다. 이 기능을 활용하면 학교 계정으로 로그인한 Chrome 브라우저에 북마크의 형태로 특정 URL을 자동으로 배포할 수 있습니다. 즉, 개인에게 일일이 전달하지 않아도 Workspace 조직단위에 속한 선생님들의 Chrome 브라우저에 자동으로 북마크가 추가되는 것입니다.

"선생님, 이 링크 어디 있었죠?"라는 질문이 사라지는 건 물론이고, 업무와 관련된 소통 역시 한결 단순해집니다. 북마크 배포 방법은 다음과 같습니다.

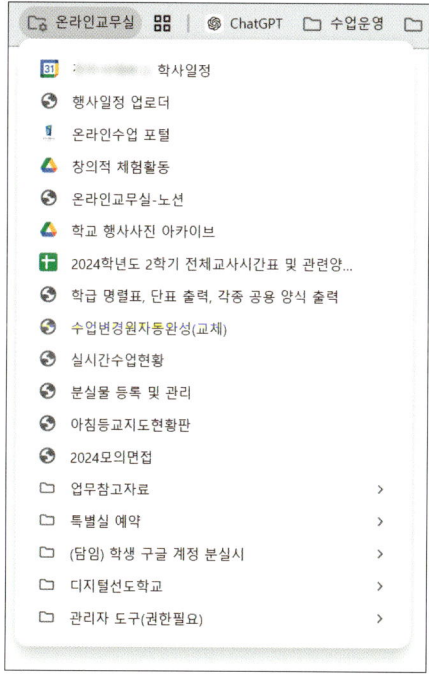

◆ 그림 1-111 소속 교사에게 배포된 북마크 예시

1) 북마크 배포하기

1 Google Workspace 관리 콘솔에 로그인[1] 합니다. ❶ '기기' - ❷ 'Chrome' - ❸ '설정' - ❹ '사용자 및 브라우저 설정' - ❺ '관리북마크'를 클릭합니다.

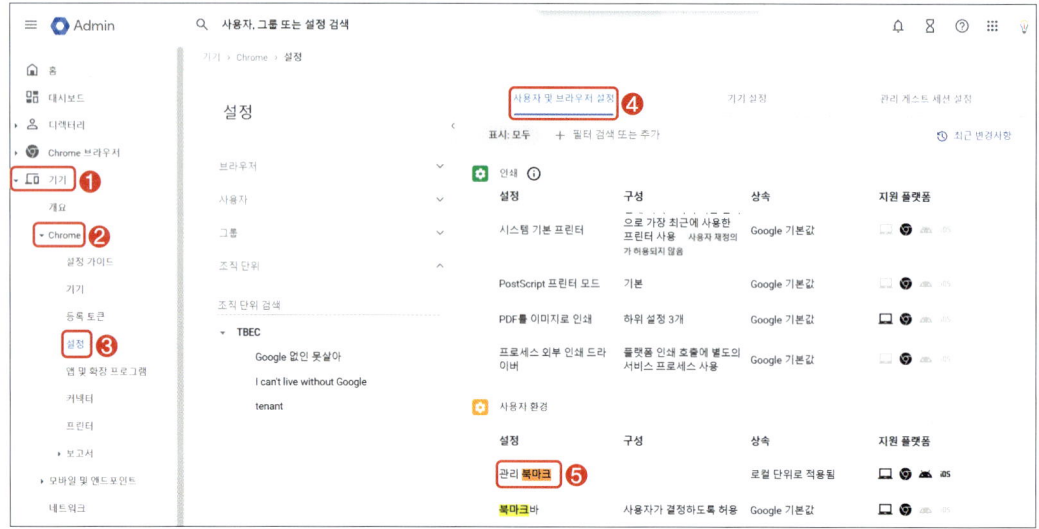

◆ 그림 1-112 북마크 배포 방법

2 ❶ 북마크를 배포할 조직을 선택한 후 ❷ '+' 버튼을 누르고 ❸ '북마크'를 클릭하여 북마크 이름과 URL을 입력합니다. 북마크의 URL 입력 란에는 배포할 인터넷 사이트의 실제 주소를 입력합니다. 필요한 경우 ❹ '폴더' 버튼을 눌러 다수의 북마크를 폴더로 정리할 수 있습니다. 폴더로 정리할 경우 교무부, 연구부, 정보과학부 등 부서별로 그룹화하여 전송할 수 있다는 장점이 있습니다.

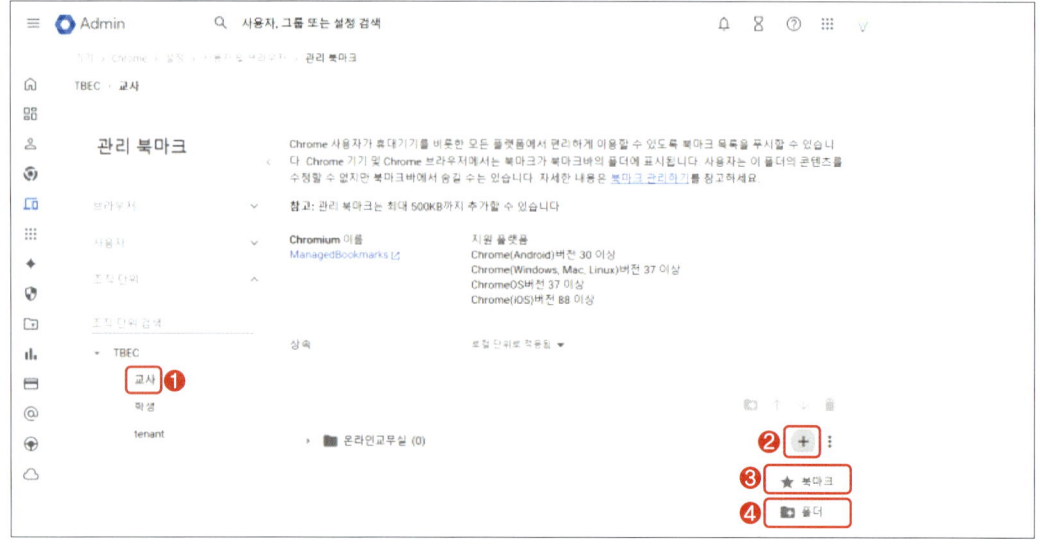

◆ 그림 1-113 관리콘솔에서 북마크 배포하기

---

[1] 'Part 01 - Chapter 01. Google 계정 관리'를 참고하시기 바랍니다.

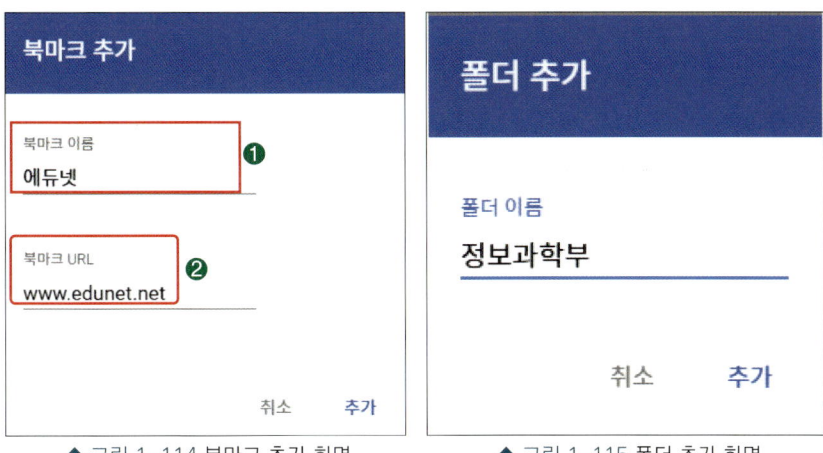

◆ 그림 1-114 북마크 추가 화면   ◆ 그림 1-115 폴더 추가 화면

❶ 북마크 이름 : Chrome 브라우저에 표시할 사이트 이름을 적습니다.

❷ 북마크 URL : 북마크로 배포하려고 하는 인터넷 사이트의 주소를 적습니다. 예를 들어 에듀넷 사이트를 북마크로 배포하고 싶다면 'www.edunet.net'를 입력하면 됩니다.

배포된 북마크는 해당 도메인 사용자의 Chrome 브라우저에 아래와 같이 표기됩니다.

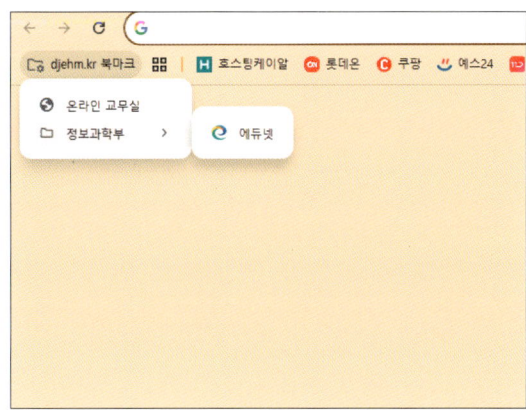

◆ 그림 1-116 배포된 북마크 화면

2) 북마크 배포 기능 응용하기

북마크 배포 권한을 가진 관리자가 북마크를 배포하면, 해당 도메인의 사용자는 기존 북마크와는 형태가 다른 북마크 아이콘을 찾아볼 수 있게 됩니다.

◆ 그림 1-117 일반 폴더와는 형태가 다른 배포된 북마크

북마크 배포 기능을 응용해 교사 조직에는 교사에게 공유할 자료를, 학생 조직에는 학생에게 공유할 자료를 배포할 수 있습니다. 배포된 북마크를 교사들의 업무 효율화를 위해 사용하면 '온라인 교무실'이란 이름을 붙일 수 있고, 수업 중 웹사이트 전환 동선을 줄이기 위해 사용한다면 '온라인 교실'이란 이름을 붙여 활용할 수 있습니다.

1 배포하는 북마크 폴더의 이름 바꿔보기

관리콘솔의 관리북마크 화면에서 ❶ 북마크 배포를 원하는 조직을 선택합니다. ❷ 수정을 원하는 북마크의 수정 전 이름을 확인한 후, ❸ 더 보기(:) 버튼을 클릭합니다. 이후, ❹ '수정' 버튼을 눌러 나타나는 창에서 북마크의 이름을 수정합니다.

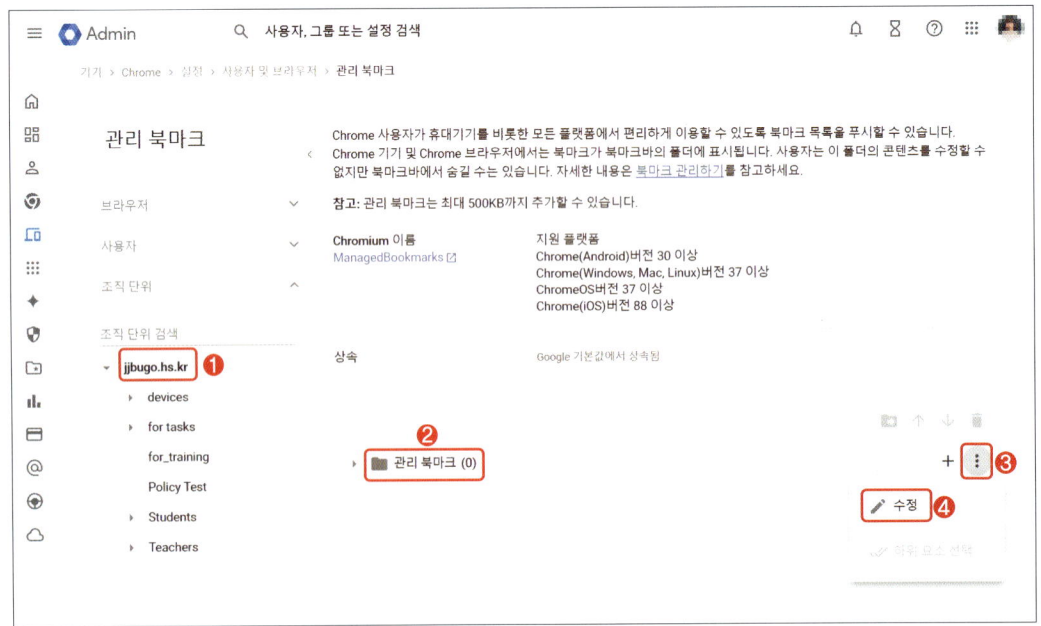

◆ 그림 1-118 배포하는 북마크의 폴더명을 변경하는 방법

아래 그림은 이 기능을 활용해 교사 조직에 배포되는 북마크 폴더의 이름은 '온라인 교무실'로, 학생 조직에 배포되는 북마크 폴더의 이름은 '학습자료'로 지정한 모습입니다.

◆ 그림 1-119 교사에게 배포된 북마크　　◆ 그림 1-120 학생에게 배포된 북마크

북마크는 책갈피를 뜻하는 영어 단어입니다. 이어서 읽어야 할 부분을 기억하고 싶을 때 책에 책갈피를 끼워 두는 것처럼, 웹서핑 중 발견한 유용한 페이지를 북마크로 추가해두면 언제든 다시 쉽게 접근할 수 있습니다. 북마크 기능을 활용하여 시간과 노력을 절약하고, 나아가 조직의 업무 효율까지 높여보시기 바랍니다. 북마크 관리와 온라인 교무실 구성은 교육 현장의 업무를 간소화하고, 교수-학습 활동에 더 많은 에너지를 집중할 수 있게 해줄 것입니다.

Google이 없었다면
아찔했을 순간들

Chapter 01 Google Drive
   •• 10년치 백업 업무자료 날렸어요

Chapter 02 데스크톱용 Drive
   •• 급할 때 다른 컴퓨터 내 컴퓨터로 만드는 방법 알려드려요

Chapter 03 Chrome 확장 프로그램
   •• 공개 수업 때 인터넷에 이상한 광고 뜬 적 없으세요?

Google Drive
"10년치 백업 업무자료 날렸어요"

"USB 메모리 자료를 날린 적 없으세요?"

선생님들의 영원한 동반자이자 늘 어디에 있는지 찾게 되는 USB 메모리. 제가 겪은 아찔했던 'USB 메모리 실종 사건'을 여러분과 나누고자 합니다.

최근 있었던 일 중 가장 충격적이었던 사건은 10년간 모아온 소중한 교육 자료들이 담긴 USB를 날린 일입니다. 지금도 그때를 떠올리면 등골이 오싹해집니다. 그날도 평소와 다름없이 아침부터 수업 준비를 위해 교무실 컴퓨터에서 자료를 찾으려는데…

"어제 분명히 교무실 책상 서랍에 넣은 것 같은데…"
"아니야, 과학실에서 마지막으로 썼나?"
"혹시 교실에서 수업하면서…?"
"어? 집에다 두고 왔나? 아닌데 분명 핸드폰이랑 같이 주머니에 챙겨 넣었는데…"

마치 탐정이라도 된 것처럼 USB의 동선을 하나하나 되짚어가기 시작했습니다. 전날 마지막으로 수업한 장소는 과학실. 그전에는 3학년 2반 교실에서 수업. 점심시간에는 교무실에서 작업을…

'USB 안에 다른 자료는 둘째치고 시험문제 원안이 있는데…'

식은땀이 흘렀습니다. 혹시나 학생들이 주워 열어본다면 큰일이었습니다. 개인 자료도 있지만 시험지 원안이 유출된다면... 그 뒤 처리해야 할 일들은 생각하기도 싫었습니다.

점심도 거르고 찾아 헤맸지만 결국 찾지 못한 채 무거운 발걸음으로 퇴근했습니다. 그런데 이게 웬걸, 집에 도착해서 책상을 보니 마치 '날 찾고 있었어?'라고 물어보는 듯 다른 필기구와 나란히 놓여 있었습니다. 네, 하루 종일 찾아 헤맸던 그 USB가요!

순간 안도의 한숨을 내쉬었습니다. 이렇게 'USB 가출 사건' 정도로 사건은 마무리되는 줄 알았습니다. 하지만 진짜 비극은 다음 날 시작되었습니다. 다음 날 출근 후 컴퓨터에 연결했더니…

'장치를 인식할 수 없습니다', '장치를 사용할 수 없습니다'

알고 보니 책상 위에 가지런히 놓여있던 USB는 정리의 달인 아내가 현관 신발장에 떨어져 있던 것을 발견하고 책상 위에 올려둔 것이었습니다. 그러나 떨어질 때의 충격 때문이었는지, 아니면 다른 이유에서였는지 USB는 더 이상 컴퓨터에서 인식되지 않았고, 결국 그동안 모았던 자료는 모두 날아갔습니다.

선생님들은 이런 경험 없으신가요? 수업 시작 5분 전, USB가 집에 있다는 걸 깨달은 순간, 급하게 작성한 문서를 'USB 안전 제거'를 하지 않고 뽑았다가 인식되지 않은 순간, 컴퓨터 바이러스를 검사했더니 USB가 감염됐다는 청천벽력 같은 소식, 그리고 영원한 클래식… '어제 어디다 뒀더라?' 그래서 제가 찾은 해결책은 바로 Google Drive입니다! Google Drive를 사용한 이후의 변화는 정말 놀라웠습니다. 이제는 더 이상 USB를 찾아 헤매지 않아도 됩니다. 언제 어디서나 인터넷만 있으면 자료에 접근할 수 있고, '안전 제거' 걱정도 하지 않아도 됩니다. 자동 백업 기능으로 소중한 자료를 안전하게 보관할 수 있을 뿐 아니라, 동료 선생님들과의 자료 공유도 훨씬 쉬워졌습니다. 특히 좋은 점은 스마트폰으로도 언제든지 필요한 자료를 확인할 수 있다는 점입니다. 여러분도 이런 USB 실종 미스터리나 갑작스러운 USB 고장같은 아찔한 경험이 있으시다면…

'Google Drive와 함께 더욱 안전하고 편리한 디지털 라이프를 시작해 보는 건 어떨까요?'

1 - 1. Google Drive

1) Google Drive 알아보기

Google Drive는 교사와 학생 모두에게 효율적인 클라우드 스토리지Cloud Storage 서비스입니다. 학습자료나 업무자료를 USB처럼 저장하고 관리할 수 있지만, 물리적 저장 장치와 달리 안전성과 편리함이 뛰어납니다. 컴퓨터가 고장 나더라도 Google Drive에 저장된 자료는 안전하게 보호되며, 인터넷이 연결된 곳이라면 언제 어디서나 자료에 접근할 수 있습니다.

◆ 그림 2-1 NAS, 외장저장장치, M.2, USB에서 Google Drive로

스마트폰이나 태블릿에서도 쉽게 접속할 수 있어 시간과 장소에 구애받지 않고 자료를 관리할 수 있으므로 업무 효율성이 크게 향상됩니다. 또한, 동료 교사들과 실시간으로 자료를 공유하고 편집할 수 있어 협업 환경을 강화하는 데도 유용합니다.

특히 교육기관을 위한 Google Workspace for Education 버전에서는 100TB의 넉넉한 저장 공간을 제공하고 있습니다. 덕분에 교사들은 수업 자료와 학생들이 제출한 과제를 안정적으로 관리할 수 있습니다. 실시간 문서 공유와 편집 기능을 통해 모둠 프로젝트를 효율적으로 진행할 수 있고, 학생들의 학습 과정을 더 가깝게 모니터링 할 수 있습니다. 언제 어디서나 접근 가능한 Google Drive는 교육의 질을 높이고 학습 경험을 풍부하게 만드는 필수 도구로 자리 잡고 있습니다.

2) Google Drive에 접속하기

1 Google Drive는 ❶ 'Google 앱 메뉴'를 클릭한 뒤 ❷ '드라이브'를 선택하거나 주소창에 Google Drive 주소인 'drive.google.com'을 입력하여 실행할 수 있습니다.

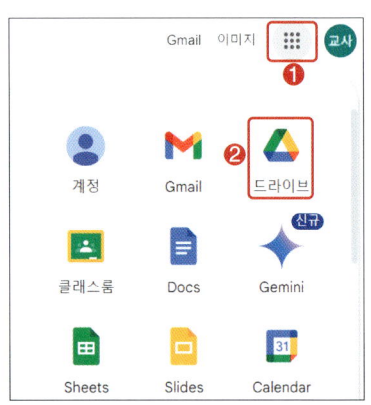

◆ 그림 2-2 Google 앱 메뉴에서 접속

2 Google Drive 접속 첫 화면은 우리에게 익숙한 '파일 탐색기'와 달라 다소 어색하게 느껴질 수 있습니다. 그러나 실제 자료가 저장되는 공간은 '내 드라이브'와 '공유 드라이브'이고 나머지 '홈', '공유 문서함', '최근 문서함', '중요 문서함' 등은 사용자의 편의를 위해 만들어 놓은 메뉴라고 생각하면 쉽게 사용하실 수 있습니다.

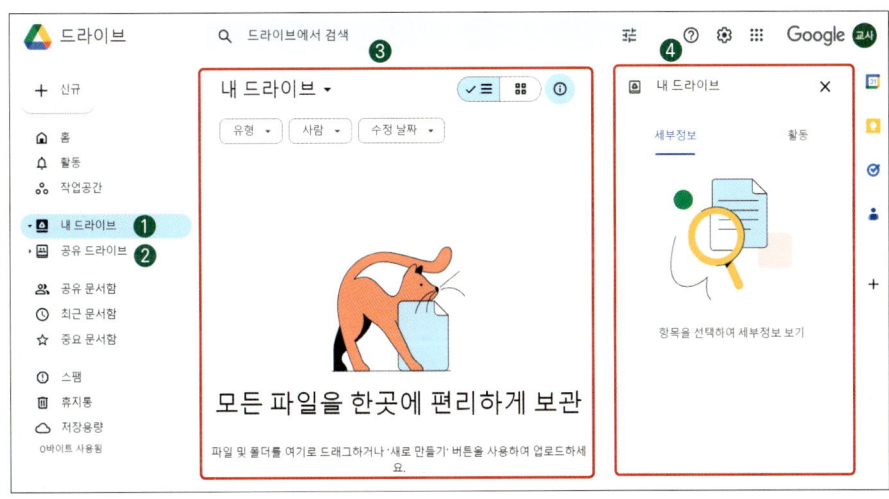

◆ 그림 2-3 Google Drive 첫 화면

❶ 내 드라이브 : 사용자 본인이 소유하고 관리하는 파일과 폴더를 저장하는 공간입니다.

❷ 공유 드라이브 : 팀이나 그룹을 위한 공동 저장 공간입니다.

❸ 저장된 파일의 목록을 확인할 수 있는 영역입니다.

❹ 선택된 파일의 세부정보 및 활동을 확인할 수 있는 영역입니다.

Google Drive 왼쪽 메뉴(홈, 공유 문서함, 최근 문서함, 중요 문서함 등)는 파일을 찾고 정리하는 데 유용한 여러 가지 기능을 제공합니다. 처음에는 '내 드라이브'와 '공유 드라이브'를 중심으로 사용하다 필요에 따라 하나씩 사용법을 익혀보시길 추천합니다.

3) Google Drive에 파일 업로드, 다운로드, 만들기

컴퓨터에 있는 파일을 Google Drive의 '내 드라이브'에 업로드하면 별도의 이동식 저장장치 없이 다른 장소에서도 파일을 열어볼 수 있습니다.

1 Google Drive에 파일 업로드 하기

Google Drive에 업로드할 ❶ 파일을 선택한 뒤, '내 드라이브'로 드래그하여 옮깁니다. 마치 파일을 드래그하여 다른 폴더로 이동하듯 Google Drive의 '내 드라이브'에 파일을 옮겨 저장할 수 있습니다. ❷ 화면 하단에는 업로드 현황이 표시됩니다.

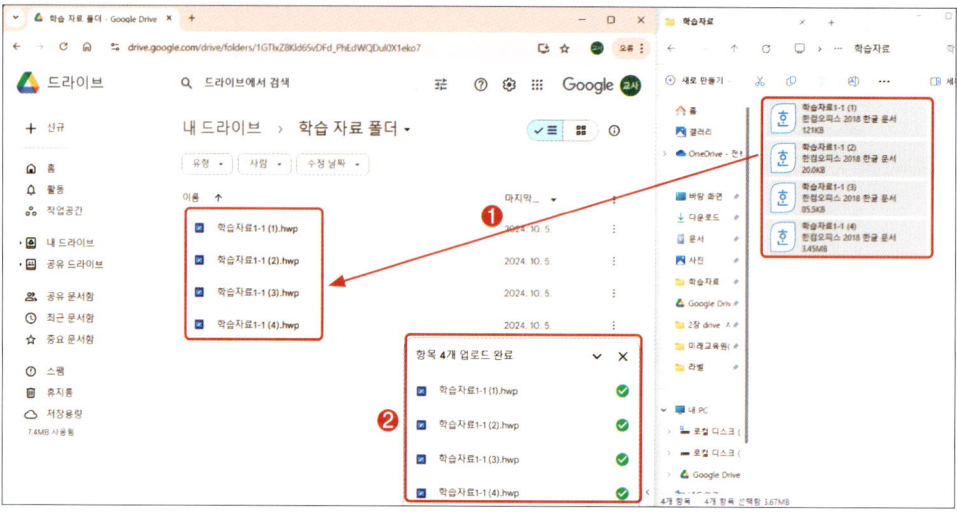

◆ 그림 2-4 '내 드라이브'에 파일 업로드 하기

2 Google Drive의 파일 다운로드 하기

Google Drive의 '내 드라이브'에서 다운로드할 파일을 선택한 뒤, ❶ 마우스 오른쪽 버튼 - ❷ '다운로드'를 클릭합니다. 다운로드한 파일은 내 컴퓨터의 ❸ '다운로드' 폴더에서 확인할 수 있습니다.

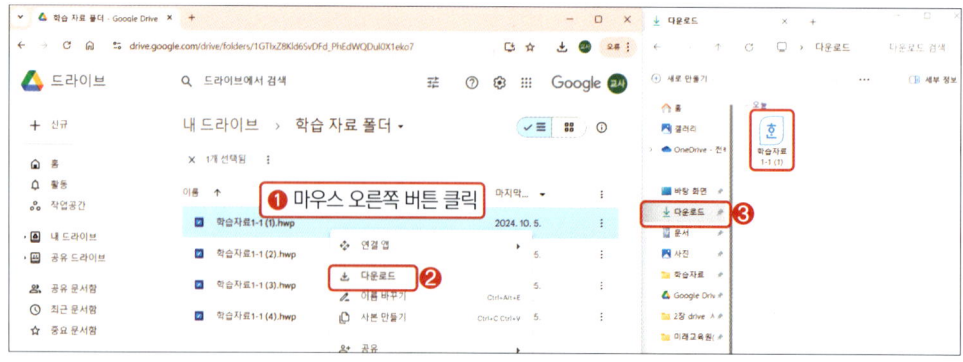

◆ 그림 2-5 파일 다운로드

3 '내 드라이브'에 폴더, Google 문서 만들기

Google Drive의 왼쪽 상단 ❶ '+ 신규' 버튼 - ❷ '새 폴더'를 선택하여 폴더를 생성할 수 있습니다. 또, Part 01에서 소개했던 다양한 Google 도구들의 ❸ 새 파일(문서, 스프레드시트, 프레젠테이션, 설문지 등)도 만들 수 있습니다.

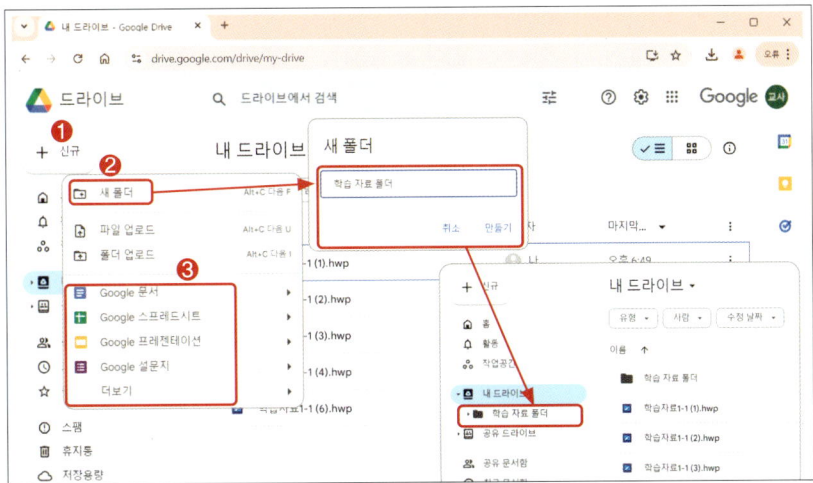

◆ 그림 2-6 폴더, Google 문서 만들기

여기서 잠깐!

- "어라!!! 한글 파일이 왜 안 열리지요?"

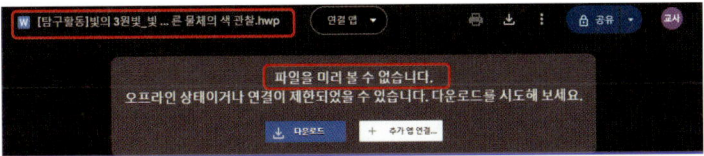

◆ 그림 2-7 Google Drive에서 열리지 않는 한글(HWP) 파일

　Google Drive가 물리적 저장 장치보다 자료의 안정성과 편리성이 뛰어나다는 이야기에 매력을 느끼셨을 것입니다. 업로드해둔 파일을 언제 어디서나 Chrome 브라우저에 로그인하여 확인할 수 있다는 점은 분명 편리하지만, 막상 올려둔 한글 파일이 Chrome에서 열리지도, 편집되지도 않아 당황스럽지 않으셨나요? 아쉽게도 우리가 자주 사용하는 한글(HWP) 파일은 Chrome 브라우저에서 열리지 않습니다. HWP 파일은 국제적으로 통용되는 파일 형식이 아니기 때문에 Google뿐만 아니라 다른 클라우드 서비스에서도 동일하게 나타나는 현상입니다. 번거롭지만 Google Drive에서 내 컴퓨터로 파일을 다운로드하여 편집해야 합니다. 그러나 이어서 소개해드릴 '데스크톱용 Drive'를 사용하면 이러한 문제가 깔끔하게 해결됩니다. 기대해 주세요.

여기서 잠깐!

- '파일 탐색기'처럼 Google Drive에서도 여러 파일을 동시에 선택할 수 있습니다.
  - 연속된 파일을 동시에 선택하려면 : Shift 키를 누른 상태에서 첫번째 파일과 마지막 파일을 클릭합니다.
  - 연속되지 않은 파일을 동시에 선택하려면 : Ctrl 키를 누른 상태에서 원하는 파일을 각각 클릭합니다.
  - 마우스 오른쪽 버튼을 클릭한 후 다운로드 하면 여러 개의 파일을 한 번에 다운로드할 수 있습니다. 이렇게 다운로드한 파일은 압축파일의 형태로 저장됩니다.
- Google Drive의 빈 공간에서 마우스 오른쪽 버튼을 클릭해 생성된 팝업메뉴를 활용하면 간편하게 파일 업로드, 다운로드, 만들기를 할 수 있습니다.
- 내 컴퓨터에서 Google Drive로 파일을 업로드할 때는 드래그 앤 드롭 기능을 지원하지만, Google Drive에서 내 컴퓨터로 파일을 다운로드할 때는 드래그 앤 드롭 기능을 지원하지 않습니다.

1 - 2. Google Drive 공유하기

Google Drive는 교사들이 업무자료를 효율적으로 보관하고 협업과 공유를 쉽게 할 수 있도록 돕는 역할도 할 수 있습니다. 여러 교사가 동시에 문서를 수정하고 필요한 자료를 공유하며, 서로의 피드백을 즉시 반영할 수 있어 학교 내 협력과 업무 효율성이 크게 향상됩니다.

아래 그림의 Google Drive '수업나눔' 폴더에는 선생님들이 직접 업로드한 수업 지도안이 정리되어 있습니다. 업무 메신저로 파일을 주고받던 시절 담당자는 수정된 파일을 받을 때마다 일일이 저장하고 정리하는 일을 해야 했습니다. 그러나 메신저 대신 Google Drive를 이용하면서 선생님들이 직접 공유 폴더에 파일을 업로드할 수 있게 되었고 수정한 내용이 있다면 다시 전송하지 않고 직접 업데이트하면 되니 훨씬 편리해졌습니다. 파일의 최신 버전 관리도 쉽고, 담당자의 업무 부담도 크게 줄일 수 있었습니다. 더불어 선생님들이 필요할 때 언제든 자료에 접근할 수 있어 협업이 한결 수월해졌습니다.

이처럼 Google Drive의 공유 기능을 활용하면 업무자료와 계획서 등을 실시간으로 업데이트하며, 부서 간 협업을 원활하게 진행해 더욱 체계적인 업무 환경을 조성할 수 있습니다. Google Drive는 교사 간 소통을 강화하고 공동 목표를 달성하는 데 필수적인 디지털 공간입니다.

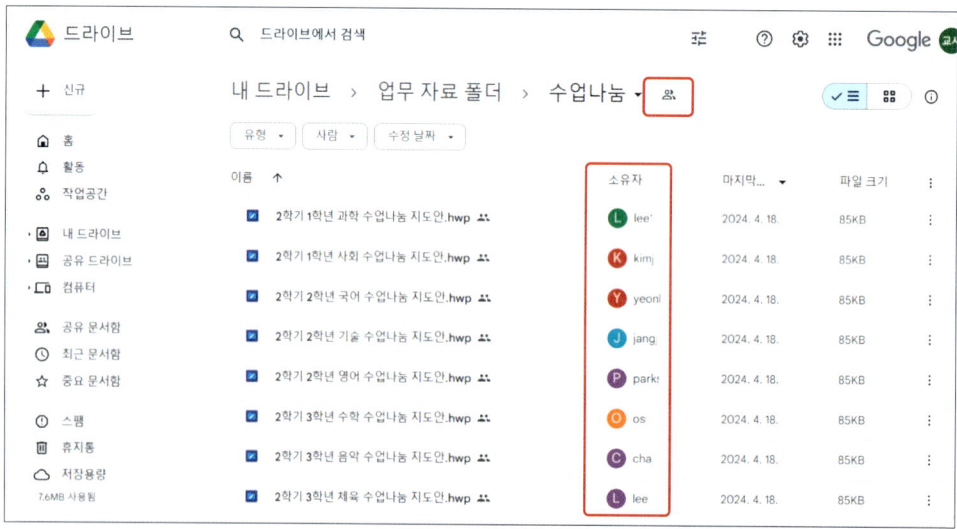

◆ 그림 2-8 Google Drive 공유 폴더에 파일을 업로드한 사용자들

1) 파일, 폴더 공유하기

1 Google Drive의 공유 기능을 활용하여 수업자료와 업무자료를 안전하게 공유하고 협업하는 방법을 알아보겠습니다. 내 드라이브 안의 ❶ 파일 또는 폴더에서 마우스 오른쪽 버튼을 클릭 - ❷ '공유' - ❸ '공유'를 클릭합니다.

◆ 그림 2-9 폴더 공유

2 일반 액세스(여러 명에게 공유)

생성된 팝업창에서 ❶ 일반 액세스의 '제한됨'을 ❷ '링크가 있는 모든 사용자'로 변경한 후 ❸ '링크 복사'를 클릭 ❹ '완료'를 눌러 설정을 마칩니다. 링크는 클립보드에 저장되어 있으며 메신저 등에 'Ctrl + v'로 링크를 붙여 넣어 전달하면 받은 사람 누구나 해당 폴더 또는 파일에 접근할 수 있습니다.

◆ 그림 2-10 여러 명에게 공유

3 액세스 권한이 있는 사용자 추가(특정 사용자에게 공유)

공유 메뉴를 선택 후 생성된 팝업창에서 **1** 공유하고 싶은 사용자의 계정을 직접 입력하고 **2** 전송합니다.(Google 사용자끼리 공유할 수 있습니다.) 공유받은 사용자는 자신의 Gmail의 메일함 또는 자신의 **3** Google Drive '공유 문서함'에서 파일을 확인할 수 있습니다.

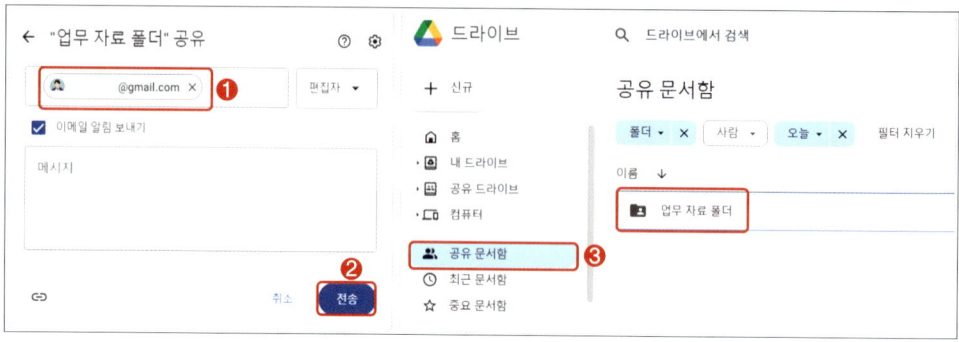

◆ 그림 2-11 특정 사용자와 공유

2) 권한 설정하기

일반 액세스에서 선택한 '링크가 있는 모든 사용자'의 역할에 따라 수행할 수 있는 작업은 달라집니다. 앞서 소개한 '수업나눔' 공유 폴더는 '링크가 있는 모든 사용자'에게 '편집자' 권한을 부여하여, 링크를 통해 접속한 모든 교사가 폴더에 자료를 업로드하거나 내용을 수정할 수 있도록 설정하였습니다.

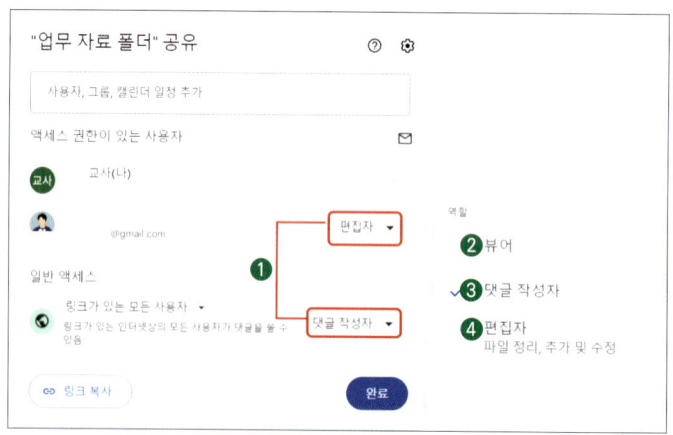

◆ 그림 2-12 권한 설정

1 공유받은 사용자가 수행할 수 있는 권한을 설정할 수 있습니다.

2 뷰어: 공유받은 사용자는 문서의 내용을 확인만 할 수 있고 편집은 할 수 없습니다.

3 댓글 작성자: 문서를 확인하고 댓글을 작성하는 것까지 할 수 있습니다

4 편집자: 내용을 자유롭게 수정하거나 추가, 삭제하는 등의 편집을 할 수 있습니다.

3) 공유 취소하기

협업을 완료하였다면 공유를 취소하여 파일에 더 이상 접근할 수 없도록 설정해 보도록 하겠습니다. 공유 메뉴를 선택한 후, 생성된 팝업창에서 설정합니다.

◆ 그림 2-13 공유 취소(권한 삭제)

❶ '액세스 권한이 있는 사용자'에서 특정 사용자의 권한은 '액세스 권한 삭제'를 선택하여 공유를 취소할 수 있습니다.

❷ '일반 액세스'의 권한은 '링크가 있는 모든 사용자'에서 '제한됨'으로 변경하여 공유를 취소할 수 있습니다.

❸ 만료 추가 : '액세스 권한이 있는 사용자'의 경우, 일정 기간이 지난 후 자동으로 공유가 취소되도록 설정할 수 있습니다.

여기서 잠깐!

- 공유된 파일과 폴더에는 사람 모양의 아이콘이 생성되어 직관적으로 구별할 수 있습니다.

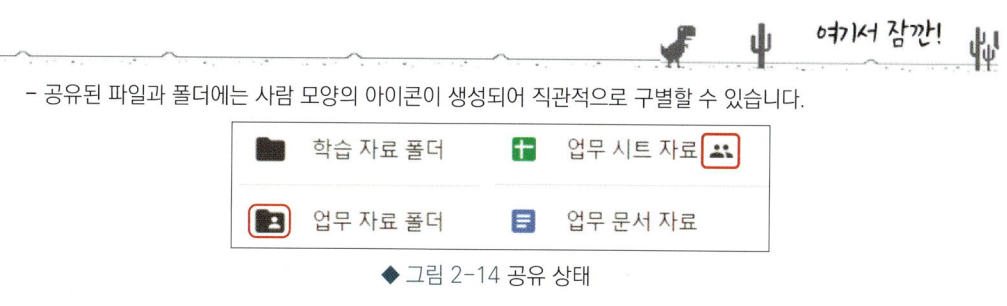

◆ 그림 2-14 공유 상태

- 폴더를 공유하면 폴더 안의 파일들도 모두 함께 공유됩니다.

1 - 3. Google Drive 파일 관리하기

우리는 누구나 폴더 이름 짓기와 같은 파일 정리 노하우를 가지고 있습니다. 그러나 Google Drive는 그 이상의 특별한 파일 관리 기능을 제공하고 있습니다. 컴퓨터의 '파일 탐색기'와 같은 다양한 정렬 옵션과 '바로가기' 기능은 물론이고, 폴더를 시각적으로 구분할 수 있는 '폴더 색상' 기능, 중요 파일을 북마크 할 수 있는 '별표' 기능, 파일 내용을 쉽게 검색할 수 있는 '검색 칩' 기능까지 제공합니다. 이처럼 Google Drive는 저장 공간을 절약하면서도 효율적인 파일 구조를 만들어줍니다.

1) 폴더 색상 지정하기

Google Drive에서는 매우 간단하고 직관적으로 폴더 색상을 지정할 수 있습니다. 이 기능을 활용하면 시각적으로 폴더를 구분할 수 있어 더욱 효율적으로 파일을 관리할 수 있습니다. ❶ 색상을 변경하고 싶은 폴더에서 마우스 오른쪽 버튼을 클릭 - ❷ '정리' - ❸ 원하는 색상을 선택합니다.

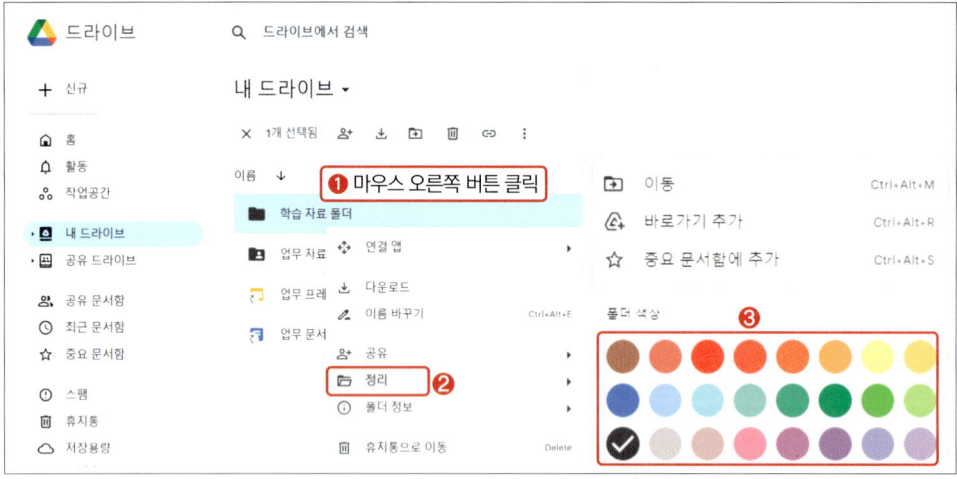

◆ 그림 2-15 Google Drive 폴더 색상 지정

색상을 선택하면 즉시 적용됩니다. 제공되는 색상은 빨강, 주황, 노랑, 초록, 파랑, 보라, 분홍, 회색 등 다양합니다. 학년별로 폴더의 색상을 다르게 지정하여 구분하거나, 진행 중인 프로젝트는 주황색, 긴급한 작업은 빨간색 등으로 구분하여 표시할 수 있습니다. 이렇게 폴더 색상 지정 기능을 활용하면 한눈에 폴더의 성격과 중요도를 파악할 수 있습니다.

2) 이름 바꾸기, 이동, 바로가기, 중요 문서함에 추가하기

Google Drive는 파일 관리를 더욱 유연하고 효율적으로 할 수 있게 해주는 다양한 기능을 제공합니다.

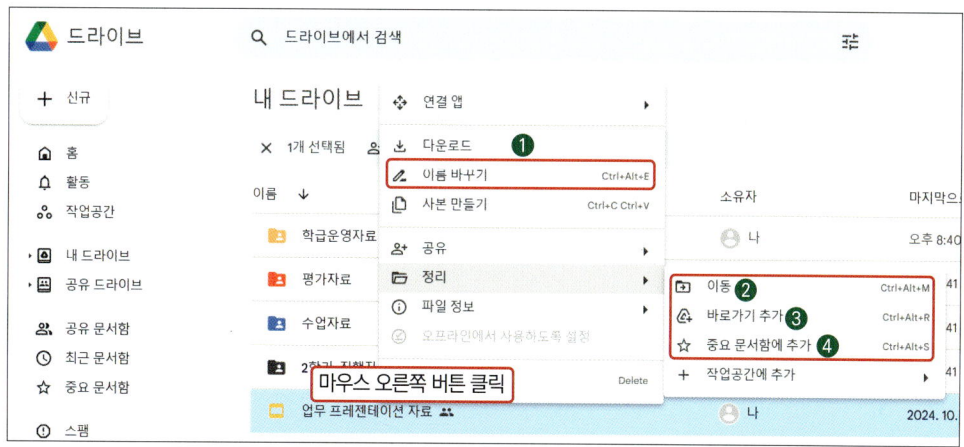

◆ 그림 2-16 파일 관리

❶ 이름 바꾸기 : 파일 또는 폴더의 이름을 바꿀 수 있습니다.

❷ 이동 : 파일과 폴더를 원하는 위치로 재배치할 수 있습니다.

❸ 바로가기 추가 : 파일을 복사 또는 이동하지 않고도 새롭게 지정한 위치에서 접근할 수 있게 합니다. 저장 공간을 절약하면서 효율적인 파일 구조를 만들 수 있습니다.

❹ 중요 문서함에 추가 : 왼쪽의 '중요 문서함'에 파일을 모아 빠르게 접근할 수 있습니다.

'바로가기'를 선택하여 추가된 아이콘 왼쪽 아래에는 굽은 형태의 화살표가 표시됩니다.

◆ 그림 2-17 바로가기

- 공유한 파일의 이름을 바꾸거나 다른 폴더로 이동해도 공유 상태는 유지됩니다.
- Chrome 브라우저의 Google Drive에서도 폴더 간 파일을 이동할 때 '드래그 앤 드롭' 또는 'Ctrl+C(복사)', 'Ctrl+V(붙여넣기)'의 단축키를 사용할 수 있습니다.

3) 검색 기능 알아보기

시간이 지날수록 수업 자료, 학생 과제, 행정 문서 등 누적되는 파일의 양은 기하급수적으로 증가하고, 원하는 파일을 찾는 데 소요되는 시간도 점점 늘어납니다. 단순한 폴더 정리만으로는 효율적인 관리가 어려워집니다. 이때 Google Drive의 검색 기능을 활용하면 필요한 파일을 단 몇 초 만에 찾아낼 수 있습니다. 특정 학생의 과제를 찾을 때 파일 유형, 이름, 날짜를 조합한 '검색 칩'을 활용하는 것입니다. 검색 칩 기능을 활용하여 파일 검색 시간을 줄이는 방법을 알아보겠습니다.

1 '검색 칩' 이용하기

'유형', '사람', '수정 날짜' 검색 칩을 사용하여 Google Drive 파일의 범위를 좁혀 목록으로 볼 수 있습니다.

◆ 그림 2-18 검색 칩 활용

2 검색 결과 필터링 하기

상단 검색 창에 ❶ 검색하고 싶은 키워드를 입력한 뒤 ❷ 검색 칩을 활용해 한번 더 필터링합니다. 검색 칩을 이용해 검색 범위를 좁혔기 때문에 더욱 쉽게 파일을 찾을 수 있습니다.

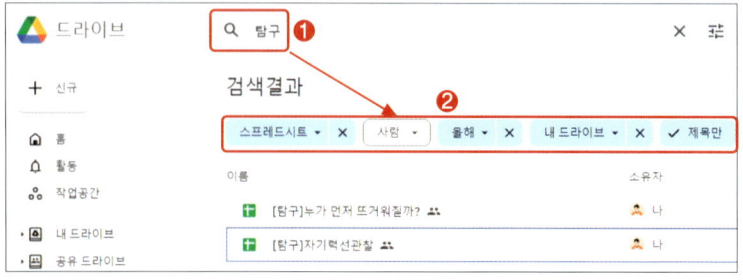

◆ 그림 2-19 검색 칩 필터링

1 - 4. Google 공유 드라이브

Tip Google Workspace for Education 계정으로 실습해 보세요.

1) Google 공유 드라이브 알아보기

Google '공유 드라이브'는 학교의 디지털 자료를 효율적으로 관리할 수 있는 클라우드 저장소로, 소유자 개념이 없는 조직의 공동 작업 공간입니다. Google Drive '내 드라이브'의 폴더를 공유할 경우 소유자의 계정을 삭제하면 자료가 함께 사라지지만, 공유 드라이브는 모든 자료가 사라지지 않고 안전하게 보관됩니다. 부서별, 교과별, 학년별 자료를 체계적으로 분류하고 관리할 수 있으며, 여러 교사가 동시에 문서 작업을 할 수도 있습니다. 폴더별로 접근 권한을 다르게 설정하면 보안도 철저히 관리할 수 있습니다.

2) Google 공유 드라이브 만들기

Chrome 브라우저에서 Google Drive에 접속하여 ❶ '공유 드라이브'를 선택 한 뒤 ❷ '+ 신규' 또는 중앙 하단의 ❸ '공유 드라이브 만들기'를 클릭합니다. ❹ 새 공유 드라이브의 이름을 입력하고 ❺ '만들기'를 클릭합니다.

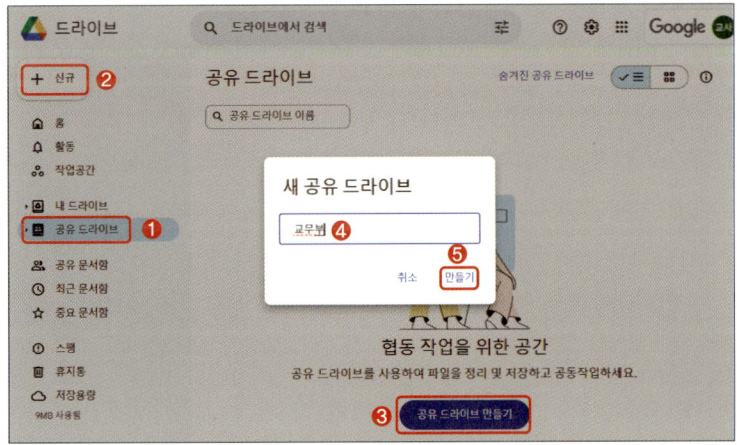

◆ 그림 2-20 새 공유 드라이브 만들기

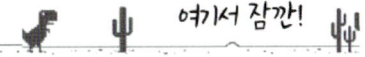

- 개인 사용자(@gmail.com)는 공유 드라이브를 생성할 수 없습니다. Google Workspace for Education 사용자만 생성할 수 있습니다.
- 교육청에서 배포한 Google Workspace for Education 사용자는 교육청의 Google Drive 사용 정책에 따라 공유 드라이브를 사용하지 못할 수도 있습니다.

3) Google 공유 드라이브 멤버 관리하기

1 새로 만든 공유 드라이브에 협업할 멤버를 초대하려면 ❶ 만든 공유 드라이브를 클릭하여 생성된 ❷ 팝업메뉴 또는 오른쪽 상단의 ❸ '멤버 관리'를 선택합니다.

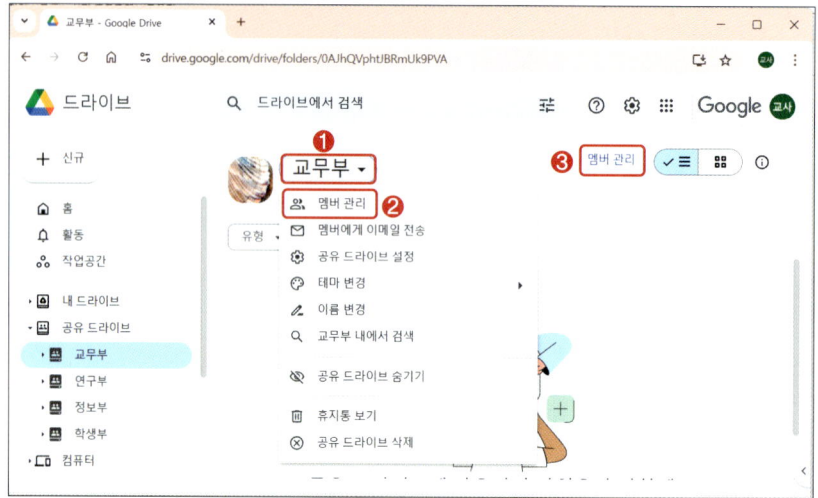

◆ 그림 2-21 새 공유 드라이브에 멤버 추가하기

2 공유할 멤버의 ❶ 계정을 입력하고 ❷ 권한을 설정합니다.

◆ 그림 2-22 멤버 권한 설정하기

❶ 뷰어: 멤버는 파일 및 폴더 보기만 가능합니다.

❷ 댓글 작성자: 멤버는 파일에 댓글을 달 수 있습니다.

❸ 참여자: 멤버는 Chrome 브라우저에서 파일을 추가하거나 수정할 수 있습니다.

❹ 콘텐츠 관리자: 멤버는 공유 드라이브에 파일을 생성, 업로드, 수정, 이동, 삭제, 공유할 수 있습니다.

❺ 관리자: 파일 및 멤버를 관리할 수 있습니다.

3 부서를 이동한 멤버는 더 이상 공유 드라이브에 접근할 수 없도록 해당 멤버의 ❶ 액세스 권한을 삭제할 수도 있습니다.

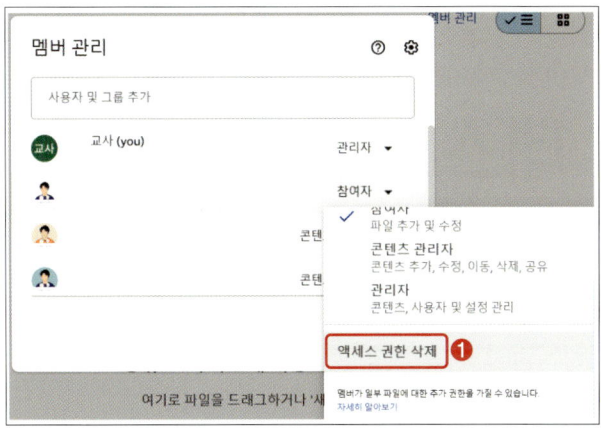

◆ 그림 2-23 멤버 권한 삭제

이처럼 공유 드라이브는 효율적인 자료 관리와 협업을 지원하는 동시에, 체계적인 멤버 관리를 통해 필요한 사람만 자료에 접근할 수 있도록 해 보안을 강화합니다. 이를 통해 학교와 같은 조직은 디지털 자료가 안전하게 보관되는 실시간 협업 환경을 구축할 수 있습니다.

CHAPTER 02

데스크톱용 Drive

급할 때 다른 컴퓨터를
내 컴퓨터로 만드는 법 알려드려요

"Google Drive에 파일 업로드하는 걸 잊은 적 없으세요?"

흐린 하늘이 비를 예고하던 오후, 김 선생님은 초조한 표정으로 모니터를 응시하고 있었습니다.
"어? 왜 이래... 안 보이네?"

김 선생님은 Google Drive에 로그인해 연수 자료를 찾고 있었습니다. 오늘 오후 3시부터 시작될 1학기 교직원 연수에서 발표할 자료를 열어보려고 했지만, 드라이브 안은 텅 비어 있었습니다. 자료가 보이지 않자 김 선생님은 당황스러움을 감추지 못하며 혼잣말을 내뱉었습니다. "이게 대체 어디 갔지? 분명 어제 작업했는데... 설마!" 잠시 멈칫하던 김 선생님은 갑자기 눈을 크게 뜨며 머리를 쥐어뜯었습니다.

"아, 맞다! 어제 집에서 작업하다가 Google Drive에 올리는 걸 깜빡했네!"

순간 시계를 보니, 연수 시작까지 남은 시간은 고작 30분. 김 선생님은 깊은 한숨을 내쉬며 의자에 몸을 기대고는 멍하니 모니터를 바라봤습니다. 머릿속으로는 온갖 최악의 시나리오가 스쳐 지나갔습니다. 그때, 이 광경을 지켜보던 박 선생님이 슬며시 다가와 말을 걸었습니다.

"선생님, 뭐가 그렇게 심각해요? 표정이 어두우신데요."

"저는 항상 이런 식이에요. 한글 파일을 수정할 때마다 Chrome 브라우저를 열고 Drive에 다시 업로드하는 걸 종종 깜빡하는데, 하필 오늘 일이 터졌네요. 집에서 수정한 연수 자료를 올리는 걸 잊어버렸어요."

사실 지난주에도 학부모 상담 자료를 집에서 수정하고 Drive에 올리는 것을 잊어서 당황했었고, 그 전에는 학년 회의 자료를 업로드하지 않아 난처했던 경험이 있었습니다. 김 선생님은 고개를 푹 숙인 채 무기력하게 한숨을 내쉬었습니다. 박 선생님은 잠시 김 선생님을 보며 씩 웃더니 능청스럽게 대답했습니다.

"그래서 제가 지난번에 말씀드렸잖아요! 데스크톱용 Drive를 설치해 보시라고요."
"하... 그게 다 같은 Google Drive 아니에요? 굳이 따로 앱을 설치할 필요가 있나요?"
김 선생님의 의문 어린 반응에 박 선생님은 기다렸다는 듯 입꼬리를 올리며 대답을 시작했습니다. 마치 오래전부터 이런 순간을 기다려왔다는 듯한 표정이었습니다.

"아니죠! 들어보세요. 데스크톱용 Drive는 데스크톱에 설치하는 앱이에요. 이걸 설치하면, 선생님 컴퓨터의 파일 탐색기에서 Google Drive로 바로 접근할 수 있어요. 마치 컴퓨터의 일반 폴더처럼 사용할 수 있어서 파일을 열어보거나 작업하기가 훨씬 간편하죠. 열어본 파일을 수정하면 자동으로 Google Drive에 동기화도 되고요." 김 선생님의 눈이 점점 커져갔습니다.
"진짜요? 파일 탐색기에서 Google Drive에 바로 접근한다고요?"
"그뿐만이 아니에요. 다른 컴퓨터에서도 데스크톱용 Drive 앱을 설치하면 파일을 훨씬 더 편리하게 사용할 수 있어요. Chrome 브라우저에서 일일이 파일을 다운로드하거나 업로드할 필요 없이, 파일 탐색기의 폴더에서 바로 파일을 열고 수정할 수 있거든요. 여러 장소에서 작업할 때 진짜 진가를 발휘해요. 학교에서 시작한 작업을 집에서 이어서 할 때도 USB나 이메일로 파일을 옮길 필요가 전혀 없어요. 어디서 작업하든 항상 최신 버전으로 동기화되어 있으니까요."
"이거 대박인데요! 바로 설치해야겠어요. 앞으로는 이런 난감한 상황을 안 겪어도 되겠죠?"
김 선생님이 기대에 찬 목소리로 외치자, 박 선생님은 미소를 지으며 의미심장하게 한마디를 던졌습니다. "설치하시는 건 좋은데요, 선생님. 그럼 오늘 연수 자료는 어떻게 하시려고요?"
그제야 김 선생님은 집에 있는 연수 자료를 떠올리며 머리를 감싸 쥐고 외쳤습니다.
"앗, 집에 있는 내 연수 자료...!" 결국 김 선생님은 연수를 다음으로 미뤄야 했습니다.

'데스크톱용 Drive로 Google Drive와 내 컴퓨터를 동기화 했다면 어땠을까요?'

2 - 1. 데스크톱용 Drive

1) 데스크톱용 Drive 알아보기

데스크톱용 Drive는 컴퓨터에 설치해 사용하는 Google Drive 파일 동기화 프로그램으로, 크롬 브라우저 없이 Google Drive를 내 컴퓨터의 한 부분처럼 접근하고 사용할 수 있게 해주는 편리함을 제공합니다. 뿐만 아니라 내 컴퓨터와 Google Drive 간의 파일 동기화가 자동으로 이루어지기 때문에, 작업 중인 파일을 저장하면 자동으로 클라우드에 백업됩니다. 덕분에, 갑작스레 컴퓨터가 고장 나더라도 파일을 유실할 걱정이 없습니다. 또, 예기치 못한 상황에서도 나의 파일을 다른 기기에서 열어볼 수 있습니다. 특히 교무실과 특별실을 오가며 업무를 할 때, 각각의 PC에 데스크톱용 Drive를 설치해 두면 '파일 탐색기' 안의 Google Drive를 통해 빠르고 안전하게 파일에 접근하여 작업을 이어갈 수 있어 매우 편리합니다.

2) 데스크톱용 Drive 설치 파일 다운받기

1 데스크톱용 Drive를 설치하기 위해서는 설치 파일을 다운로드해야 합니다. Chrome 브라우저에서 로그인한 후 Google Drive에 접속합니다. ❶ 오른쪽 상단의 설정(톱니바퀴)을 클릭하여 ❷ '데스크톱용 드라이브 다운로드'를 선택합니다.

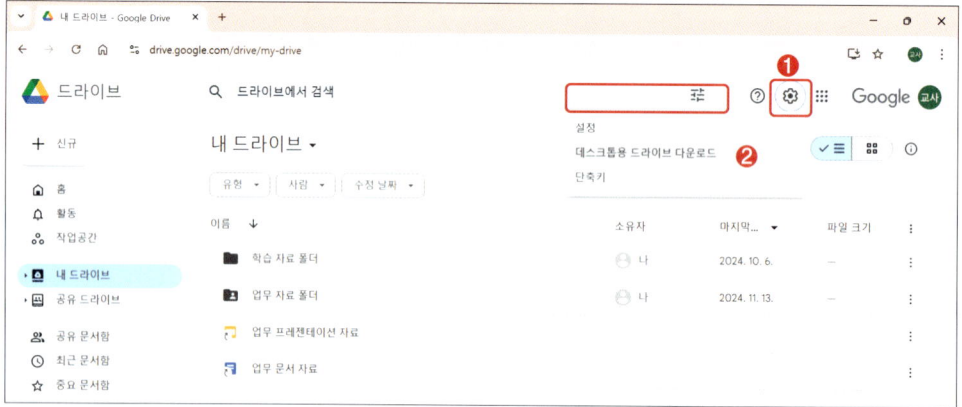

◆ 그림 2-24 데스크톱용 Drive 설치 파일 다운로드 |

2 새로 열린 데스크톱용 Drive 소개 페이지에서 ① '데스크톱용 Drive 다운로드'를 클릭하면 Chrome 브라우저 오른쪽 상단에 ② 다운로드 상태가 표시됩니다. 다운로드가 완료되면 ③ 바로 실행하기를 클릭하여 설치 파일을 실행합니다.

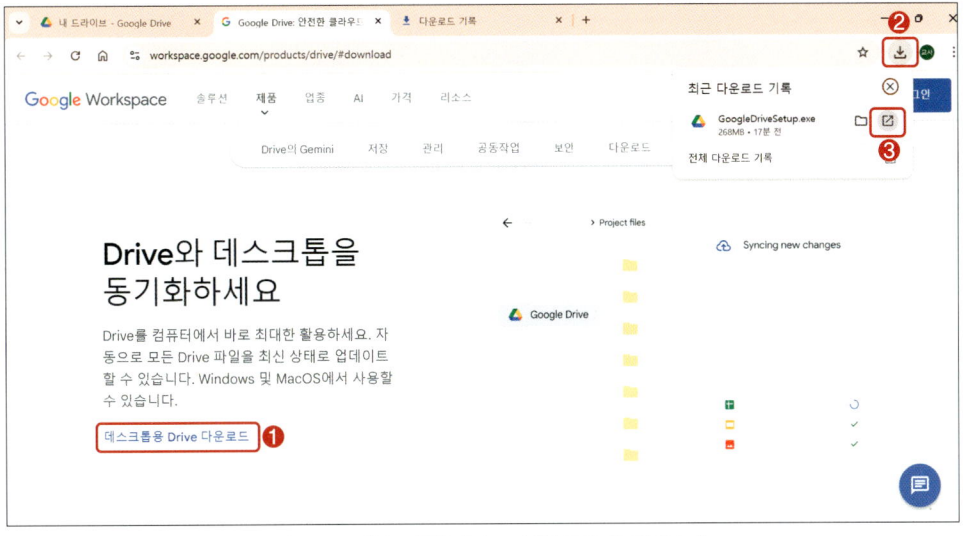

◆ 그림 2-25 데스크톱용 Drive 설치 파일 다운로드 Ⅱ

3) 데스크톱용 Drive 설치하기

1 설치 파일을 실행하면 다음 과정에 따라 설치가 진행됩니다.

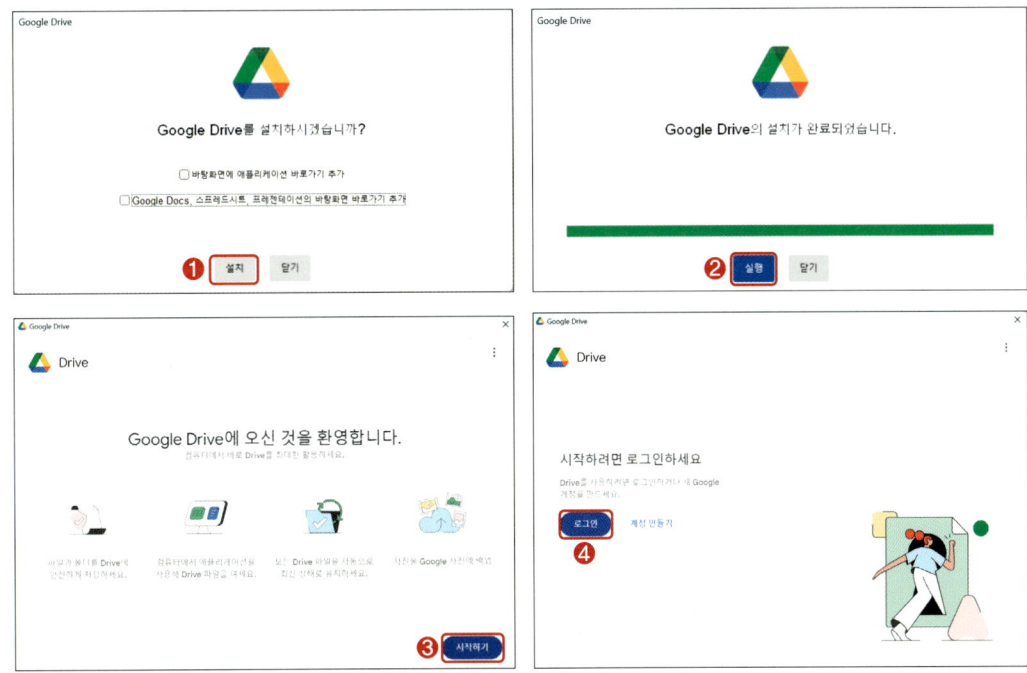

◆ 그림 2-26 데스크톱용 Drive 설치 Ⅰ

2️⃣ 진행 과정에서 ❶ 로그인을 하거나 로그인된 ❷ 계정을 선택합니다. 동기화하고자 하는 계정을 로그인 또는 선택하고 다음 과정을 이어서 진행합니다.

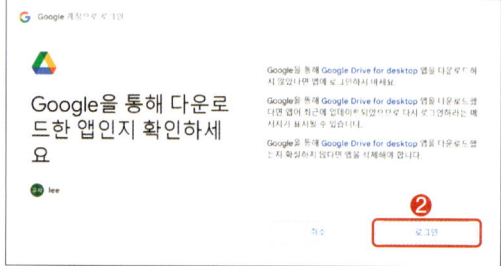 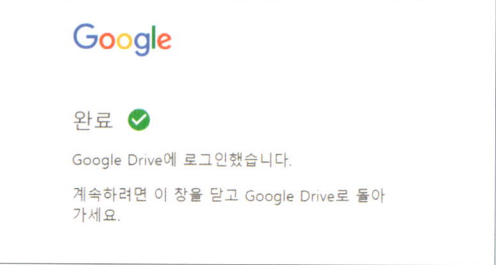

◆ 그림 2-27 데스크톱용 Drive 설치 Ⅱ

4) 데스크톱용 Drive 설정하기

1️⃣ 설치와 로그인 과정을 마치면 설정 창이 자동 실행됩니다. 실행된 설정 창에서 간단한 사용 방법을 확인합니다.

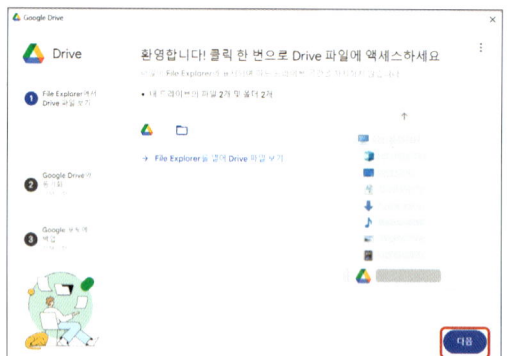 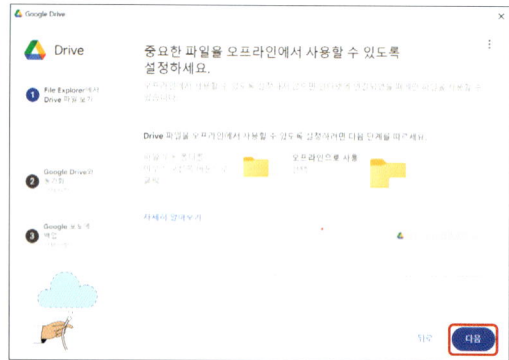

◆ 그림 2-28 데스크톱용 Drive 사용법 안내

❷ 컴퓨터의 특정 폴더를 Google Drive에 동기화할 수 있습니다. 추천 폴더로 'Desktop', 'Documents', 'Downloads'를 보여주지만 일단 선택하지 않고 건너뛰기 하는 것을 추천합니다. 이 폴더들 이외에 다른 폴더를 동기화할 수도 있습니다.

◆ 그림 2-29 동기화 폴더 선택

❸ 데스크톱용 Drive를 활용해 사진을 'Google 포토'로 백업할 수 있습니다. 그러나 사진과 영상은 주로 스마트폰으로 촬영하므로 '스마트폰 Google 포토앱'으로 관리하는 것이 더욱 편리합니다. 역시 체크하지 않고 건너뛰는 것을 추천합니다.

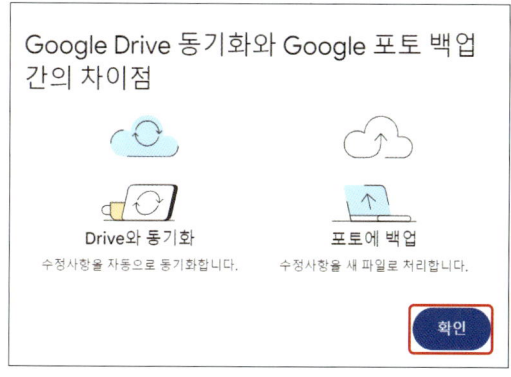 

◆ 그림 2-30 Google 포토 동기화 설정

4 모든 설정을 완료한 후, '파일 탐색기'를 열어보면 '내 PC' 하단에 USB 장치가 연결된 것처럼 ❶ 'Google Drive'가 보이는 것을 확인할 수 있습니다. 또 컴퓨터 전원을 켜고 시작할 때마다 작업표시줄의 ❷ 오른쪽 시스템 트레이에서 ❸ Google Drive가 실행되고 있음을 확인할 수 있습니다.

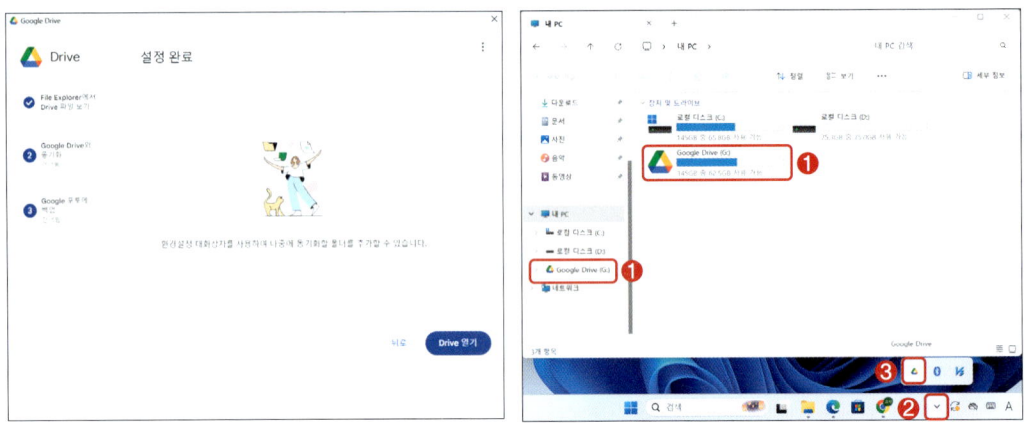

◆ 그림 2-31 설정 완료 및 파일 탐색기의 Google Drive

- '파일 탐색기'에 표시된 Google Drive의 저장용량이 실제와 다르거나 표시되지 않을 수 있습니다. 정확한 사용량은 Chrome 브라우저의 Google Drive에서 확인할 수 있습니다.

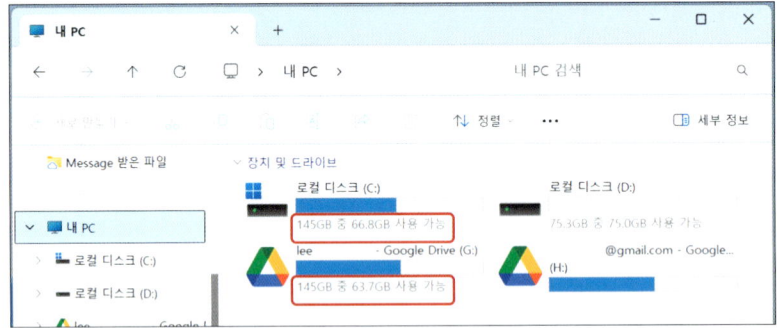

◆ 그림 2-32 데스크톱용 Drive의 용량을 C 드라이브의 용량으로 잘못 표시하고 있는 모습

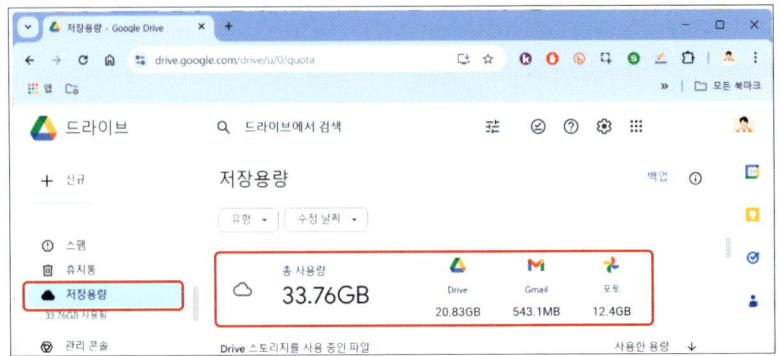

◆ 그림 2-33 Chrome 브라우저에서 확인한 Google Drive의 실제 총 사용량

2 - 2. 데스크톱용 Drive에서 한글(HWP) 파일 작업하기

데스크톱용 Drive 설치는 어렵지 않게 완료하셨을 것입니다. 이제부터는 마치 내 컴퓨터의 폴더처럼 마음껏 사용하면 됩니다. Chrome 브라우저에서 Google Drive를 사용하면서 가장 불편했던 점은 한글(HWP) 문서를 Chrome 브라우저에서 직접 열거나 편집할 수 없다는 것이었습니다. 매번 문서를 다운로드한 뒤 편집하고, 다시 업로드해야 했습니다. USB 없이 홀가분하게 작업할 수 있긴 했지만 한글 파일을 사용할 때마다 업로드와 다운로드를 해야 하는 번거로움은 여전했습니다. 그렇지만 데스크톱용 Drive를 사용하면 이 문제는 깔끔하게 해결됩니다. Google Drive가 내 PC에 연결되어 있기 때문에 폴더를 열 듯이 파일을 찾아 열고 편집, 저장하면 자동으로 Google Drive에 동기화됩니다.

1) 한글(HWP) 파일을 열어 편집하고, 업로드 상태 확인하기

데스크톱용 Drive에 저장되어 있는 파일에는 아이콘 왼쪽 하단에 ❶ 구름 모양이 있습니다. 이 구름 모양은 파일이 컴퓨터가 아닌 Google Drive에 저장되어 있다는 것을 뜻합니다. 마우스로 클릭하여 파일을 여는 순간 데스크톱용 Drive는 Google Drive에 있는 파일을 컴퓨터로 불러와 열어줍니다. 문서를 편집하고 저장한 뒤 파일을 닫으면 다시 자동으로 Google Drive에 동기화됩니다. 동기화가 완료되었는지 확인하려면 작업표시줄 시스템 트레이의 ❷ Google Drive 아이콘을 클릭한 후 ❸ '활동'을 선택하여 동기화 상태를 확인할 수 있습니다.

 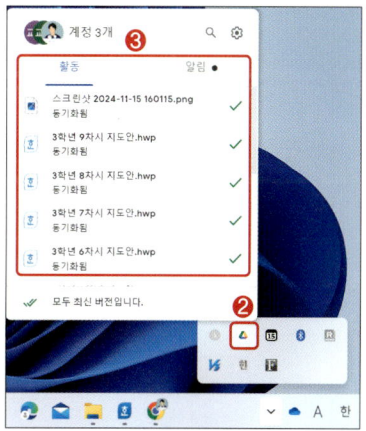

◆ 그림 2-34 동기화 확인

대부분의 파일 동기화는 짧은 시간에 완료되지만, 인터넷 속도와 파일 용량에 따라 다소 시간이 걸릴 수도 있습니다. 중요한 파일이라면 컴퓨터를 종료하기 전에 꼭 시스템 트레이 Google Drive 아이콘에서 활동 내용을 열어 동기화가 완료되었는지 확인할 필요가 있습니다. 동기화될 시간을 주지 않고 바로 컴퓨터를 종료하면 낭패를 볼 수 있습니다. 마치 파일을 저장 중인 USB를 뽑아버리는 것과 같습니다.

2) 한글 문서를 쉽게 배포하고 수합하기

'Chapter 01. 1-4. Google 공유 드라이브'에서 부서별, 교과별로 공유 드라이브를 설정하여 활용하는 방법을 살펴보았습니다. 마찬가지로 데스크톱용 Drive를 사용하면, '파일 탐색기'에서도 새 공유 드라이브를 생성하고 멤버를 추가해 관리할 수 있습니다.

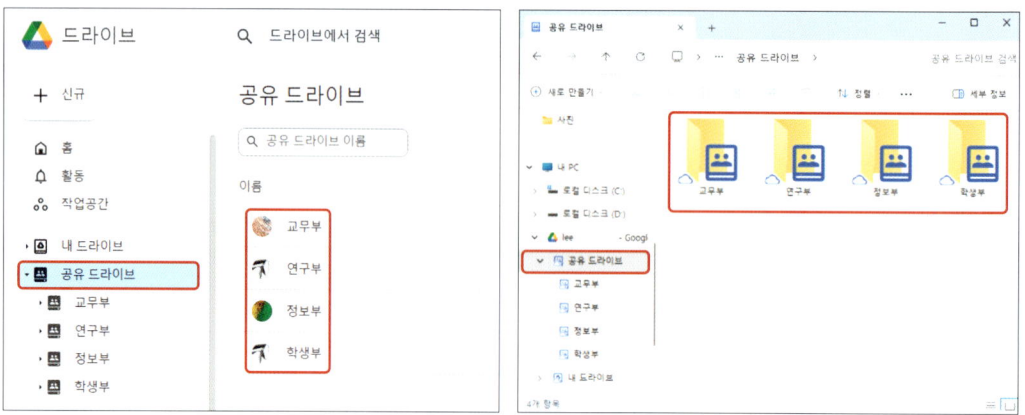

◆ 그림 2-35 Chrome 브라우저 공유 드라이브(왼쪽) 데스크톱용 공유 드라이브(오른쪽)

1 공유 드라이브를 활용하여 협업하기 위해 멤버를 추가하고, 권한을 부여해보도록 하겠습니다. 앞서 'Chapter 01. 1-4'에서 생성한 공유 드라이브 중, 멤버를 추가할 ❶ 공유 드라이브에서 마우스 오른쪽 버튼을 클릭하고, 팝업 메뉴에서 ❷ '추가 옵션 표시' - ❸ '멤버 추가 또는 관리'를 선택합니다.

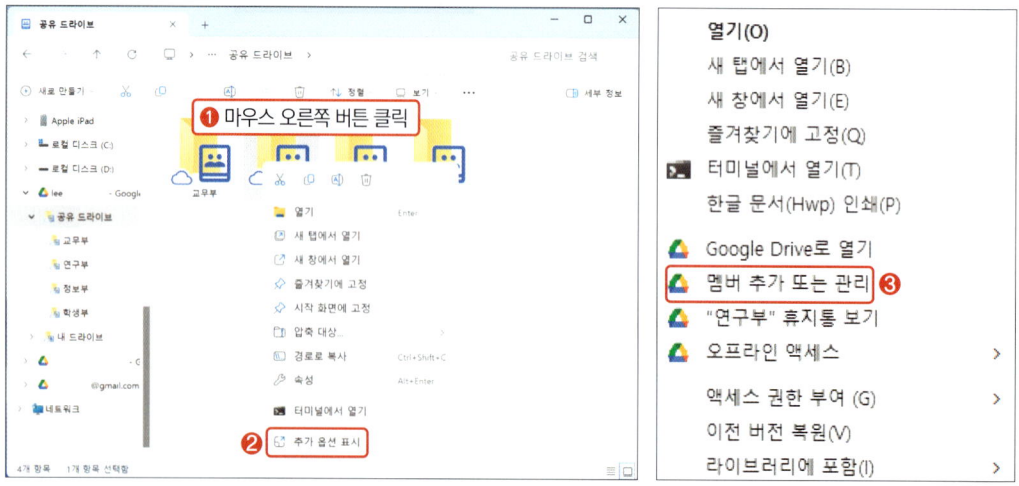

◆ 그림 2-36 데스크톱용 공유 드라이브에 멤버 추가

2 추가할 멤버의 ❶ 계정을 입력하고 ❷ 권한을 부여합니다.

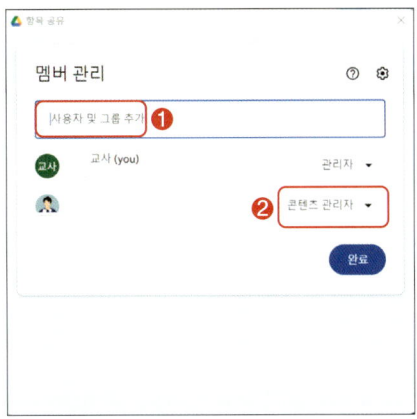

◆ 그림 2-37 권한 부여

3 멤버로 추가된 사용자는 부여받은 권한에 따라 자신의 파일 탐색기 공유 드라이브에서 파일을 읽거나 업로드, 다운로드할 수 있습니다. 즉, 사용자가 직접 공유 드라이브에 접속해서 다운로드하여 파일을 배포 받고, 사용자의 업로드를 통해 업무 담당자는 쉽게 파일을 수합 받을 수 있습니다.

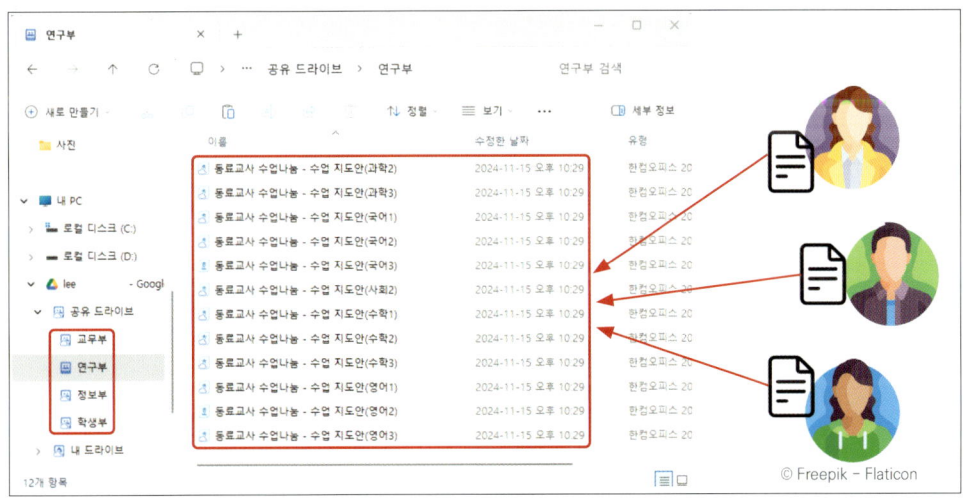

◆ 그림 2-38 데스크톱용 공유 드라이브에 수합 된 수업 나눔 지도안 파일들

- 데스크톱용 Drive에서도 개인 사용자(@gmail.com)는 공유 드라이브를 생성할 수 없습니다. 그러나 Google Workspace 사용자가 멤버로 초대한 공유 드라이브를 사용할 수는 있습니다.
- Google 도구들(스프레드시트, 프레젠테이션, 문서 등)은 하나의 파일에서 동시에 여러 명이 실시간 협업하는 것이 가능합니다. 그러나 한글(HWP) 파일은 데스크톱용 공유 드라이브에서 공유하더라도 하나의 파일에서 실시간 협업하는 것이 불가능합니다. '그림 2-38'과 같이 각자의 파일을 작업한 후, 공유 드라이브에 취합하는 방법을 활용하시기 바랍니다.

2 - 3. 메신저로 다운로드한 파일 다른 PC에서 확인하기

교사들은 주로 업무용 메신저로 자료를 주고받으며 업무를 처리합니다. 그러나 교무실, 특별실, 교실 등 여러 장소를 오가며 업무를 이어가야 할 때 각각의 PC에 데스크톱용 Drive가 설치되어 있더라도 메신저로 받은 자료를 매번 데스크톱용 Drive로 옮겨야 하는 번거로움이 따릅니다. 만약 이럴 때 매번 파일을 이동하지 않고, 메신저에서 다운로드하는 것만으로도 자동으로 Google Drive에 동기화된다면 어떨까요? 훨씬 더 편리하지 않을까요?

데스크톱용 Drive의 '폴더 동기화' 기능을 사용하면 이러한 번거로움을 해결할 수 있습니다. 메신저의 다운로드 폴더를 Google Drive와 동기화하면, 파일을 따로 이동하지 않아도 다운로드와 동시에 Google Drive에 저장되기 때문입니다. 이제 메신저로 전달받은 파일을 필요할 때 언제 어느 컴퓨터에서든 빠르게 확인할 수 있습니다.

1) 메신저 다운로드 폴더를 Google Drive에 동기화 설정하기

1 작업표시줄 오른쪽 ❶ 시스템 트레이의 ❷ '데스크톱용 Drive' 아이콘을 클릭하여 나온 팝업창에서 상단의 ❸ 설정(톱니바퀴)을 클릭하면 ❹ '환경설정' 메뉴를 선택할 수 있습니다.

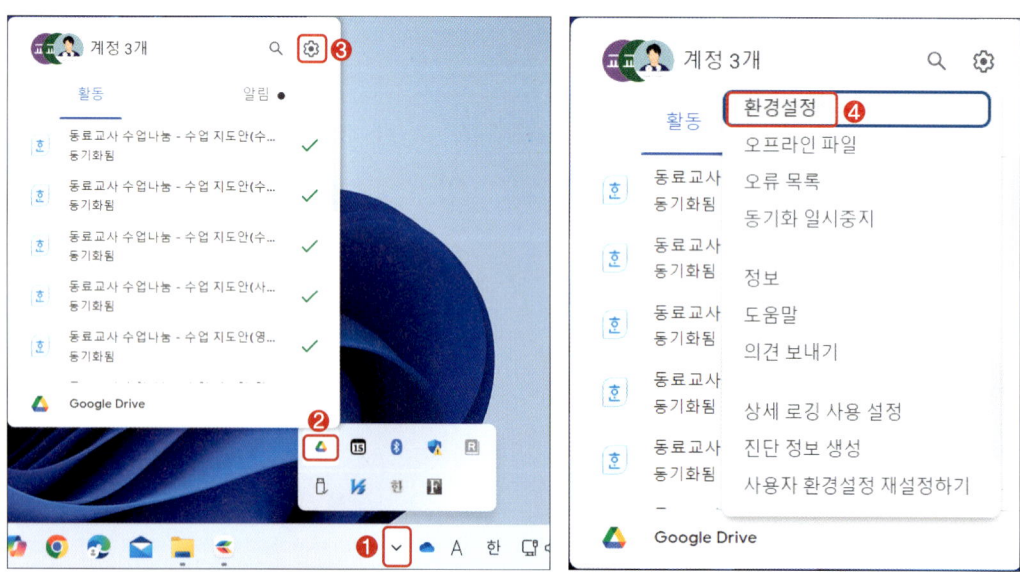

◆ 그림 2-39 내 PC 폴더 동기화 설정 Ⅰ

❷ Google Drive 환경설정 팝업 창에서 ❶ '내 노트북'의 ❷ '폴더 추가'를 클릭 - ❸ 백업할 폴더 선택 창에서 메신저 다운로드 폴더를 찾아 ❹ 선택합니다.

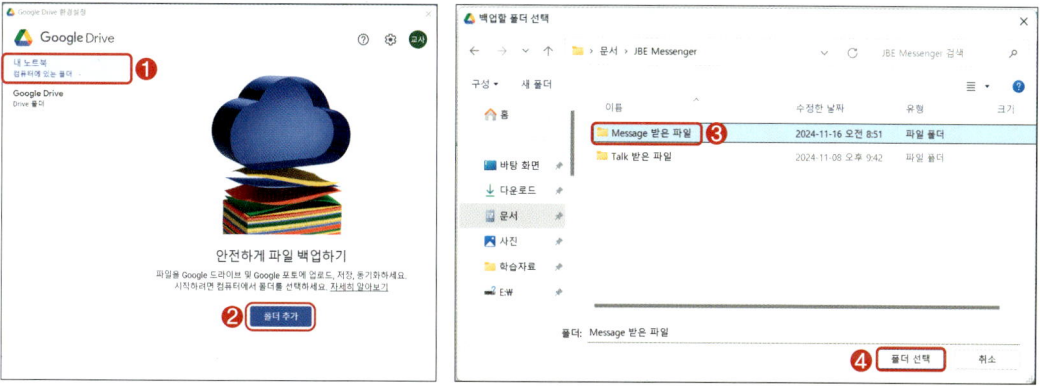

◆ 그림 2-40 내 PC 폴더 동기화 설정 Ⅱ

❸ 이어서 ❶ 'Google Drive와 동기화'에 체크하고 ❷ '완료'를 누른 후 다음 화면에서 ❸ 폴더가 추가된 것을 확인하고 ❹ '저장' 버튼을 클릭합니다.

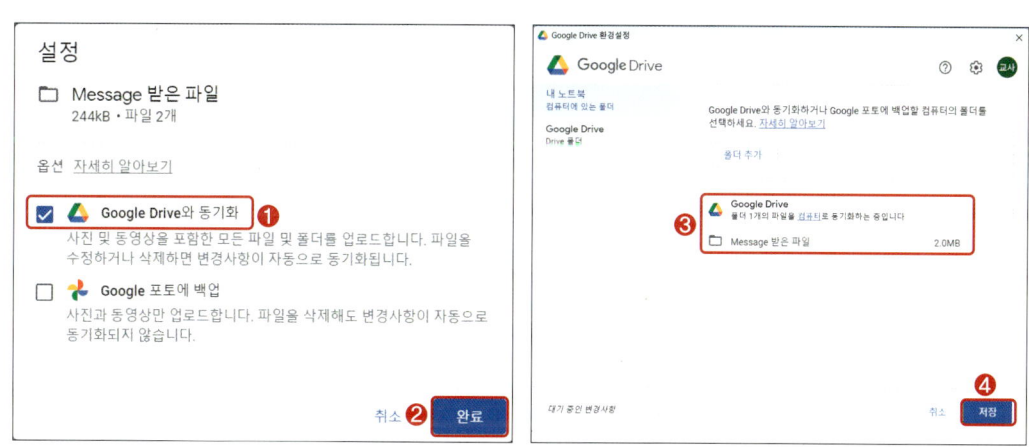

◆ 그림 2-41 내 PC 폴더 동기화 설정 Ⅲ

❹ 폴더 동기화 설정을 완료하면, 잠시 후 해당 폴더 안에 저장된 파일의 아이콘이 녹색 체크 표시가 포함된 아이콘으로 변경됩니다. 이는 파일이 Google Drive에 성공적으로 저장되었음을 나타내는 표시입니다.

◆ 그림 2-42 폴더 동기화 확인

2) 다른 PC에서 메신저로 다운로드한 파일 확인하기

1 Chrome 브라우저에서 Google Drive에 로그인하면 '공유 드라이브' 아래에 ❶ '컴퓨터'라는 메뉴가 생성된 것을 확인할 수 있습니다. 이곳에 메신저를 통해 다운로드한 ❷ 파일들이 자동으로 동기화된 것을 확인할 수 있습니다.

◆ 그림 2-43 폴더 동기화된 파일 Chrome 브라우저 Google Drive에서 확인하기

2 다른 PC에서 데스크톱용 Drive를 설치하고 로그인한 뒤 파일 탐색기를 열어보면, 기존의 '공유 드라이브'와 '내 드라이브' 외에 ❶ '다른 컴퓨터'라는 폴더가 추가된 것을 볼 수 있습니다. 이 폴더 안에는 메신저를 통해 다운로드 및 동기화된 ❷ 파일들이 자동으로 저장되어 있어, 다른 PC에서도 간편하게 확인하고 활용할 수 있습니다.

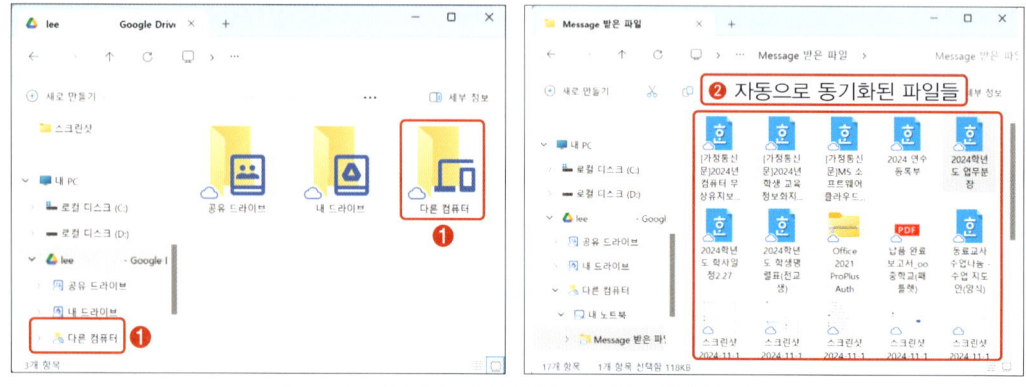

◆ 그림 2-44 다른 PC에 자동으로 동기화된 파일 확인

이제 '폴더 동기화' 기능을 통해 메신저로 받은 파일을 자동으로 Google Drive에 저장하고, 필요할 때 언제 어디서나 확인할 수 있습니다. 교무실과 특별실, 그리고 교실을 오가는 복잡한 작업 환경에서도 파일 이동의 번거로움 없이 효율적으로 업무를 이어갈 수 있습니다.

여기서 잠깐!

데스크톱용 Drive에 다른 계정을 추가 로그인하여 사용할 수 있습니다.

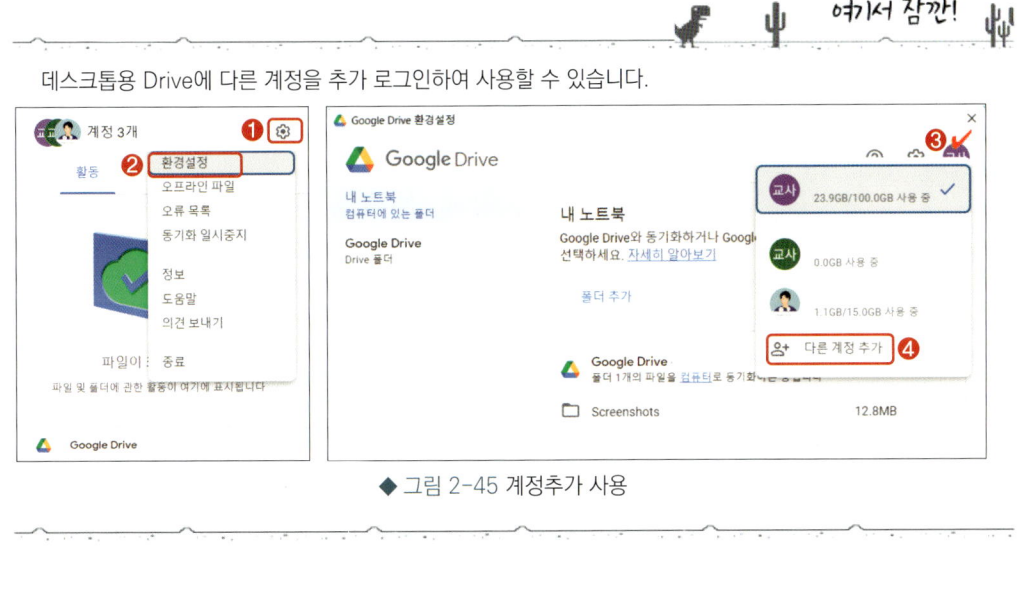

◆ 그림 2-45 계정추가 사용

여기서 잠깐!

다른 컴퓨터에서도 데스크톱용 Drive에 로그인하면 마치 내 컴퓨터처럼 파일을 쉽게 열고 편집할 수 있습니다. 하지만 이로 인해 개인정보가 노출될 위험이 있으므로, 여러 사람이 사용하는 컴퓨터에서는 주의가 필요합니다. 특히 공용 컴퓨터에서는 사용하지 않는 것을 추천합니다. 만약 사용한다면 반드시 '계정 연결 해제'를 실행하여 개인정보를 보호해야 합니다.

◆ 그림 2-46 계정 연결 해제

Chapter 03
Chrome 확장 프로그램

" 공개 수업 때 인터넷에
이상한 광고 뜬 적 없으세요?

"수업 중 인터넷 자료를 보여주다 이상한 광고가 나온 적 없으세요?"

스마트 교육 열풍이 교실에 불어오고 있을 당시 저는 교육청 주관 공개수업을 위해 열심히 수업 자료를 준비하고 있었습니다. 사회 교과의 조사학습을 위해 공부도 많이 하고, 동학년 선생님들과도 열띤 회의도 했습니다. 어떻게 하면 학생 활동 중심의 멋진 공개수업을 보여줄 수 있을지 오랜 시간 고민하고 야근도 했습니다.

제가 준비한 수업의 주제는 세계 여러 나라의 크기를 비교해 보는 것이었습니다. 혹시 수업 중 인터넷이 끊기지 않을까 걱정이 되어 사전에 유지보수업체와 학교 와이파이를 점검하였고, 옆 반 선생님께는 그 시간만큼은 스마트기기를 사용하지 말아 달라고 부탁도 드렸습니다. 그리고 스마트폰의 핫스팟도 사용할 수 있게 준비하는 등 만만의 준비를 했습니다.

대망의 공개 수업 D-day. 교실에 와서 수업 자료와 학습지, 그리고 스마트기기의 충전 상태 등을 점검하고 모든 준비를 완벽히 마쳤습니다. 수업에 딱 맞는 교수 학습 방법, 동료 선생님들과 함께 준비한 시나리오. 수업은 예정대로 착착 흘러가는 듯 보였습니다.

문제의 사건은 〈활동 2〉에서 발생했습니다. 수업 자료를 안내하고, 자료 조사 방법을 설명하던 중 한 학생이 손가락으로 화면을 가리키며 이렇게 외쳤습니다.

"선생님! 근데 저 사진은 뭐에요?"

순간 참관하던 동료 교사와 장학사 그리고 학생들의 시선이 그 학생의 손가락이 가리키는 곳으로 향했습니다. 그것은 학교 현장과 수업에는 적절하지 않은 광고였습니다. 저는 무척 당황했고, 공개수업이라는 특수한 상황과 해당 사이트를 활용해 계속 자료를 안내해야 하는 상황이 겹쳐 눈앞은 캄캄해지고 머릿속은 하얘졌습니다. 일단 이 상황을 수습해야 했기에 "인터넷에 오류가 있었나봐. 일단 선생님이 준 학습지를 잠깐 읽어보고 있자."라고 말하며 시간을 벌었습니다.

'인터넷 익스플로어', 'Chrome', '웨일' 등 브라우저를 바꿔가며 접속을 해봤지만, 문제의 광고는 사라질 기미가 보이지 않았습니다. 그 순간, 제 머릿속에 한 가지 생각이 떠올랐습니다. 그것은 바로 'Chrome 확장 프로그램 - ad block' 이었습니다. 빠르게 Chrome 브라우저를 실행시키고 확장 프로그램 스토어에 들어가 ad block을 설치했습니다. 그리고 속으로 '제발, 제발, 제발, 나 한 번만 살려주라'라고 빌며 문제의 그 해당 사이트에 들어간 순간! '어떻게 이런 일이!' 더 이상 그 문제의 광고가 나오지 않았습니다.

'할렐루야, 아멘, 아브라카다브라, 만세, 만세, 만만세' 얼마나 외쳤는지...

천국과 지옥, 온탕과 냉탕을 오가며 혼란에 빠져 요동치던 감정을 겨우 붙잡고 다시 침착하게 수업을 진행했습니다. "크흠! 선생님이 다시 설명을 시작해볼게요." 수업은 다시 준비했던대로 진행되었습니다. 그러나 제 목과 등에는 식은땀이 태평양을 이룰 정도로 흥건했습니다. 무사히 수업이 끝나고 협의회를 할 때 전 솔직하게 이야기했습니다.

"수업 준비를 완벽히 했다고 생각했는데 예상치 못한 광고가 나와 당황했었어요. 그때 Chrome 확장 프로그램이 광고를 막아준다는 사실을 기억하고 빠르게 설치하여 문제를 해결할 수 있었어요. 수업의 큰 흐름을 놓칠 뻔 했는데 그래도 빠르게 정리할 수 있어서 다행이라고 생각합니다."

동료 교사들은 대처가 너무 좋았다며 칭찬해 주셨고 확장 프로그램을 알려달라고 하신 분도 계셨습니다. 길고 길었던 40분의 수업과 협의회는 그렇게 마무리 되었고, 텅 빈 교실 의자에 털썩 앉자 이런 생각이 문득 들었습니다.

'만약 그 순간 Chrome 확장 프로그램이 없었으면 어땠을까요?'

3 - 1. Chrome 확장 프로그램

1) Chrome 확장 프로그램 알아보기

Chrome 확장 프로그램은 Chrome 브라우저에 기능을 추가하고 싶을 때 사용할 수 있습니다. 햇빛이 강한 날 선글라스를 착용하여 눈을 보호하거나 외출할 때 목걸이로 멋을 내는 것처럼 Chrome에 확장 프로그램을 설치하면 더 편리하고 다양한 기능을 사용할 수 있습니다.

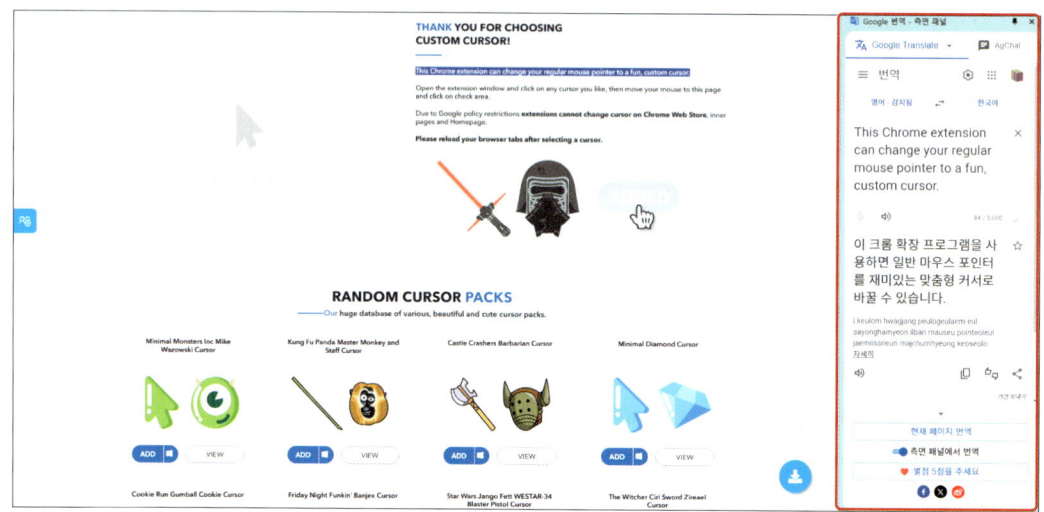

◆ 그림 2-47 Google 번역 – 측면 패널 확장 프로그램 사용 예시

위 그림처럼 측면 패널 확장 프로그램을 사용하면 번역기를 사용하기 위해 새 인터넷 창을 켜지 않아도 빠르고 쉽게 Google 번역기를 활용할 수 있습니다.

Chrome 확장 프로그램은 단순히 인터넷 사용의 편의성을 제공하는 것을 넘어 수업이나 업무 방식을 크게 바꾸고 생산성을 높여줍니다.

집이나 학교, 카페 등 다른 PC나 장소에서 작업을 하더라도 내 Google 계정에 로그인만 하면 추가해 놓은 확장 프로그램이 자동으로 동기화되기 때문에 컴퓨터를 옮길 때마다 일일이 새롭게 추가할 필요가 없습니다. 어디에서든 나만의 맞춤형 작업 환경이 자동으로 구축되는 놀라운 경험을 할 수 있습니다.

시간 관리를 돕는 확장 프로그램부터 메모와 할 일 관리를 돕는 프로그램까지. Chrome 확장 프로그램을 활용하면 반복 작업을 자동화하거나 일정 관리를 통해 작업을 빠르게 처리하고 효율성을 높일 수 있습니다. 또한, Google Drive와 연동되는 화면 캡쳐, 사진 저장, 메모 등의 확장 프로그램을 활용하면 필요한 자료를 Google Drive에서 빠르게 가져올 수 있습니다. 확장 프로그램에서 생성된 파일은 자동으로 Google Drive에 저장이 됩니다.

　Chrome 브라우저의 단순하고 깔끔한 디자인을 선호하는 사람도 있지만, 때로는 다른 브라우저에 비해 재미가 없다고 느껴지기도 합니다. 이런 경우, Chrome 확장 프로그램을 이용하면 브라우저를 자신만의 디자인으로 커스터마이징 할 수 있습니다. 마우스 커서 변경, 시작 페이지 테마 설정 등으로 자신만의 브라우저로 디자인해 볼 수 있습니다.

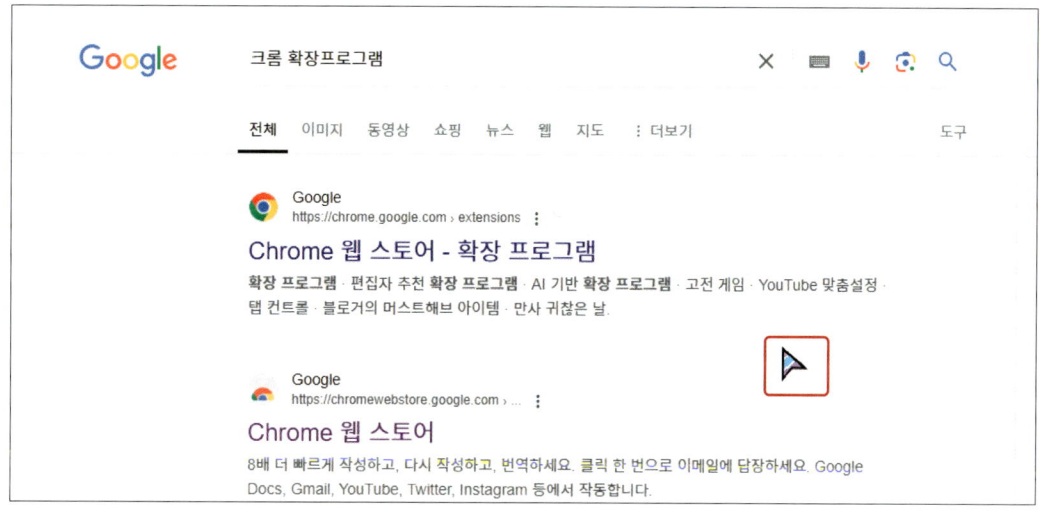

◆ 그림 2-48 확장 프로그램으로 마우스 커서를 바꾼 모습

2) Chrome 웹 스토어 접속하기

1 Chrome 브라우저에 확장 프로그램을 추가하기 위해서는 Chrome 웹 스토어에 접속해야 합니다.
❶ Chrome 브라우저의 오른쪽 상단에 있는 더 보기(:) - ❷ '확장 프로그램' - ❸ 'Chrome 웹 스토어 방문하기'를 클릭합니다.

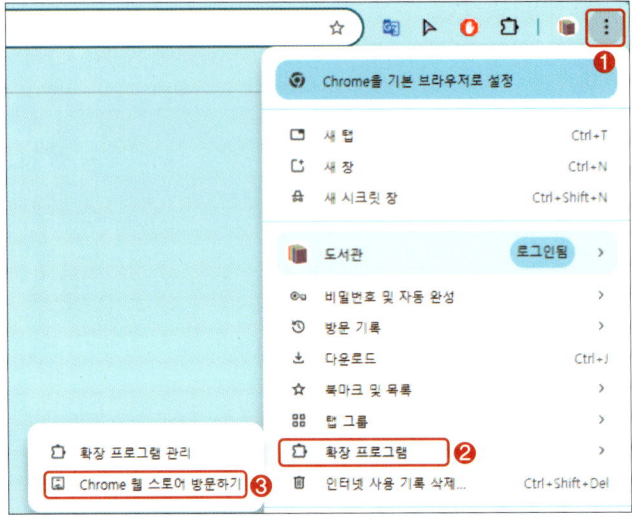

◆ 그림 2-49 Chrome 웹 스토어 방문하기 Ⅰ

2 다른 방법으로도 접속할 수 있습니다. ❶ Google 검색 창에 'Chrome 웹 스토어'라고 검색한 뒤 ❷ 검색된 'Chrome 웹 스토어'를 눌러 접속합니다.

◆ 그림 2-50 Chrome 웹 스토어 방문하기 Ⅱ

3 Chrome 웹 스토어에서 ❶ 필요한 확장 프로그램을 검색하거나 ❷ 인기 있는 확장 프로그램을 카테고리별로 찾아볼 수 있습니다. ❸ '디스커버', '확장 프로그램', '테마'에 들어가면 주제별로 다양한 프로그램과 배경을 추천받거나 검색해서 추가할 수 있습니다.

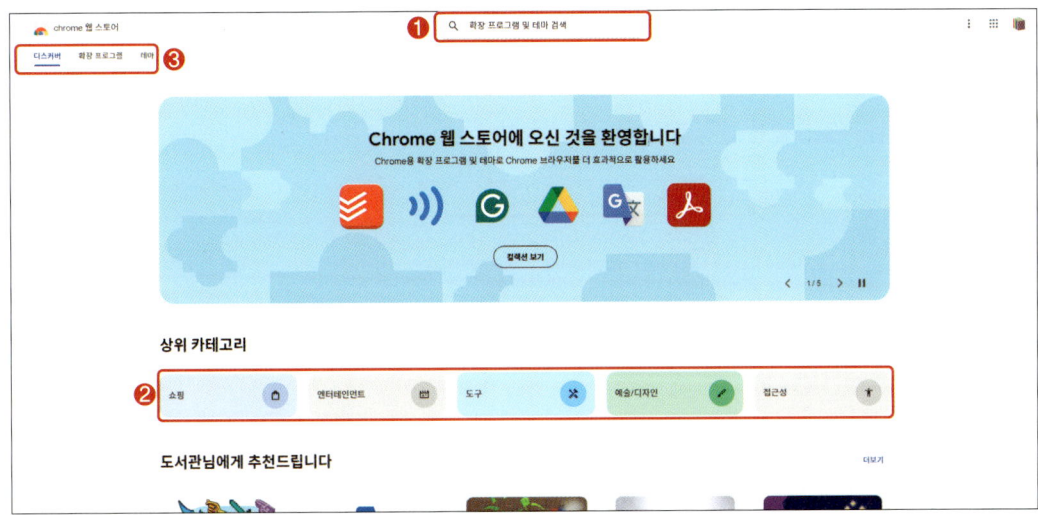

◆ 그림 2-51 Chrome 웹 스토어

- Chrome 확장 프로그램은 파일을 다운로드하여 설치하는 복잡한 과정 없이도 사용할 수 있습니다.
- Chrome 브라우저 환경에서만 작동하며 컴퓨터의 파일 시스템에 접근하지 않습니다.

3 - 2. 확장 프로그램 추가하기

1) 확장 프로그램 추가하기

1 Chrome 웹 스토어에서 확장 프로그램을 검색하여 Chrome 브라우저에 추가해 보겠습니다. ❶ 검색 창에 'ad block'이라고 입력하면 광고를 차단해주는 다양한 확장 프로그램을 확인할 수 있습니다. ❷ 첫 번째로 검색된 프로그램을 클릭합니다.

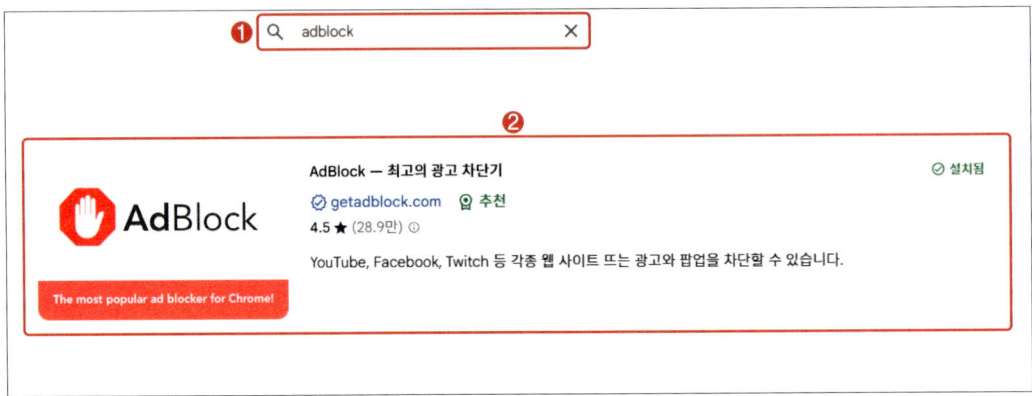

◆ 그림 2-52 Chrome 웹 스토어에서 'ad block' 확장 프로그램 검색 결과

2 상세 페이지에서 ❶ 'Chrome에 추가' 버튼을 클릭합니다. 이 버튼을 클릭하면 Chrome 브라우저에 하나의 퍼즐 조각이 추가되듯 새로운 기능이 추가됩니다.

◆ 그림 2-53 확장 프로그램 Chrome 브라우저에 추가하기

여기서 잠깐!

- ad block 확장 프로그램은 웹 페이지에 나타나는 광고를 막아줍니다.
- Youtube 광고도 나오지 않게 해주므로 학교 수업시간에 활용하기 좋습니다.

3 이렇게 추가한 확장 프로그램은 브라우저 오른쪽 상단의 메뉴에서 확인할 수 있습니다.

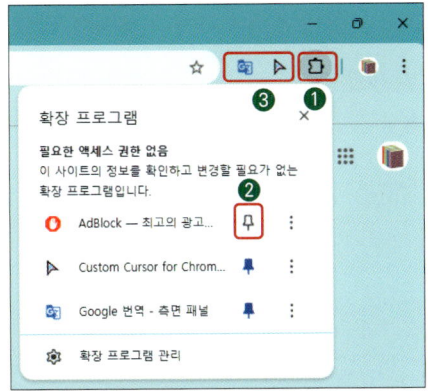

◆ 그림 2-54 Chrome 브라우저의 확장 프로그램 관리 I

❶ 확장 프로그램 : 이곳에서 추가한 확장 프로그램을 확인할 수 있습니다.

❷ 고정 : 자주 사용하는 확장 프로그램은 고정핀을 눌러 ❸에 즐겨찾기 할 수 있습니다.

❸ 즐겨찾기 : 고정핀으로 고정해 둔 확장 프로그램은 여기에 항상 나타납니다.

4 Chrome 브라우저의 오른쪽 상단에 있는 ❶ 더 보기(:)를 클릭 - ❷ '확장 프로그램' - ❸ '확장 프로그램 관리'를 클릭하여 추가한 확장 프로그램을 확인할 수 있습니다.

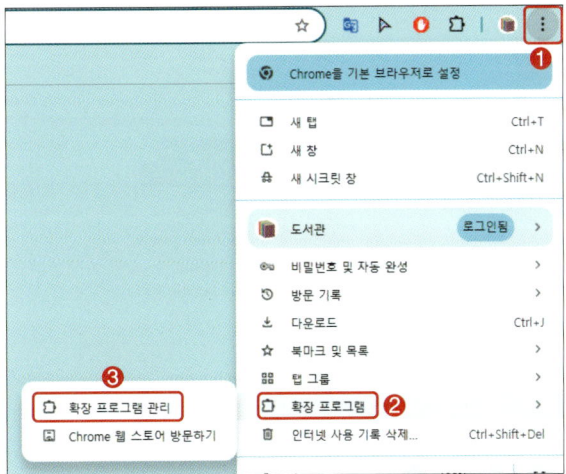

◆ 그림 2-55 Chrome 브라우저의 확장 프로그램 관리 접속 방법

2) 추천 확장 프로그램

Google 전문가들이 실제 교육 현장에서 유용하게 사용하는 확장 프로그램을 소개합니다. 다양한 확장 프로그램 중 누구나 쉽게 사용할 수 있는 것으로 선별했습니다.

가. Google 번역 – 측면 패널

◆ 그림 2-56 Google 번역 – 측면 패널 확장 프로그램 Ⅰ

번역이 필요한 내용을 복사한 뒤 Google 번역기에 붙여 넣어가며 번역을 했던 경험이 있으시다면 이 확장 프로그램을 사용해 보시기 바랍니다. 브라우저의 탭을 변경해가며 번역을 할 때 번거롭다고 느껴지지 않으셨나요? 때로는 페이지에서 마우스 오른쪽 버튼을 클릭하여 번역한 내용을 다시 원래대로 되돌리기 어려워 곤란할 때도 있으셨을 것입니다. 이럴 때 번역 확장 프로그램을 사용하면 한 화면에서 번역 작업을 할 수 있고, 문서의 일부분만 번역할 수도 있습니다. 자료 조사, 수업 준비, 업무 추진 중 번역이 필요한 경우 빠르게 확장 프로그램을 실행해 번역하고 그 결과를 한 화면에서 확인할 수 있습니다.

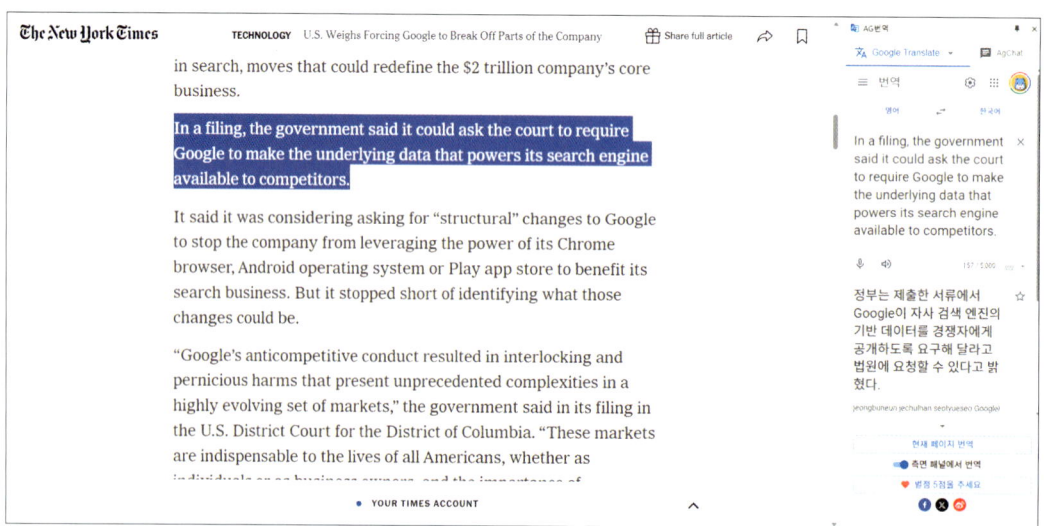

◆ 그림 2-57 Google 번역 – 측면 패널 확장 프로그램 Ⅱ

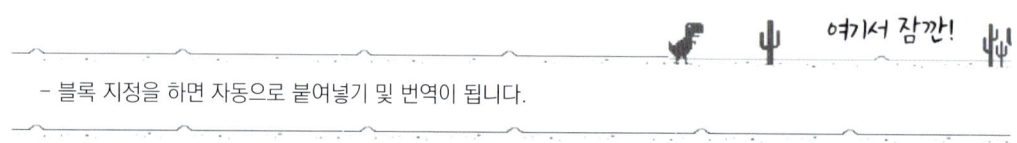

- 블록 지정을 하면 자동으로 붙여넣기 및 번역이 됩니다.

나. QR Code Generator

◆ 그림 2-58 QR Code Generator 확장 프로그램 l

수업 자료를 만들거나 학생들에게 실시간으로 사이트 주소를 안내해야 할 때 QR코드는 유용하게 활용됩니다. 'QR Code Generator' 확장 프로그램을 사용하면 한 번의 클릭으로 QR코드를 생성하고 안내할 수 있습니다.

❶ 확장 프로그램을 클릭하면 해당 사이트의 QR코드가 자동 생성됩니다. ❷ 이곳에 다른 사이트의 주소를 붙여넣기하면 그 사이트의 QR코드가 생성됩니다. ❸ 이미지 파일로도 저장할 수 있습니다.

◆ 그림 2-59 QR Code 생성하는 모습

여기서 잠깐!

Chrome 브라우저를 사용하는 경우 마우스 오른쪽 버튼을 클릭하여 QR코드를 쉽게 만들 수 있습니다.

◆ 그림 2-60 Chrome 브라우저 마우스 우클릭으로 QR코드 생성

이렇게 생성한 QR코드는 Chrome 브라우저가 인터넷 연결이 안 되었을 때 나오는 캐릭터인 Chrome 다이노와 함께 생성됩니다.

◆ 그림 2-61 G-Creators 유튜브 채널 QR코드

다. Joois QuickShortener

Joois QuickShortener는 복잡한 인터넷 URL을 짧게 줄여주는 확장 프로그램으로, 단축 주소를 한글로 만들 수 있다는 점이 매력적입니다. 예를 들어 G-Creator팀의 유튜브 주소를 단축 주소로 만든다면 'joo.is/지크레이터'와 같은 형태로 제작할 수 있습니다. 복잡한 URL을 전달할 때 QR코드를 활용하는 경우도 있지만 단축 주소로 전달해야 하는 상황도 있습니다. 이때 Joois QuickShortener를 사용하면 매우 편리하고 간결하게 URL을 전달할 수 있습니다.

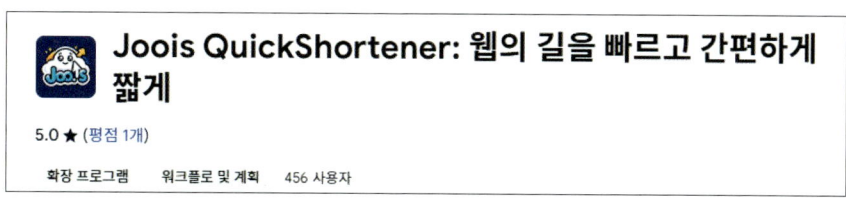

◆ 그림 2-62 Joois 확장 프로그램

❶ 확장 프로그램을 클릭하면 단축 주소에 현재 페이지의 주소가 나옵니다. ❷ 'Shorten' 버튼을 누르면 단축 주소를 만들 수 있는 창이 생성되고 ❸ 여기에 한글이나 숫자 영어를 사용해서 단축 주소를 입력한 뒤 ❹ 저장 버튼을 누르면 단축 주소가 생성됩니다. ❺ 복사하여 공유할 수 있습니다.

모둠별로 서로 다른 사이트를 이용하는 프로젝트 수업을 하는 경우, Joois QuickShortener를 활용하면 직관적으로 URL을 구분하여 안내할 수 있습니다

1조: joo.is/하마초1조, 2조: joo.is/하마초2조, 3조: joo.is/하마초3조 ⋯ 이렇게 만들어 화면에 보여주면 모둠마다 일일이 사이트 URL을 알려주느라 고생하지 않아도 됩니다. 비슷한 방법으로 업무 처리를 할 때에도 'joo.is/정보부드라이브', 'joo.is/연수이수증수합' 등으로 단축 주소를 지정하여 URL을 전달할 수 있습니다.

◆ 그림 2-63 Joois 확장 프로그램 활용하여 단축 주소 생성하는 모습

라. 웨않되 - 맞춤법 검사기

◆ 그림 2-64 웨않되 확장 프로그램

Chrome 확장 프로그램 웨않되는 웹 페이지에서 맞춤법 및 문법 오류를 쉽게 확인하고 교정할 수 있게 해주는 도구입니다. 웹 페이지에서 글을 작성하다 실수로 맞춤법을 틀린 경우 웨않되가 이를 즉시 감지하고 올바른 표현으로 교정하도록 도와줍니다. 교정할 내용을 추천해주는가 하면 한 번의 클릭으로 자동 수정도 할 수 있습니다.

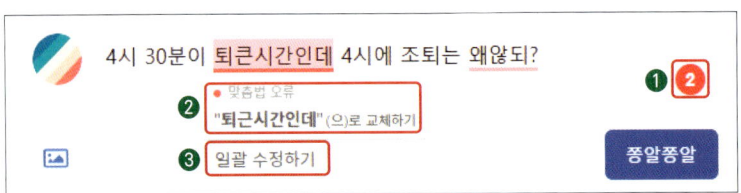

◆ 그림 2-65 웹사이트에서 웨않되 구동 모습

❶에는 교정이 필요한 단어의 수가 표시됩니다.

❷를 누르면 추천하는 단어로 자동으로 교체됩니다.

❸을 누르면 오류 사항을 한 번에 바르게 수정할 수 있습니다.

이 확장 프로그램은 웹 브라우저에서 공지사항을 작성하거나 문서 편집 등을 할 때 실수를 줄이고, 더 나은 글쓰기를 지원하는 데 최적화되어 있습니다. 학교 현장에서는 나이스 생활기록부나 업무 관련 문서 작업을 할 때 자동으로 맞춤법을 교정하는 도구로 활용할 수 있습니다.

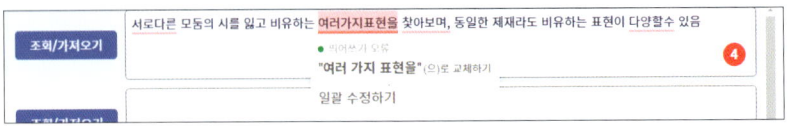

◆ 그림 2-66 생활기록부 작성 시 웨않되 구동 모습

유용한 Chrome 확장 프로그램을 몇 가지 더 간단히 소개합니다.

- **Custom Cursor for Chrome**

Chrome 브라우저에서 사용자가 마우스 커서를 자유롭게 꾸밀 수 있도록 도와줍니다. 다양한 스타일의 커서 라이브러리를 제공하며, 자신의 이미지나 아이콘을 업로드하여 개성 있는 나만의 커서를 만들 수도 있습니다

- **Pomodoro Timer & To-Do List Chrome Extension**

이 확장 프로그램은 시간 관리 기법인 뽀모도로(Pomodoro)를 기반으로 설계되었습니다. Chrome 브라우저에서 실시간으로 타이머와 할 일 목록을 표시하며, 진행 상황을 쉽게 확인할 수 있습니다.

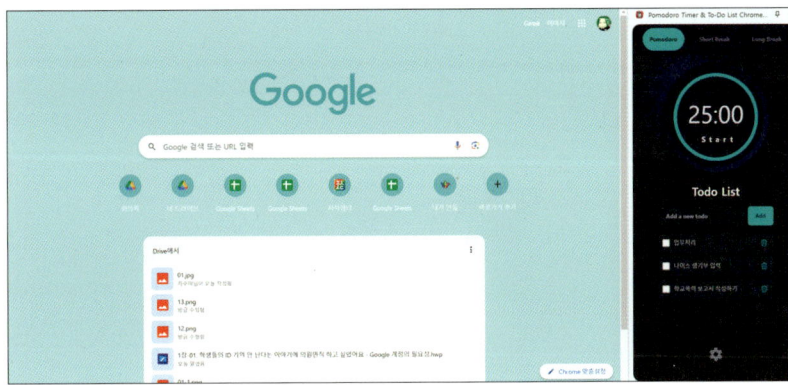

◆ 그림 2-67 타이머 & 할 일

- **Text Blaze: Templates and Snippets**

반복적인 텍스트 입력 작업을 자동화하여 시간을 절약할 수 있는 도구입니다. 예를 들어, /hi를 입력하면 '안녕하세요. 교사크리에이터협회 김학민입니다'로 만들어 줍니다.

- **자동 열기 및 닫기 기능이 있는 탭 스케줄러**

지정한 시간에 특정 URL을 자동으로 열거나 닫을 수 있는 도구로, 일정한 시간에 특정 웹 사이트를 열어야 할 때 유용합니다.

- **확장 프로그램: '테마' 검색**

다양한 테마를 검색해서 Chrome 브라우저의 디자인을 바꿔 새로운 느낌을 줄 수 있습니다.

Gemini야!
내 퇴근시간을 앞당겨줘

Chapter 01 **Gemini 프롬프트 작성법**
•• 아직도 막 쓰고 있나요?

Chapter 02 **AI 작문 전문가 Gemini**
•• 곁에 두고 활용해 보세요

Chapter 03 **Gemini in Google Tools**
•• Google Workspace를 더 스마트하게 써보세요

Gemini 프롬프트 작성법
" 아직도 막 쓰고 있나요?

"혹시 Gemini에게 프롬프트, 막 던져주고 있지는 않나요?"

교실 시계가 저녁 6시를 가리키고, 달력에 있는 빨간 동그라미는 내일이 연구 수업이 있는 날이라는 것을 알려주고 있었습니다. 피곤에 절어 모니터만 바라보고 있을 때, 옆자리의 김 선생님이 한숨을 내쉬며 제게 다가오셨습니다.

"선생님, Gemini 사용해보셨어요? 저는 왜 이렇게 답변이 엉뚱하게 나오는지 모르겠어요."
목소리에 절박함이 묻어났습니다. 손에 든 수업 자료는 내일 아침 1교시, 연구수업에 써야 할 것이었습니다. 연구 수업은 교장 선생님을 비롯한 여러 선생님이 참관하실 예정이었죠.

며칠 전, 교무실에서 Gemini를 활용한 수업 자료 제작에 관한 이야기가 나왔었습니다. 저는 그때 김 선생님이 Gemini에 대한 기대감으로 눈을 반짝이던 모습이 기억났습니다. "정말인가요? Gemini가 수업 자료를 만들어준다고요? 와, 이제 야근 좀 줄어들겠네요!" 하시며 즐거워하시던 모습이 아직도 선명했습니다.

하지만 지금 그 얼굴에는 실망과 불안이 가득했습니다. 컴퓨터 화면을 들여다보니 '조선 시대의 교육'에 관한 내용이 보였습니다. 선생님께서는 Gemini에게 '조선 시대의 교육에 대해 알려 줘'라고 질문하셨고, 화면 속에는 조선 시대의 교육 제도부터 과거 시험, 서당 교육, 유교적 교육관까지… 마치 백과사전을 펼쳐놓은 듯한 답변이 가득했습니다.

"아이들이 이해할 수 있을 리가 없잖아요. 이런 걸로 어떻게 수업을 해요. 시간은 없고... 결국 밤을 새워서라도 제가 다시 만들어야 할 것 같아요." 창밖으로 보이는 어두운 하늘에 빗방울이 떨어지기 시작했습니다. 선생님의 한숨 소리와 지난 날 저의 모습이 겹쳐 보였습니다. 얼마 전까지만 해도 저도 Gemini에게 두루뭉술한 질문을 던지고는 원하는 답변을 받지 못해 좌절하곤 했습니다.

"선생님, 잠깐만요." 제가 말을 꺼냈습니다. "Gemini에게 질문을 할 때는 좀 더 구체적으로 해야 해요. 마치 학생들에게 설명하듯이 친절하게요. 이렇게 해보세요. '초등학교 5학년 학생들이 이해할 수 있도록 조선 시대 교육에 대해 설명해 줘. 특히 서당 교육과 과거 시험에 대한 내용을 중심으로 설명해주면 좋겠어.' Gemini도 우리가 무엇을 원하는지 정확히 알아야 제대로 된 답을 줄 수 있어요. 마치, 우리가 학생들에게 '열심히 해'라고 말하는 것과 '이 부분을 이렇게 해보면 어떨까?'라고 구체적인 방향을 제시하는 것의 차이랄까요?"

> 초등학교 5학년 학생들이 이해할 수 있도록 조선 시대 교육에 대해 설명해 줘. 특히 서당 교육과 과거 시험에 대한 내용을 중심으로 설명해주면 좋겠어.
>
> **얘들아, 조선 시대로 시간 여행을 떠나볼까? 슝! 슝!**
> 조선 시대에는 어떻게 공부했을까? 지금처럼 학교에 가서 선생님께 수업을 들었을까?
> 땡! 조선 시대에는 서당이라는 곳에서 공부를 했어. 서당은 오늘날의 초등학교 같은 곳이야. 마을에 있는 서당에 가서 훈장님께 글공부를 배웠지. **서당에서는 무엇을 배웠을까?**
> - **천자문**: 하늘 천, 땅 지, 검을 현, 누를 황... 이렇게 한자를 처음 배우는 책이야. 마치 너희들이 처음에 '가나다라'를 배우는 것과 같아.
> - **동몽선습**: 옛날 사람들의 생활 모습이나 효도, 예절 등을 배울 수 있는 책이야.
> - **사서삼경**: 유교의 중요한 가르침이 담긴 책이야. 어려운 내용이지만, 조선 시대 사람들은 이 책을 통해 세상의 이치를 배우고 올바른 행동을 하려고 노력했단다.

마치 훌륭한 선생님이 학생들의 질문을 잘 이해하고 답변해주는 것처럼, 우리도 Gemini에게 좋은 질문을 던져야 Gemini가 최고의 답변을 제공할 수 있습니다. 그리고 그 답은 우리가 생각한 것보다 더 가까이에 있을지도 모릅니다.

'만약 프롬프트를 제대로 작성했다면 결과는 어땠을까요?'

1 - 1. 교육을 도와주는 AI, Gemini 알아보기

매일 아침 교실에서 만나는 학생들처럼, 이제 AI는 우리의 일상이 되었습니다. 수업 자료를 준비하고, 학습지를 만들고, 학생들의 성취도를 분석하는 모든 순간을 AI가 함께합니다. 그중에서도 Gemini는 우리 교실에 찾아온 아주 특별한 동료입니다.

1) Gemini, 생성형 AI를 만나기

Gemini는 Google이 개발한 최신 생성형 AI입니다. '생성형 AI'란 사용자의 요청에 따라 텍스트, 이미지, 코드 등 새로운 콘텐츠를 만들어내는 인공지능을 말합니다. 특히 Gemini는 멀티모달 AI로, 텍스트뿐 아니라 이미지도 이해하고 분석할 수 있어 교육 현장에서 더욱 다양하게 활용할 수 있습니다. 멀티모달에 대해선 뒤에서 더 자세히 알아보겠습니다.

◆ 그림 3-1 Gemini와 채팅하기 첫 화면

가. Gemini와의 첫 만남, 이렇게 시작하세요.

1 Gemini는 ❶ 'Google 앱 메뉴'를 클릭한 뒤 ❷ Gemini를 선택하거나 주소창에 Gemini 주소인 'gemini.google.com'을 입력하여 실행할 수 있습니다. 또, Google Workspace의 Docs, Sheets 등에서도 실행할 수 있고, 최근에는 안드로이드 스마트폰에서도 Gemini를 사용할 수 있게 되었습니다.

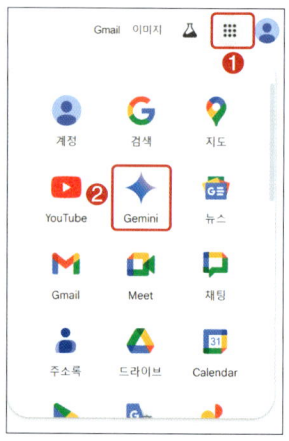

◆ 그림 3-2 Gemini 실행하기

2 Gemini는 프롬프트를 통해 대화합니다. 마치 동료 교사에게 부탁하듯이 자연스럽게 원하는 바를 설명하면 됩니다. 처음에는 간단한 대화부터 시작해보세요. '다음 주 교과 진도를 계획하는 것을 도와주세요.' 또는 '학급 알림장 작성을 도와주세요.'처럼 말입니다.

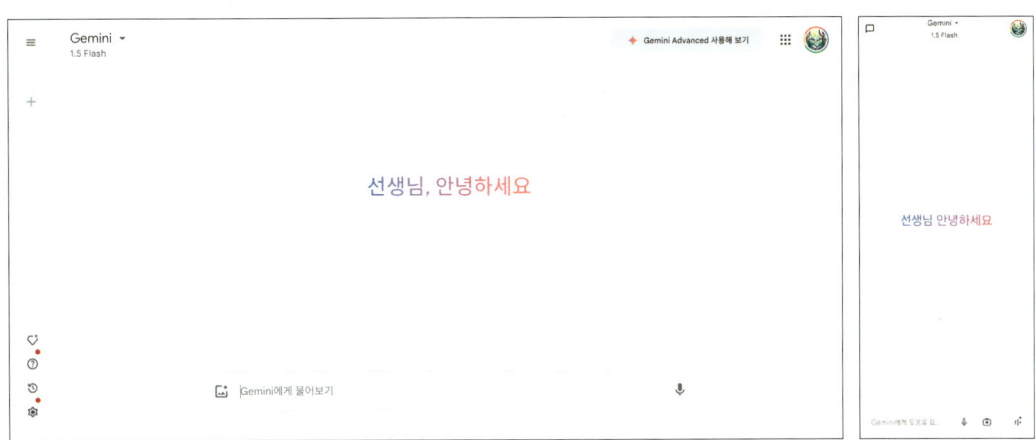

◆ 그림 3-3 Gemini 웹 사이트(좌)와 Gemini App(우)의 첫 화면

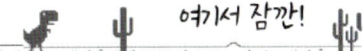

프롬프트란 AI에게 내리는 지시나 요청을 의미합니다. 컴퓨터 용어에서 'Prompt'는 '즉각적인 행동을 유도하다'라는 뜻을 가지고 있습니다. 마치 선생님이 학생에게 "이 문제를 풀어볼까?"라고 하는 것처럼, AI에게 "이런 작업을 해줘."라고 요청하는 것이 바로 프롬프트입니다.

나. 교실에서 Gemini는 이런 모습으로 함께합니다.

국어 시간에는 교재 제작 도우미로 활약합니다. 학생들의 읽기 능력에 따라 같은 주제, 다양한 난이도의 독해 자료를 제작하고, 글쓰기 수업을 위한 예시문도 만들어냅니다. 특히 문법 수업에서도 학생들의 흥미를 끌 수 있는 재미있는 예문과 교과서 지문을 분석하여 학생들의 이해를 돕는 핵심 질문을 생성합니다.

수학 시간에는 맞춤형 학습 조교가 됩니다. 단원평가 결과를 바탕으로 각 학생의 취약점을 분석하고 이에 맞는 연습문제를 제안합니다. 복잡한 문제 풀이 과정은 단계별로 시각화하여 보여주며, 실생활과 연계된 문제를 만들어 학생들의 흥미를 높입니다. 나아가 학생들의 수준에 맞는 스토리텔링 수학 문제도 개발하여 제공합니다.

과학 시간에는 믿음직한 탐구 활동 파트너가 되어 줍니다. 실험에서 얻은 데이터를 분석하고 해석하는 것을 도와주며, 과학적 원리를 설명하는 다양한 시각 자료를 제작합니다. 새로운 탐구 활동을 계획할 때는 가설 설정을 위한 아이디어를 제안하고, 안전하게 실험을 진행할 수 있도록 단계별 가이드도 제공합니다.

학급 운영에서는 든든한 행정 지원 인력이 됩니다. 학급 알림장과 가정통신문의 초안을 작성하고, 학생들의 상담 기록을 체계적으로 분석하여 요약합니다. 학부모 상담을 위한 자료도 깔끔하게 정리해 주며, 운동회나 체험학습 같은 학급 행사 계획서 작성도 도와줍니다.

이는 Gemini 활용 예시의 일부에 불과합니다. 전국의 수많은 교사들이 각자의 교실에서 새로운 방식으로 Gemini를 활용하고 있으며, 그 사례는 나날이 늘어나고 있습니다. 교과 통합 수업을 위한 주제 개발, 학생 개인별 포트폴리오 관리, 창의적 체험활동 계획 수립 등 Gemini의 활용 범위는 교사의 상상력만큼 무한히 확장될 수 있습니다.

이런 멋진 활용 사례를 가진 Gemini지만 한 가지 알아두어야 할 점이 있습니다. 선생님도 가끔 실수하듯, Gemini도 때로는 완벽하지 않을 수 있다는 점입니다.

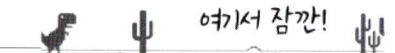

Gemini는 사용 연령 제한이 있습니다. 사용자가 직접 관리하는 개인 Google 계정의 경우 만 13세 이상부터 사용할 수 있지만, 교육청이나 학교에서 제공하는 Google Workspace 계정은 만 18세 이상만 Gemini를 사용할 수 있습니다. 또, 계정 관리자가 사용 권한을 직접 부여해야 합니다. 이는 Google Workspace for Education이 사용자의 법적 책임의 부담을 줄이고 개인 정보를 보호하기 위해 보다 강화된 제한을 적용하기 때문입니다. 따라서 학생들이 직접 사용하는 것보다는 교사가 수업 자료 제작 또는 업무 보조 용도로 활용하는 것을 권장합니다.

> **필요한 조건**
> Gemini 웹 앱(gemini.google.com ↗)을 사용하려면 다음 중 한 가지가 필요합니다.
> - **본인이 직접 관리하는 개인 Google 계정.** Family Link에 의해 관리되는 Google 계정으로는 Gemini 웹 앱에 액세스할 수 없습니다. 또한 만 13세(또는 거주 국가의 적정 연령) 이상이어야 합니다.
> - **요건을 충족하는 Workspace 버전을 사용하는 직장 Google 계정.** 또한 만 18세 이상이어야 합니다.
> - **학교 Google 계정.** 또한 만 13세(또는 거주 국가의 적정 연령) 이상이며 기관의 관리자가 서비스를 사용 설정해야 합니다.

◆ 그림 3-4 Gemini 웹 앱 사용시 필요한 조건

2) AI도 실수를 합니다 - 할루시네이션(환각 현상) 이해하기

가끔 학생들은 시험을 칠 때 자신이 공부한 내용을 다른 문제와 혼동하거나, 배우지 않은 내용을 상상해서 답안을 작성하기도 합니다. AI도 이와 비슷한 현상을 보일 수 있는데, 이를 'AI 환각 현상' 또는 '할루시네이션'이라고 부릅니다.

> **AI 할루시네이션 예시**
>
> AI 할루시네이션은 다양한 형태로 나타날 수 있습니다. 몇 가지 일반적인 예시는 다음과 같습니다.
> - **잘못된 예측**: AI 모델에서 발생 가능성이 낮은 이벤트가 발생할 것이라고 잘못 예측할 수 있습니다. 예를 들어 날씨 예측에 사용되는 AI 모델이 일기 예보와 다르게 내일 비가 올 것이라고 예측할 수 있습니다.
> - **거짓양성**: AI 모델을 사용할 때 AI 모델이 위협이 아닌 것을 위협으로 식별할 수 있습니다. 예를 들어 사기를 감지하는 데 사용되는 AI 모델이 사기가 아닌 거래를 사기로 신고할 수 있습니다.
> - **거짓음성**: AI 모델이 위협을 정확하게 식별하지 못할 수 있습니다. 예를 들어 암을 감지하는 데 사용되는 AI 모델이 암 종양을 식별하지 못할 수 있습니다.

◆ 그림 3-5 Google Cloud - AI 할루시네이션 예시 글에서 발췌

AI 할루시네이션(환각 현상)은 사실이 아닌 정보나 논리적으로 맞지 않는 내용을 마치 사실인 것처럼 생성하여 오해를 불러일으키는 현상을 의미합니다. 일반적인 예로 챗봇이 사실이 아닌 이야기를 지어내는 것, 이미지 생성기가 이상하거나 불가능한 장면을 생성하는 것, 언어 모델이 이상한 출력물을 생성하는 것 등이 있습니다.

'하루에 돌을 얼마나 먹어야 합니까?'라는 프롬프트에 '인간은 하루에 돌을 1개 이상 섭취해야 합니다.'라는 결괏값을 내놓는 경우가 대표적인 할루시네이션의 예입니다.

수업 자료를 만들 때, Gemini가 역사적 사실을 혼동하는 경우도 있습니다. 예를 들어 특정 왕의 업적을 다른 왕의 업적으로 혼동하여 설명하거나, 실제로 없었던 역사적 사건을 마치 있었던 것처럼 서술하는 것입니다. 그림 3-6의 예처럼 신라의 왕인 진흥왕을 '고구려의 왕'으로 소개하는 할루시네이션을 보이기도 했습니다.

> [진흥왕]의 역할을 해줘.
> 초등학교 5학년 학생들이 사회 수업 시간에 '역사적인 인물과의 대화하기'라는 수업 활동을 하면서, 질문을 던질 거야. 그 내용에 답을 해줘.
> 친절하게 답해줘......
>
> 알겠습니다.
> ==내가 바로 고구려의 왕, 진흥왕이오!== 짐에게 궁금한 것이 있다면 무엇이든 물어보시오. 초등학교 5학년이라면 아직 어려운 단어나 역사는 잘 모를 수 있으니, 최대한 쉽고 재미있게 설명해 주겠소.
> 짐은 고구려를 크고 강하게 만들었던 왕이오. 백제와 신라를 물리치고 넓은 땅을 차지했으며, 우리 고구려의 역사를 돌에 새겨 후세에 남기기도 하였지.
> 자, 그럼 궁금한 것을 어서 물어보시오! 짐은 기다리는 것이 지루하오.

◆ 그림 3-6 신라의 왕인 '진흥왕'을 '고구려의 왕'으로 잘못 얘기하는 Gemini 할루시네이션 사례

수학 문제를 만들 때도 주의가 필요합니다. 때로는 Gemini가 출제한 문제의 조건이 논리적으로 맞지 않거나, 풀이 과정에서 오류가 발생할 수도 있습니다. 특히 복잡한 문장제 문제를 만들 때 이런 현상이 자주 나타납니다.

> 민준이는 0.75kg의 귤을 3.5kg 사려고 합니다. 귤의 가격은 1kg에 2,800원입니다. 민준이가 귤을 사기 위해 필요한 금액은 얼마일까요?
>
> **해설:**
> - 먼저 귤 3.5kg의 가격을 구합니다. 1kg의 가격에 3.5kg을 곱하면 됩니다.
> - 0.75kg은 3.5kg의 일부분이므로, 3.5kg의 가격에 0.75를 곱하면 민준이가 필요한 금액을 구할 수 있습니다.
>
> **답:**
> - 3.5kg 가격: 2,800원/kg × 3.5kg = 9,800원
> - 민준이 필요 금액: 9,800원 × 0.75 = 7,350원

◆ 그림 3-7 문장제 문제 할루시네이션 - '0.75kg의 귤을 3.5kg 사려고 한다.' 논리적이지 못한 문장

이러한 상황을 예방하고 대처하기 위해 두 가지를 반드시 기억해야 합니다

☑ Gemini는 항상 정확한 응답을 생성하지 않습니다.
☑ AI 리터러시 능력과 교사의 전문성을 바탕으로 챗봇 응답의 정확성과 적절성을 반드시 확인해야 합니다.

마치 교과서나 참고서의 내용도 한 번 더 검토하듯이, Gemini의 답변도 우리의 전문성으로 검증해야 합니다. 특히 학생들에게 전달될 내용이라면 더욱 꼼꼼한 확인이 필요합니다.

이를 위한 간단한 검증 과정을 소개합니다.
- ☑ 교과서 등 신뢰할 수 있는 자료와 대조
- ☑ 동료 교사들과의 정보 공유와 검토
- ☑ 교육과정 내용과의 일치성 확인
- ☑ 학생들의 수준과 난이도의 적절성 점검
- ☑ 출처와 링크도 함께 요청

AI는 교사의 교육 전문성을 대체하지 않습니다. 교사의 전문성을 바탕으로 효과적으로 활용해야 하는 도구입니다. Gemini는 더 나은 교육을 할 수 있도록 돕는 보조 도구일 뿐이며, 최종적인 판단과 결정은 언제나 교사의 몫입니다.

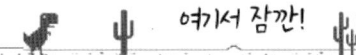

AI 리터러시란?

디지털 시대의 필수 역량인 AI 리터러시는 'AI를 사용할 수 있는 능력'만을 의미하지 않습니다. 여기에는 AI 시스템의 기본 원리에 대한 이해, AI의 한계와 잠재력 인식, AI가 사회에 미치는 영향에 대한 비판적 사고, 그리고 윤리적 측면의 고려가 모두 포함됩니다.

교사에게 있어 AI 리터러시는 특히 중요합니다. 그 이유는 AI를 교육적 맥락에서 효과적으로 활용하는 것뿐만 아니라, 미래 사회를 살아갈 학생들에게 AI와 관련된 올바른 가치관을 전달해야 하는 책임이 교사에게 있기 때문입니다. AI가 제공하는 정보와 결과물을 교육적 전문성을 바탕으로 검증하고, 이를 수업에 적절히 통합하는 능력이 바로 교사의 AI 리터러시 핵심이라 할 수 있습니다.

3) Gemini의 특별한 능력 - 멀티모달 AI 이해하기

교실에서 학생들은 종종 문제를 풀다가 막히면 선생님께 도움을 청합니다. 이제 Gemini도 이런 도움을 줄 수 있습니다. 학생의 풀이 과정이 적힌 종이를 사진으로 찍어 첨부하면, Gemini는 이미지를 분석하여 어느 부분에서 어려움을 겪고 있는지 파악하고 적절한 도움을 제시합니다. 이처럼 이미지를 보고 이해하며, 이에 관해 설명하는 것이 Gemini가 가진 특별한 능력입니다.

멀티모달이란 '여러 가지 방식'이라는 뜻입니다. 멀티모달 AI는 텍스트뿐만 아니라 이미지, 그래프 등 다양한 형태의 정보를 이해하고 처리할 수 있는 AI를 말합니다. Gemini는 이런 멀티모달 AI의 대표주자입니다.

Gemini에게 이미지를 보여주는 방법은 아래와 같습니다.

1️⃣ Gemini에 접속한 후 ❶ 새 채팅을 시작합니다. 화면 하단의 ❷ 프롬프트 입력창에 질문을 입력하고, 입력창 왼쪽의 ❸ 이미지 업로드 버튼을 클릭합니다. ❹ 분석이 필요한 이미지를 선택한 뒤 ❺ 전송 버튼을 누르면 Gemini가 이미지를 분석하여 답변합니다.

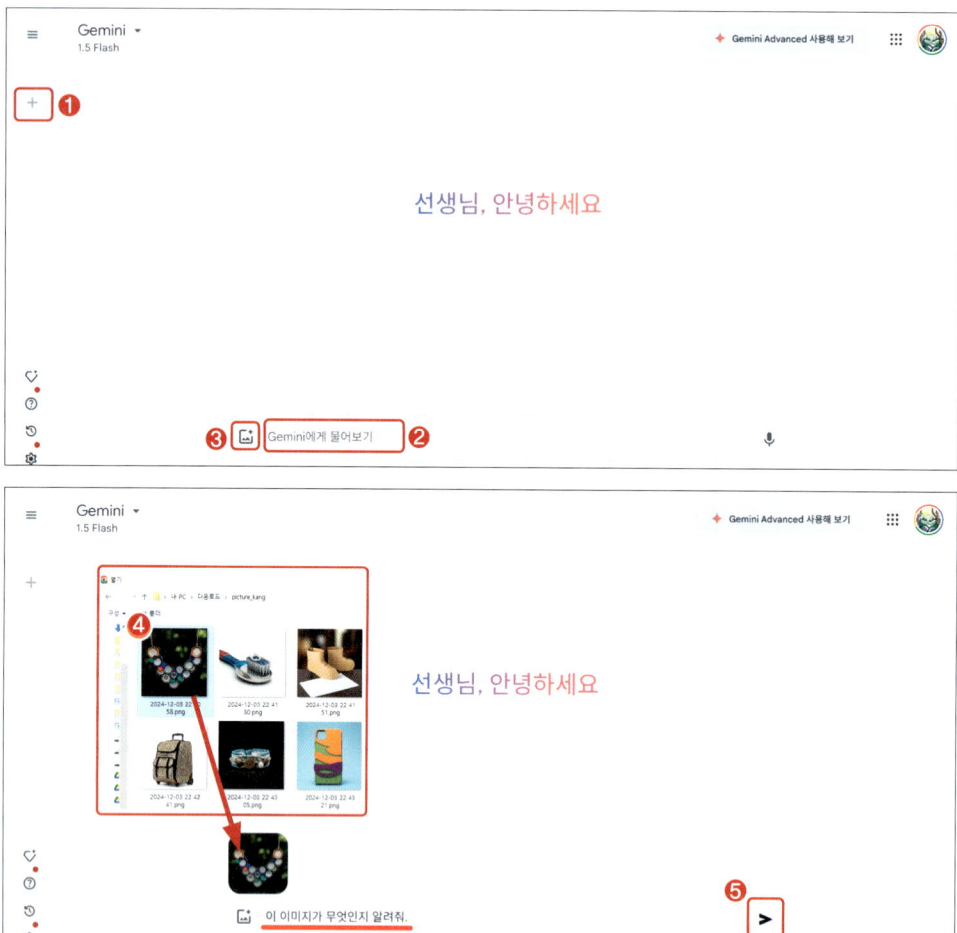

◆ 그림 3-8 Gemini에게 이미지를 보여주는 방법

2 Gemini에 병뚜껑을 활용하여 만든 재활용 목걸이 이미지를 첨부한 뒤 '이 이미지가 무엇인지 알려줘.'라고 요청하자, Gemini는 '다양한 색깔의 병뚜껑을 연결하여 만든 목걸이'라고 답하며, 여러 가지 특징을 함께 설명해 주었습니다.

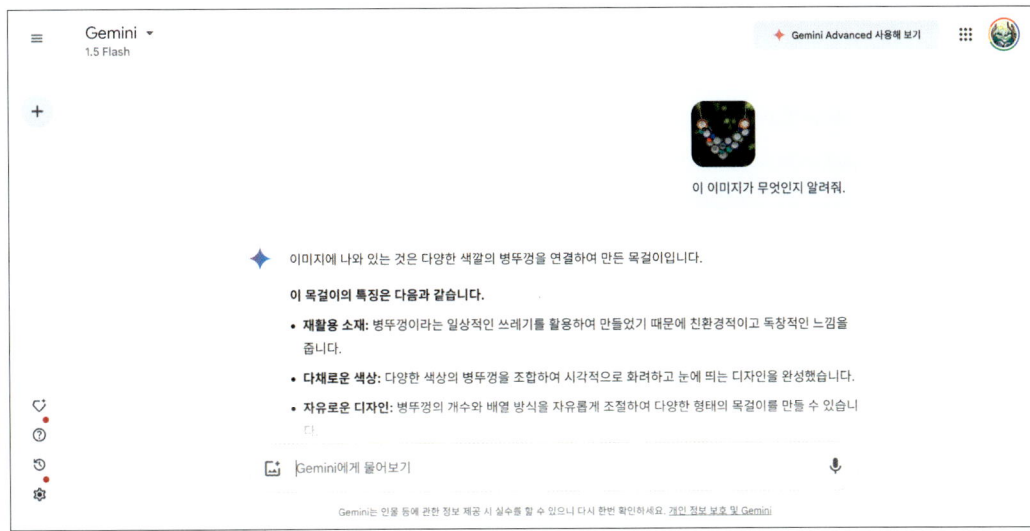

◆ 그림 3-9 이미지를 분석해 답변을 해주는 Gemini

3 이런 멀티모달 기능은 우리 교실에서 다음과 같이 활용할 수 있습니다. '첨부한 사진은 분수의 곱셈 문제 중 어려워하는 학생이 많았던 문제야. 이 문제를 어려워하는 친구들을 위해 보충 문제 5개를 만들어줄 수 있니?'라고 프롬프트를 입력한 뒤, 문제를 찍어서 Gemini에게 보여주고, 단계별로 학습할 수 있는 보충 문제 5개를 제작해 달라고 요청했습니다.

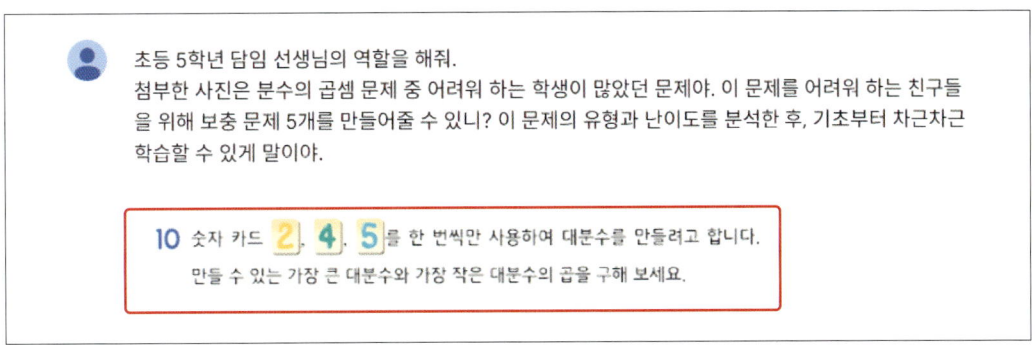

◆ 그림 3-10 5학년 2학기 수학 2단원 교과서 문제를 이미지로 첨부한 모습

4 그러자 Gemini는 교과서 문제의 유형과 난이도를 분석한 후, 기초부터 차근차근 학습할 수 있는 연습문제를 제시해주었습니다.

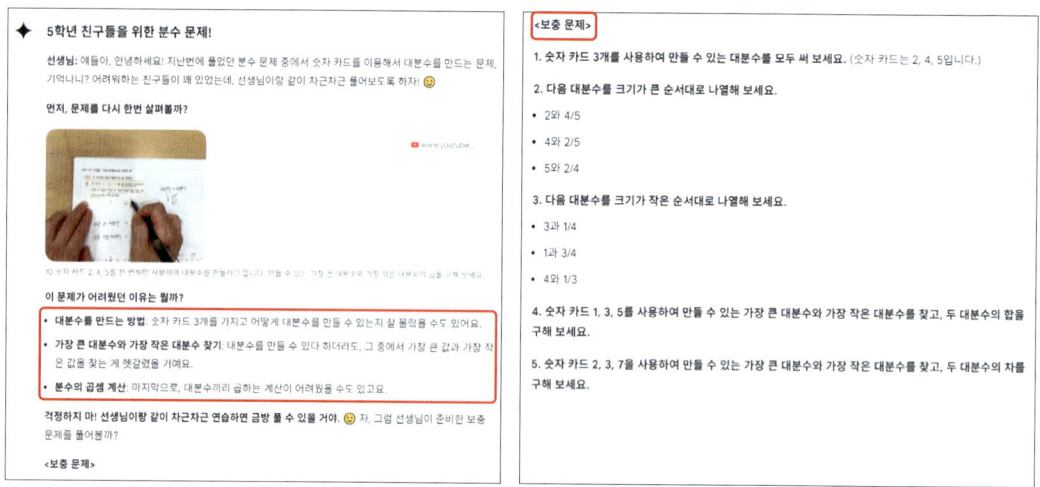

◆ 그림 3-11 수학 교과서 문제를 분석해서 설명해주고 보충문제를 제시한 Gemini

5 이번에는 이미지 그 자체를 인식하여 답변하도록 프롬프트를 작성했습니다.

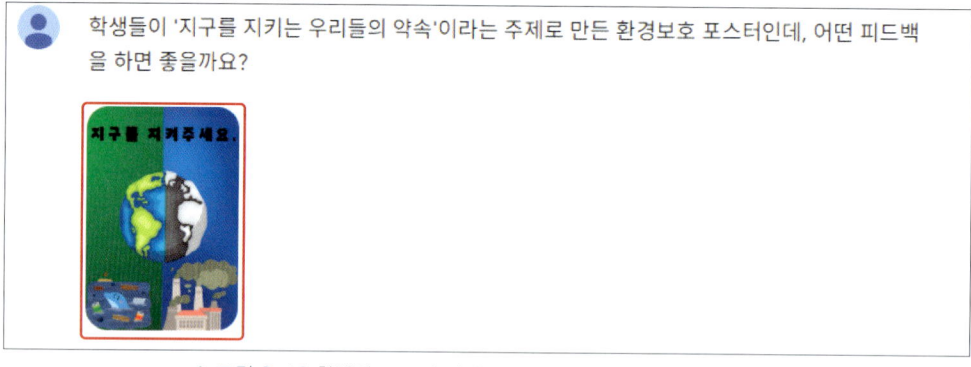

◆ 그림 3-12 학생의 포스터 이미지를 첨부하여 작성한 프롬프트

6 Gemini는 포스터의 시각적 요소와 메시지 전달력을 종합적으로 분석해 주었습니다. 예를 들어 '포스터의 색상을 조금 더 밝게 하면 좋을 것 같습니다.'와 같은 구체적이고 발전적인 피드백이 이에 해당합니다.

> 포스터가 매우 인상적입니다. 환경보호의 중요성을 잘 표현하고 있습니다. 몇 가지 피드백을 드리자면,
>
> - 포스터의 색상을 조금 더 밝게 하면 좋을 것 같습니다.
> - 포스터의 글꼴을 조금 더 크게 하면 좋을 것 같습니다.
> - 포스터의 이미지를 조금 더 깔끔하게 정리하면 좋을 것 같습니다.
>
> 이러한 피드백을 바탕으로 포스터를 수정해 보세요. 그러면 더욱 효과적인 포스터가 될 것입니다.

◆ 그림 3-13 학생의 환경보호 포스터를 피드백하는 Gemini

이러한 Gemini의 멀티모달 기능을 활용할 때는 몇 가지 주의할 점이 있습니다.
- ☑ 학생들의 개인정보가 포함된 이미지는 사용하지 않습니다.
- ☑ 저작권이 있는 이미지의 경우 사용을 지양합니다.
- ☑ 한 번에 너무 많은 양의 정보가 담긴 이미지는 피합니다.

현재의 기술적 한계도 알아둘 필요가 있습니다.
- ☑ 복잡한 손글씨는 인식하지 못할 수 있습니다.
- ☑ 여러 장의 이미지를 동시에 분석하지 못할 수 있습니다.
- ☑ 이미지 속 세세한 글자나 기호는 때때로 잘못 인식할 수 있습니다.

이처럼 Gemini는 텍스트뿐만 아니라 이미지를 이해하고 분석하는 능력 역시 갖추고 있습니다. 하지만 이런 뛰어난 기능도 결국 우리가 어떻게 활용하느냐에 따라 그 효과가 달라집니다. 어떻게 하면 Gemini의 멀티모달 기능을 더 효과적으로 활용할 수 있을까요? 계속해서 고품질의 결과물을 얻기 위한 프롬프트 작성법에 대해 자세히 알아보도록 하겠습니다.

1 - 2. AI 마스터가 되어보자, High Quality 프롬프트 작성법 알아보기

"Gemini야, 수업 자료 좀 만들어줘!"

처음 Gemini를 만나면 누구나 이렇게 입력합니다. 하지만 이런 막연한 요청으로는 원하는 결과를 얻기 어렵습니다. 마치 신규 교사에게 "잘 가르쳐 주세요."라고만 하는 것과 같습니다. Gemini에게 우리가 무엇을 원하는지, 어떤 상황인지 자세히 알려 주어야 제대로 된 도움을 받을 수 있습니다.

1) 효과적인 프롬프트 작성의 5단계 알아보기

좋은 수업이 좋은 계획에서부터 시작되듯이, 효과적인 프롬프트를 작성하려면 기본 구성 요소를 잘 갖춰야 합니다. 수업 준비를 위해 학습 목표를 정하고, 활동을 구성하고, 평가 방법을 정하는 것처럼, 프롬프트에도 다섯 가지 핵심 요소가 필요합니다.

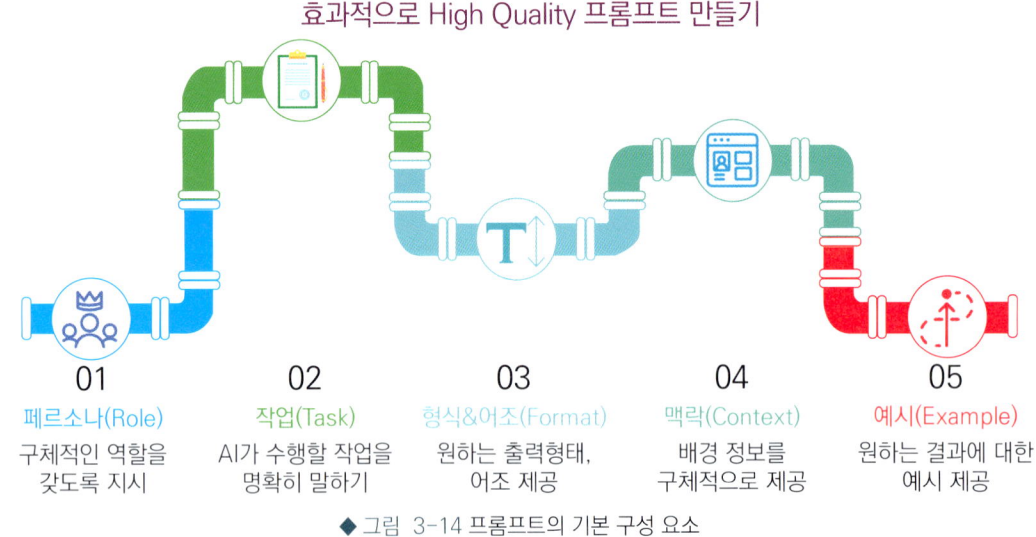

◆ 그림 3-14 프롬프트의 기본 구성 요소

이 다섯 가지 요소는 마치 파이프라인처럼 서로 연결되어 있습니다. 각 단계를 하나씩 자세히 살펴보도록 하겠습니다.

가. 페르소나(Role): Gemini에게 역할 부여하기

프롬프트 첫 문장에는 페르소나(Role), 즉 역할을 부여해야 합니다. Gemini는 교실에서 다양한 역할을 맡을 수 있습니다. 수업 자료를 준비할 때는 교과 전문가, 업무 보조가 필요할 때는 업무 전문가로 설정해봅시다. 역할을 구체적으로 설정할수록 더 전문적이고 실용적인 도움을 받을 수 있습니다.

그림 3-15에서는 동일하게 '사회 과제 템플릿'을 요청했지만, 결과물은 큰 차이가 있습니다. 왼쪽은 '역사 전문가 5학년 담임 교사'라는 역할을 설정한 경우입니다. 이 설정 덕분에 초등학교 5학년 학생들에게 적합한 어조와 형식으로 템플릿이 만들어졌습니다. 반면, 오른쪽은 역할 설정 없이 요청한 경우로, 결과물에 어려운 낱말이 포함되어 초등 수업에서 활용하기 어려운 템플릿이 생성되었습니다. 이처럼 단순한 페르소나 설정 한 문장으로도 Gemini의 결과물은 크게 달라집니다.

[역사 전문가 5학년 담임 교사] 역할을 해주세요. 사회 조선 후기 '탕평책'에 대해 조사하는 과제 템플릿을 만들어주세요.	사회 조선 후기 '탕평책'에 대해 조사하는 과제 템플릿을 만들어주세요.
5학년 사회 조선 후기 '탕평책' 조사 과제 템플릿 안녕하세요. **5학년 역사 탐험대 여러분!** 오늘 우리는 조선 후기, 붕당 정치의 혼란 속에서 나라를 안정시키기 위해 노력했던 '탕평책'에 대해 자세히 알아보는 시간을 갖도록 하겠습니다. **과제 목표:** - 탕평책의 의미와 배경을 이해하고, 탕평책을 펼쳤던 왕들의 노력과 그 결과를 분석하여 탕평 정치의 역사적 의의를 평가할 수 있다. - 다양한 자료를 활용하여 탕평책에 대한 정보를 수집하고 분석하는 능력을 기른다. - 탕평책의 성과와 한계를 비교 분석하고, 오늘날 우리 사회에 적용할 수 있는 점을 생각해 본다. **제출 방법:** - 아래 템플릿을 참고하여 조사 내용을 정리하고, PPT 또는 A4용지 2-3장 분량의 보고서를 작성하여 제출하세요.	조선 후기 탕평책 조사 과제 템플릿 **1. 탕평책의 배경** - 붕당 정치의 **폐단**: 붕당 간의 권력 다툼으로 인한 정치 불안정, 사회 혼란 등을 구체적인 사례와 함께 설명합니다. (예: **사회, 환국** 등) - 탕평책의 등장: 붕당 정치의 폐단을 극복하고 왕권을 강화하기 위한 방안으로 탕평책이 등장했음을 설명합니다. **2. 탕평책의 전개 과정** - 영조의 탕평책: 탕평비의 건립, 인재 등용, 법과 제도 정비 등 영조가 시행한 탕평책의 내용과 그 의미를 분석합니다. - 정조의 탕평책: **초계문신제**, 규장각 설치 등 정조가 추진한 탕평책을 소개하고, 영조의 탕평책과의 차이점을 비교 분석합니다.

◆ 그림 3-15 '역사 전문가 5학년 담임 교사' 역할 설정을 한 결과물과 역할이 없는 결과물 비교

생활지도가 필요한 경우에는 '6학년 담임이자 학급 경영 전문가로서, 사춘기를 겪는 학생들의 심리를 깊이 이해하고 있으며, 학급 내 갈등 상황을 효과적으로 중재할 수 있는 상담 역량을 보유한 상담가'로 페르소나를 설정할 수 있습니다.

> 6학년 담임이자 학급 경영 전문가로서, 사춘기를 겪는 학생들의 심리를 깊이 이해하고 있으며, 학급 내 갈등 상황을 효과적으로 중재할 수 있는 상담 역량을 보유한 상담가의 역할을 해줘. 6학년 아이가 사춘기가 되었는지, 수업에 집중 못하는 모습을 보여, 어떻게 하면 좋을까?

 6학년 담임 선생님이시군요! 아이가 수업에 집중 못하는 모습을 보면 걱정되시죠.

사춘기는 아이가 급격한 신체적, 정신적 변화를 겪으며 혼란스러워하는 시기입니다. 특히 6학년은 아동기에서 청소년기로 넘어가는 과도기적 단계라 더욱 예민할 수 있습니다.

아이의 수업 집중도를 높이기 위해 다음과 같은 방법들을 시도해 보는 건 어떨까요?

1. 아이의 마음 이해하기
- **개별 상담**: 아이와 편안한 분위기에서 1:1 상담을 진행해 보세요. "요즘 수업 시간에 집중하기 힘든 부분이 있니?" "혹시 무슨 고민이 있는 건 아니니?"와 같이 열린 질문으로 아이의 마음을 여는 것이 중요합니다. 아이의 이야기를 주의 깊게 들어주고 공감하는 태도를 보여주세요.
- **관찰**: 쉬는 시간, 점심시간 등 수업 시간 외에 아이의 행동을 자세히 관찰해 보세요. 또래 관계는 어떤지, 어떤 활동에 관심을 보이는지 파악하면 아이를 이해하는 데 도움이 될 것입니다.
- **학부모 상담**: 아이의 변화에 대해 학부모님과 정보를 공유하고, 가정에서의 아이의 모습은 어떤지, 어려움은 없는지 상담해 보세요. 학교와 가정에서 일관된 태도로 아이를 지도하는 것이 중요합니다.

◆ 그림 3-16 상담가의 역할을 페르소나로 설정한 프롬프트

업무 보조가 필요한 경우에는 '학교 교육 업무 전문가이자 베테랑'으로 페르소나를 설정할 수 있습니다. 문장 하나만으로도 똑똑하고 일 잘하는 보조교사에게 업무를 지시할 수 있습니다.

> **학교 교육 업무 전문가이자 베테랑의 역할을 해줘.**
> '디지털 교육혁신과 학부모'라는 주제로 열리는 학부모 연수를 안내하는 가정통신문을 작성해줘.

 가정통신문
　　　　제목: 디지털 교육혁신과 학부모 연수 안내

존경하는 학부모님께,

안녕하세요. 학교 교육에 늘 관심과 협조를 보내주시는 학부모님께 깊은 감사를 드립니다.

최근 교육 현장에서는 디지털 기술을 활용한 교육 혁신이 빠르게 진행되고 있습니다. 이러한 변화에 발맞춰 학부모님의 이해를 돕고 자녀 교육에 도움을 드리고자 '디지털 교육혁신과 학부모' 라는 주제로 연수를 개최하고자 합니다.

1. 연수 목적:
- 디지털 교육혁신의 개념과 중요성에 대한 이해를 높입니다.
- 학교에서 활용되는 디지털 교육 도구 및 플랫폼에 대한 정보를 제공합니다.
- 가정에서 자녀의 디지털 기기 사용 지도 및 학습 지원 방안을 안내합니다.

◆ 그림 3-17 교육 업무 전문가의 역할을 페르소나로 설정한 프롬프트

Gemini에게 다양한 페르소나를 부여함으로써 재밌는 수업도 할 수 있습니다. 역사적 인물을 페르소나로 설정하면 마치 그 사람과 얘기하는 것처럼 수업을 진행할 수도 있습니다. 그림 3-18처럼 '광개토대왕'이라는 역할을 부여하면 Gemini는 광개토대왕의 관점에서 학생들과 대화를 나눕니다.

> [광개토대왕]의 역할을 해줘.
> 초등학교 5학년 학생들이 사회 수업 시간에 '역사적인 인물과의 대화하기' 라는 수업 활동을 하면서, 질문을 던질거야. 그 내용에 답을 해줘.
> 친절하게 답해줘……
>
> 아하! 내가 바로 고구려의 용맹한 왕, 광개토대왕이 되는 것이로군!
> 옛날 옛날 아주 먼 옛날, 내가 이 땅을 다스리던 시절 이야기를 듣고 싶은가 보구나.
> 5학년 친구들이라니, 아주 기특하구나! 내가 살았던 시대와 내가 이룬 업적들에 대해 궁금한 것이 많겠지?

◆ 그림 3-18 역사 수업을 위해 '광개토대왕'의 페르소나를 입힌 모습

나. 작업(Task): Gemini에게 할 일 명확하게 알려주기

프롬프트 작성에서 가장 중요한 것은 '무엇을 할 것인가'를 명확하게 전달하는 것입니다. 마치 학생들에게 과제를 내줄 때처럼, 구체적이고 명확한 지시가 필요합니다.

아래의 SMART 원칙을 활용하여 프롬프트를 작성하면 더 명확하고 효과적으로 Gemini를 활용할 수 있습니다.

SMART 원칙	
Specific(구체적)	무엇을, 어떻게 할 것인지 **명확하게**
Measurable(측정가능)	결과물의 분량이나 수준을 **구체적으로**
Achievable(달성가능)	현실적으로 **실현할 수 있는** 범위로
Relevant(관련성)	교육과정 및 학습 목표와의 **연계성** 고려
Time-bound(시간제한)	수업 **시간**이나 활용 **시기** 명시

같은 수업 자료 제작이라도 작업을 어떻게 제시하느냐에 따라 Gemini가 만들어내는 결과물은 크게 달라질 수 있습니다.

그림 3-19처럼 '5학년 국어 글쓰기 과제를 만들어주세요.'라고만 프롬프트를 제시하면 Gemini는 주제, 상황, 과제 등을 스스로 랜덤하게 설정해 답변을 생성해냅니다.

> 5학년 국어 글쓰기 과제를 만들어주세요.
>
> **5학년 국어 글쓰기 과제
> 주제: 가상현실 체험**
>
> 상황: 학교에서 최첨단 가상현실 체험 기회를 제공하게 되었습니다. 어떤 가상현실을 체험하고 싶은지, 그 이유는 무엇인지, 체험 후 어떤 활동을 해 보고 싶은지에 대한 글쓰기 과제입니다.
>
> 과제:
>
> 1. 체험하고 싶은 가상현실: 역사 속으로 시간 여행을 떠나 특정 사건을 경험하는 가상현실, 우주 공간을 탐험하는 가상현실, 판타지 세계를 모험하는 가상현실 등 다양한 가상현실 중에서 자신이 체험하고 싶은 것을 하나 선택하고, 그 이유를 자세하게 설명하세요.
> - 예시: 저는 이순신 장군과 함께 거북선을 타고 임진왜란 해전에 참여하는 가상현실을 체험하고 싶습니다. 평소 역사에 관심이 많고, 특히 이순신 장군의 뛰어난 전략과 리더십을 직접 경험해 보고 싶기 때문입니다. 가상현실 속에서 거북선의 웅장함을 느끼고, 치열한 전투를 몸소 체험하면 역사를 더욱 생생하게 이해할 수 있을 것 같습니다.

◆ 그림 3-19 기초적인 작업(Task) 형태로 프롬프트를 제시한 모습

'5학년 2학기 국어 '글쓰기의 과정' 단원 중 '자신의 생각을 논설문으로 표현하기' 차시를 위한 수업 자료를 다음 조건에 맞춰 제작해주세요. 40분 수업에서 활용할 수 있는 학생용 활동지와 교사용 지도안이 필요합니다. 특히 학생들이 주장과 근거를 명확히 구분하여 쓸 수 있도록 구조화된 활동이 포함되어야 합니다.'와 같이 명확하고 구체적으로 프롬프트를 작성하면 더욱 맞춤형으로 작성된 결과물을 얻을 수 있습니다.

> 5학년 2학기 국어 '글쓰기의 과정' 단원 중 '자신의 생각을 논설문으로 표현하기' 차시를 위한 수업 자료를 다음 조건에 맞춰 제작해주세요. 40분 수업에서 활용할 수 있는 학생용 활동지와 교사용 지도안이 필요합니다. 특히 학생들이 주장과 근거를 명확히 구분하여 쓸 수 있도록 구조화된 활동이 포함되어야 합니다.

 [분석완료]

'자신의 생각을 논설문으로 표현하기' 차시를 위한 40분 수업용 자료를 제작해 드리겠습니다.

학생들이 주장과 근거를 명확히 구분하여 논설문을 작성할 수 있도록 다양한 활동을 포함하는 학생용 활동지와 교사용 지도안을 구성해 드리겠습니다.

1. 주장 정하기: 찬반 논쟁이 가능한 주제에 대해 자신의 입장을 선택하고, 그 이유를 간략하게 생각해 봅니다.
2. 근거 찾기: 자신의 주장을 뒷받침하는 근거를 다양한 자료에서 찾아 봅니다.
3. 근거 평가하기: 찾은 근거들이 타당하고 신뢰할 만한지 평가합니다.
4. 근거 연결하기: 자신의 주장과 근거를 연결하고, 논리적인 순서로 배열합니다.
5. 논설문 작성하기: 주어진 틀에 따라 서론, 본론, 결론을 갖춘 논설문을 작성합니다.

이러한 활동을 통해 학생들은 논설문의 구성 요소와 작성 방법을 익히고, 비판적 사고력과 논리적 표현력을 향상시킬 수 있을 것입니다.

학생용 활동지

(가) 생각 열기
- 주제: 학교에서 숙제를 없애야 하는가?
- 활동: 자신의 생각을 선택하고, 빈칸에 자신의 주장을 적어보세요. (☐ 숙제를 없애야 한다 / ☐ 숙제를 없애면 안 된다)
  자신의 주장을 선택한 이유를 간략하게 적어보세요.

(나) 근거 찾고 평가하기
- 활동 1: 숙제에 대한 다양한 자료 (예: 신문 기사, 인터넷 자료, 설문 조사 결과 등)를 읽고, 자신의 주장을 뒷받침하는 근거를 3개 이상 찾아 아래 표에 정리해 보세요.

근거	출처	타당성(☐매우 타당함/☐타당함/☐보통/☐타당하지 않음)	신뢰성(☐매우 신뢰할 만함/☐신뢰할 만함/☐보통/☐신뢰할 만하지 않음)

▦ Sheets로 보내기

- 활동 2: 찾은 근거들이 타당하고 신뢰할 만한지 평가해 보세요.

◆ 그림 3-20 SMART 원칙을 적용한 작업(Task) 형태로 프롬프트를 제시해 얻은 결과물 중 일부

복잡한 작업은 한 번에 요청하는 것보다 단계별로 나누어 요청하는 것이 효과적입니다. 각 단계의 결과물을 확인하고 수정하면서 진행할 수 있기 때문입니다. 논설문 쓰기 수업을 준비하는 과정을 예로 들어보겠습니다.

- 1단계: '5학년 2학기 국어과 성취기준을 바탕으로 논설문 쓰기에 필요한 핵심 역량과 평가 요소를 분석해주세요.'

> 5학년 2학기 국어과 성취기준을 바탕으로 논설문 쓰기에 필요한 핵심 역량과 평가 요소를 분석해주세요.
>
> **5학년 2학기 국어과 성취기준 분석: 논설문 쓰기**
>
> 5학년 2학기 국어과 성취기준을 바탕으로 논설문 쓰기에 필요한 핵심 역량과 평가 요소를 분석해 보겠습니다.
>
> 1. 관련 성취기준
>
> 먼저 논설문 쓰기와 관련된 5학년 2학기 국어과 성취기준을 살펴보겠습니다.
>
> **[듣기.말하기] (9) 토론의 절차와 방법을 이해하고, 논제와 관련된 정보를 활용하여 자신의 주장을 옹호하며 토론한다.**
>
> 논설문의 기초는 토론에서 자신의 주장을 논리적으로 펼치는 능력입니다. 이 성취기준은 토론을 통해 논리적 사고력과 주장을 뒷받침하는 근거 제시 능력을 키우는 데 목표를 두고 있습니다.
>
> **[읽기] (10) 사실과 의견을 구별하고, 글쓴이의 주장과 근거를 파악하며 읽는다.**
>
> 논설문을 쓰기 위해서는 다른 글을 읽고 사실과 의견을 구분하여 글쓴이의 주장과 근거를 파악하는 능력이 중요합니다. 이를 통해 비판적 사고력을 기르고 자신의 논설문에 활용할 수 있습니다.

◆ 그림 3-21 1단계 작업을 지시한 후 나온 결과물의 일부

- 2단계: '분석한 내용을 바탕으로 3차시 분량의 논설문 쓰기 수업 계획을 수립해주세요.'

> 분석한 내용을 바탕으로 3차시 분량의 논설문 쓰기 수업 계획을 수립해주세요.
>
> 5학년 2학기 국어과 성취기준을 바탕으로 분석한 논설문 쓰기 핵심 역량과 평가 요소를 토대로, 3차시 분량의 논설문 쓰기 수업 계획을 수립해 보겠습니다. 각 차시별 학습 목표, 활동 내용, 평가 방법 등을 상세히 제시하여 실제 수업에 활용 가능하도록 구성하며, 학생들의 흥미와 참여를 이끌어낼 수 있는 다양한 활동을 포함할 것입니다.
>
> **5학년 국어 논설문 쓰기 수업 계획 (3차시)**
>
> **1차시: 논설문의 특징 알아보기**
>
> **학습 목표**
> - 논설문의 개념과 목적을 이해한다.
> - 논설문의 구성 요소와 특징을 파악한다.
> - 다양한 논설문을 읽고 분석하며, 주장과 근거를 찾는 연습을 한다.
>
> **활동 내용**
>
> **논설문이란 무엇일까요?:**
> - 논설문의 정의와 목적에 대한 설명을 듣고, 교사와 함께 논설문의 개념을 정리한다.
> - 일상생활에서 접하는 다양한 논설문의 예시 (신문 사설, 칼럼, 연설문 등)를 살펴본다.
>
> **논설문의 구성 요소:**
> - 논설문의 구성 요소 (서론, 본론, 결론)에 대해 배우고 각 부분의 역할과 중요성을 파악한다.
> - 다양한 논설문을 읽고, 각 구성 요소를 분석하는 활동을 한다.

◆ 그림 3-22 1단계에 이어서 2단계 작업을 지시한 후 나온 결과물의 일부

- 3단계: '첫 번째 차시에서 사용할 '주장과 근거 찾기' 학습지를 제작해주세요.'

> 첫 번째 차시에서 사용할 '주장과 근거 찾기' 학습지를 제작해주세요.
>
> 첫 번째 차시에서 사용할 '주장과 근거 찾기' 학습지를 제작해 보겠습니다. 짧은 논설문을 제시하고, 학생들이 주장과 근거를 직접 찾아 밑줄을 긋고 그 이유를 설명하도록 구성하여, 논설문의 핵심 요소를 파악하는 연습을 하도록 돕겠습니다.
>
> **주장과 근거 찾기 학습지**
> **제목: 논설문 속 주장과 근거를 찾아라!**
> **이름: _____**
> **학습 목표:** 논설문을 읽고 글쓴이의 주장과 근거를 찾아낼 수 있다.
> **활동 방법**
>   1. 아래 논설문을 주의 깊게 읽어 봅시다.
>   2. 글쓴이의 주장을 찾아 밑줄을 긋고, 네모 상자 안에 주장을 요약하여 적어 봅시다.
>   3. 주장을 뒷받침하는 근거를 찾아 밑줄을 긋고, 괄호 안에 왜 근거라고 생각하는지 이유를 간략하게 적어 봅시다.
> **논설문**
> 　최근 스마트폰 사용 연령이 점점 낮아지고 있습니다. 어린이들은 스마트폰을 통해 유익한 정보를 얻고 재미있는 콘텐츠를 즐길 수 있습니다. 하지만 스마트폰의 과도한 사용은 여러 가지 문제점을 일으키기도 합니다.

◆ 그림 3-23 2단계에 이어서 3단계 작업을 지시한 후 나온 결과물의 일부

이렇게 단계를 나누어 요청하면 단계마다 결과물을 확인하고 수정할 수 있어 더 완성도 높은 자료를 얻을 수 있습니다.

다. 형식과 어조(Format&Tone): Gemini에게 말하는 방법 알려주기

학교에서 교사는 상황에 따라 말하는 방식을 자연스럽게 바꿉니다. 학생들에게는 친근하게, 학부모님께는 공손하게, 공문을 쓸 때는 격식 있게 말합니다. Gemini와 대화할 때도 상황에 맞는 말투를 사용하도록 정해주는 것이 중요합니다.

예를 들어, 학생 활동지를 만들 때는 '친근한 말투로 설명해줘. 마치 선생님이 교실에서 이야기하듯이'라고 요청합니다. 학부모 안내문을 쓸 때는 '정중하고 예의 바른 어조로 작성해줘.'라고 합니다. 업무 보고서라면 '공식적이고 전문적인 표현으로 써줘.'라고 하면 됩니다.

5학년 국어 글쓰기 과제를 만들어줘. ==친근한 말투로 설명해줘. 마치 선생님이 교실에서 이야기 하듯이!==

 ==얘들아, 안녕! 오늘은 선생님이랑 재미있는 글쓰기 과제를 해볼 거야!==😊 자, 모두들 책상 위에 샤프랑 공책 준비됐지?

이번 과제는 바로 "나만의 상상 속 동물 만들기"야!

(1) 먼저, 어떤 동물을 만들지 상상해 보는 거야.
🐶강아지처럼 귀여운 동물? 🐯호랑이처럼 용감한 동물? 아니면 🦄유니콘처럼 신비로운 동물? 머릿속에 멋진 동물을 떠올려봐! 마법의 힘을 가진 동물일 수도 있고, 아주 특별한 능력을 가진 동물일 수도 있어. 상상력을 맘껏 펼쳐보자!✨

(2) 자, 이제 그 동물이 어떻게 생겼는지 자세히 묘사해 보는 거야.
👀눈은 얼마나 큰지, 👃코는 어떤 모양인지, 🐾발은 몇 개인지, 꼬리는 얼마나 긴지, 털은 어떤 색깔인지... 아주 생생하게 묘사해서 마치 눈앞에 있는 것처럼 글로 표현해보자!

◆ 그림 3-24 '친근한 말투'를 어조로 적용한 Gemini

5학년 학부모를 대상으로 국어 글쓰기 과제에 대한 안내문을 만들어줘. ==정중하고 예의 바른 어조로 작성해줘.==

 5학년 국어 글쓰기 과제 안내문

==존경하는 5학년 학부모님께,==
안녕하세요. 5학년 담임교사 OOO입니다.

이번 국어 시간에는 학생들의 상상력과 창의력을 키우고, 글쓰기 능력을 향상시키기 위해 '나만의 상상 속 동물 만들기' ==글쓰기 과제를 진행하고자 합니다.==

과제 내용:
1. 상상 속 동물 만들기: 학생들은 자신만의 독창적인 상상 속 동물을 만들고, 그 동물의 외형, 특징, 능력 등을 자세하게 설정합니다.
2. 글쓰기: 설정한 동물을 바탕으로 아래 내용을 포함하여 글을 작성합니다.
   - 동물의 외형, 특징, 능력에 대한 자세한 묘사

◆ 그림 3-25 정중하고 예의 바른 어조를 적용한 Gemini

내용을 어떤 형태로 정리할지도 정해줄 수 있습니다. 수행평가 채점기준표는 표 형식으로, 실험 절차는 글머리 기호로, 역사적 사건은 대화체 형식의 이야기로 풀어쓰는 식입니다. 표는 한눈에 비교하기 좋고, 글머리 기호는 순서대로 파악하기 쉽고, 대화체는 내용을 더 생생하게 전달할 수 있어 유용합니다.

◆ 그림 3-26 표 형식을 생성한 Gemini

◆ 그림 3-27 글머리 기호 형식을 생성한 Gemini

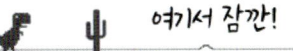

학년별 특성을 고려한 말투 선택도 중요합니다. 저학년은 더 친근하고 쉽게, 고학년은 좀 더 논리적이고 체계적인 말투로 설명하도록 요청하면 됩니다. 또한, 다문화 가정 학생들을 위해 쉬운 말로 풀어쓰거나, 외국어를 함께 표기해 달라고 요청할 수도 있습니다.

라. 맥락(Context): Gemini에게 상황 설명하기

동료 교사에게 도움을 요청할 때도 상황 설명이 중요하듯, Gemini에게도 충분한 맥락을 제공해야 합니다. 단순히 '수업 자료 만들어줘.'가 아니라, 학생들의 특성과 수업 환경, 전후 차시의 흐름까지 설명하면 더 적절한 도움을 받을 수 있습니다.

맥락 설명에는 이런 내용이 포함되면 좋습니다.

첫 번째는 우리 반 학생들의 특징입니다. 그림 3-28에서는 '4학년 3반은 영어에 대한 관심은 높은 편이지만, 'My Family' 단원에서 'This is my father. He is tall.' 같은 문장을 혼자 말하는 걸 어려워합니다.'라는 맥락을 추가하여 프롬프트를 작성했습니다. 하이라이트로 표시한 부분을 보면, 맥락을 고려하여 Gemini가 결과물을 생성했음을 알 수 있습니다.

> 4학년 3반 학생들을 위한 영어 수업 자료가 필요합니다. My Family 단원의 말하기 활동에 쓸 예정입니다. ==4학년 3반은 영어에 대한 관심은 높은 편이지만, 'My Family' 단원에서 This is my father. He is tall. 같은 문장을 혼자 말하는 걸 어려워합니다.==
>
> 4학년 3반 학생들을 위한 즐겁고 효과적인 영어 말하기 활동을 준비했어요! 'My Family' 단원의 핵심 문장을 익히고 자신감을 키울 수 있도록 다양한 활동을 준비했습니다. 아래 활동들을 참고하여 아이들의 수준과 흥미에 맞게 활용해보세요.
>
> 1. "Family Bingo"
> - 준비물: 가족 구성원 그림 카드 (==father==, mother, brother, sister, grandfather, grandmother 등), 빙고판
> - 활동 방법:
>   1) 각 학생에게 빙고판을 나눠주고, 빈칸에 가족 구성원을 영어로 적도록 합니다.
>   2) 교사가 그림 카드를 보여주며 =="This is my father."==와 같이 문장을 말합니다.
>   3) 학생들은 해당하는 그림이 있는 칸에 표시합니다.
>   4) 빙고를 완성한 학생이 "Bingo!"를 외칩니다.

◆ 그림 3-28 맥락으로 반 학생들의 특징을 설명한 프롬프트의 결과

두 번째는 수업 환경입니다. '매주 수요일 영어 수업에는 원어민 교사가 함께 들어오고, 교실에 있는 스마트 TV로 온라인 자료도 활용할 수 있습니다.'라는 수업 환경을 알려주자, Gemini는 원어민과 스마트 TV라는 맥락을 이해하고 그 결과를 다르게 설정하여 보여줍니다.

> 4학년 3반 학생들을 위한 영어 수업 자료가 필요합니다. My Family 단원의 말하기 활동에 쓸 예정입니다. ==매주 수요일 영어 수업에는 원어민 교사가 함께 들어오고, 교실에 있는 스마트 TV로 온라인 자료도 활용할 수 있습니다.==
>
> 4학년 3반 학생들을 위한 'My Family' 단원 말하기 활동 자료를 준비해 드릴게요! ==매주 수요일 원어민 교사와 함께하는 수업==에 활용하실 수 있도록 다양한 활동을 준비했고, ==스마트 TV를 활용==할 수 있는 온라인 자료도 포함했습니다.
>
> 핵심 목표:
> - 가족 구성원을 영어로 소개할 수 있다.
> - 가족 구성원의 특징을 영어로 간단하게 설명할 수 있다.
> - 가족과 함께 하는 활동을 영어로 말할 수 있다.
>
> 활동 1: Family Tree 만들기
> 1) 준비물: 큰 종이, 색연필, 가족사진 (또는 그림)
> 2) 활동 방법:
>   - 학생들에게 각자의 가족 나무를 그리도록 한다.

◆ 그림 3-29 맥락으로 수업 환경을 설명한 프롬프트의 결과

세 번째는 전후 차시와의 연계성입니다. '지난 차시에서 가족 관련 단어를 배웠고, 다음 차시에는 가족 소개하는 글쓰기가 예정되어 있습니다. 이번 시간에는 말하기 연습을 중심으로 진행하려고 합니다.' 등과 같이 전후 학습 맥락을 제시하면 복습이나 예습 등의 활동이 추가되는 것을 확인할 수 있습니다.

4학년 3반 학생들을 위한 영어 수업 자료가 필요합니다. My Family 단원의 말하기 활동에 쓸 예정입니다. ==지난 차시에서 가족 관련 단어를 배웠고, 다음 차시에는 가족 소개하는 글쓰기가 예정되어 있습니다. 이번 시간에는 말하기 연습을 중심으로 진행하려고 합니다.==

 4학년 3반 영어 수업 자료 (My Family 단원 말하기 활동)

활동:

1. Warm-up (5분)
- Greeting: "Hello, everyone! How are you today?"
- ==Review: 지난 시간에 배운 가족 관련 단어 카드를 보여주며 복습한다.== (father, mother, brother, sister, grandfather, grandmother 등)
- ==Chant or Song: 가족 관련 노래 또는 챈트를 함께 부른다. (예: Finger Family Song)==

2. Introduce My Family (15분)
- Teacher's Model: 교사가 자신의 가족사진을 보여주며 가족 구성원을 소개하는 방법을 시범 보인다.

◆ 그림 3-30 맥락으로 전후 차시와의 연계성을 설명한 프롬프트의 결과

이렇게 구체적인 상황을 설명하면 Gemini는 우리 교실의 실제 모습을 이해하고, 더 실용적인 도움을 줄 수 있습니다.

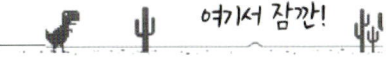

맥락을 설명할 때는 가장 중요한 것부터 순서대로 적는 게 좋습니다. 모든 상황을 한꺼번에 설명하려고 하면 오히려 핵심이 흐려질 수 있습니다.

마. 예시(Example): Gemini야, 이렇게 만들어줘!

새로운 동료에게 업무를 설명할 때, 우리는 종종 "이런 식으로 하면 돼."라며 예시를 보여줍니다. Gemini도 마찬가지입니다. 원하는 결과물의 예시를 보여주면 더 정확한 결과를 얻을 수 있습니다.

그림 3-31에서는 자세한 예시를 붙여 프롬프트를 작성하였습니다. '아래와 같은 형식으로 구성해 주되, 전지와 전구의 직렬연결 실험 과정이 포함되어야 합니다. [실험 주제] 전구의 밝기는 어떻게 달라질까요? [준비물] [실험 과정] [실험 결과] [생각해보기] 순서로 구성하고, 학생들이 직접 관찰하고 기록할 수 있는 공간을 충분히 넣어주세요.' Gemini는 이 예시를 참고하여 결과물 속에 [실험 주제],

[준비물], [실험 과정] [실험 결과] [생각해보기]를 순서대로 구성했고, 학생들이 받아 적을 수 있는 공간도 함께 생성하였습니다.

5학년 과학 수업 '전기 회로' 단원 학습지를 만들어주세요. 아래와 같은 형식으로 구성해주되, 전지와 전구의 직렬연결 실험 과정이 포함되어야 합니다.
[실험 주제] 전구의 밝기는 어떻게 달라질까요?
[준비물] [실험 과정] [실험 결과] [생각해보기] 순서로 구성하고, 학생들이 직접 관찰하고 기록할 수 있는 공간을 충분히 넣어주세요.

 5학년 과학 학습지

단원 전기 회로
[실험 주제] 전구의 밝기는 어떻게 달라질까요?

[준비물]
- 전지 3개
- 전구 3개
- 전선 여러 개
- 전지 끼우개 3개
- 스위치 1개

[실험 과정]
1. 전지 1개, 전구 1개, 전선 2개를 사용하여 전기 회로를 만듭니다. 스위치를 닫고 전구의 밝기를 관찰합니다.

[실험 결과]

전지 개수	전구의 밝기
1개	
2개	
3개	

[생각해보기]
1. 전지 개수와 전구의 밝기는 어떤 관계가 있나요?
2. 전지 개수를 늘리면 전구의 밝기는 어떻게 변할까요?
3. 만약 전구를 2개 직렬로 연결하면 전구의 밝기는 어떻게 변할까요? 직접 실험해 봅시다.

참고
- 전기 회로를 만들 때, 전선의 피복을 벗겨 금속 부분끼리 연결해야 합니다.
- 전류가 흐르는 동안 전지를 만지지 않도록 주의합니다.
- 실험 후에는 전지를 전기 회로에서 분리합니다.

◆ 그림 3-31 Gemini가 프롬프트의 예시를 참고하여 결과물을 생성한 모습

반대로 그림 3-32는 동일한 과학 학습지를 만들면서, 동일한 예시를 넣고는 '아래와 같은 구성은 피해주세요.'라고 적어 해당 예시를 제외하도록 요청 하였습니다. 결과물을 보면, 요청에 따라 예시와 다른 새로운 구성으로 학습지를 제작한 것을 확인할 수 있습니다.

5학년 과학 수업 '전기 회로' 단원 학습지를 만들어주세요.
[실험 주제] 전구의 밝기는 어떻게 달라질까요?
<mark>아래와 같은 구성은 피해주세요.</mark>
<mark>[준비물] [실험 과정] [실험 결과] [생각해보기] 순서로 구성하고, 학생들이 직접 관찰하고 기록할 수 있는 공간을 충분히 넣어주세요.</mark>

[분석 완료]
전기 회로 학습지: 전구의 밝기는 어떻게 달라질까요?

5학년 과학 수업 '전기 회로' 단원에 활용할 수 있는 학습지를 만들어 드릴게요. 학생들이 직접 전구의 밝기를 비교하고, 그 이유를 생각해 볼 수 있도록 구상했습니다.

<mark>학습 목표</mark>
- 전구의 밝기와 전지의 개수, 전구의 연결 방법 사이의 관계를 이해한다.
- 전기 회로를 구성하고, 전구의 밝기를 관찰하고 기록한다.
- 실험 결과를 바탕으로 전구의 밝기에 영향을 미치는 요인을 추론한다.

<mark>핵심 질문</mark>
- 전지의 개수를 늘리면 전구의 밝기는 어떻게 달라질까요?
- 전구를 여러 개 연결하면 전구의 밝기는 어떻게 달라질까요?
...

3. 나만의 전기 회로 만들기...

<mark>도전 과제:</mark>
- 배운 내용을 바탕으로 나만의 전기 회로를 만들어 봅시다.
- 전구의 밝기를 조절하거나, 다양한 전기 부품을 활용하여 창의적인 회로를 만들어 봅시다.

<mark>참고 자료:</mark>
- 교과서
- 인터넷 검색
- 관련 도서

◆ 그림 3-32 Gemini가 프롬프트의 예시를 제외하여 결과물을 생성한 모습

'백문이 불여일견'이라는 말처럼, 때로는 길고 자세한 설명보다 예시를 제공하는 것이 더 효과적입니다. 원하는 결과물의 모습을 Gemini가 정확히 이해하도록 함으로써, 더 나은 결과물을 얻을 수 있습니다.

2) Gemini와 더 잘 소통하기 위한 4가지 전략 알아보기

Gemini와 대화하다 보면 어떻게 해야 내 의도를 잘 전달할 수 있을지 막막할 때가 있습니다. 하지만, 몇 가지 간단한 전략만 기억하면 Gemini와도 더 잘 소통할 수 있습니다.

가. 대화하듯 말합니다.

'학교 교육 계획서 작성'보다는 '올해 우리 학교에서 중점적으로 추진할 학년별 교육 계획을 정리해주면 좋겠습니다. 특히 학부모님들이 이해하기 쉽도록 설명해주세요.'처럼 자연스럽게 말합니다. Gemini는 딱딱한 명령보다 친근한 대화를 더 잘 이해합니다.

학교 교육 계획서 작성
 	
  학교 교육 계획서 작성에 도움을 드릴 수 있습니다!
 하지만 좀 더 자세한 정보가 필요해요. 어떤 학교의 교육 계획서인가요? 초등학교, 중학교, 고등학교? 아니면 특수 목적 학교인가요?
 그리고 교육 계획서는 학교 전체의 계획인가요, 아니면 특정 학년이나 학급의 계획인가요?
 	
 계획서에 포함되어야 할 내용은 학교 및 학년/학급의 특성에 따라 다르기 때문에, 다음 정보를 알려주시면 더욱 상세하고 정확한 계획서 작성을 도와드릴 수 있습니다.
 	
 학교급: 초등학교, 중학교, 고등학교 등
 계획 대상: 학교 전체, 특정 학년, 특정 학급 등
 계획 기간: 1년, 1학기, 1학년 등
 학교의 특성: 일반 학교, 특수 목적 학교, 혁신 학교 등
	올해 우리 학교에서 종합적으로 추진할 학년별 교육 계획을 정리해주면 좋겠습니다. 특히 학부모님들이 이해하기 쉽도록 설명해주세요
	
	  2025년 우리 학교 학년별 교육 계획
	
	 학부모님들께,
	 올해 우리 학교는 학생들의 꿈과 끼를 키워 미래 사회를 이끌어 갈 인재로 성장하도록 돕는 데 교육의 초점을 맞추고 있습니다.
	 학년별로 특색 있는 교육 계획을 준비했으니, 자녀분의 학년에 맞는 교육 내용을 확인하시고 학교 교육에 더욱 관심과 참여를 부탁드립니다.
	
	 1학년: 즐거운 학교생활 적응과 기초 학습 능력 향상
	 – **학교생활 적응 프로그램**: 즐거운 학교생활을 위한 다양한 활동과 또래 친구들과의 관계 형성을 지원합니다.
	 예) 친구 사귀기 활동, 학교 규칙 익히기, 학교 시설 탐방 등
	 – **기초 학습 능력 강화**: 읽기, 쓰기, 셈하기 등 기본 학습 능력을 탄탄하게 다지고, 자기 주도 학습 습관을 길러줍니다.

◆ 그림 3-33 단어 형식(좌)과 대화 형식(우)의 Gemini 결과물 차이

나. 구체적으로 설명합니다.

'영재학급 계획서 만들어주세요.'가 아니라 '2025학년도 과학 영재학급 운영 계획서가 필요합니다. 작년 운영 결과를 반영하여 프로그램을 개선하고, 예산 활용 계획도 구체적으로 포함해주세요.'처럼 구체적으로 요청합니다.

2025학년도 과학 영재학급 운영 계획서가 필요합니다. ==작년 운영 결과를 반영하여 프로그램을 개선하고, 예산 활용 계획을 구체적으로 포함해주세요.==

 2025학년도 과학 영재학급 운영 계획서

1. 운영 목표
- 과학적 탐구 능력과 창의적 문제 해결 능력을 갖춘 미래 과학 인재 육성
- 자기 주도적 학습 및 과학적 의사소통 능력 함양
- 과학에 대한 흥미와 호기심을 증진시키고, 긍정적인 과학적 태도 함양

2. 운영 방침
- 학생들의 흥미와 수준을 고려한 맞춤형 교육 제공
- 다양한 체험 활동 및 탐구 중심의 교육 프로그램 운영
- 학생들의 자기 주도적 학습과 창의적 사고를 촉진하는 교육 환경 조성
- ==2024학년도 운영 결과 분석을 통한 프로그램 개선 및 효율적인 예산 활용==

3. 2024학년도 운영 결과 분석
- ==프로그램 만족도==: 전반적으로 높았으나, 심화 탐구 활동 및 프로젝트 수행 기획 부족에 대한 아쉬움 제기
- ==예산 활용: 실험 재료 및 외부 활동 부분에서 예산 부족, 교재 및 교구 구입 비중 높음==

...

4.2. 프로그램 개선
- 프로젝트 기반 학습: 학생들이 주도적으로 문제를 해결하고 결과를 발표하는 프로젝트 수행 (예: 과학 탐구 보고서 작성, 과학 실험 설계 및 수행, 과학 발명품 제작)
- 토론 및 발표 수업: 과학적 주제에 대한 토론 및 발표를 통해 과학적 의사소통 능력 향상
- 전문가 멘토링: 과학 분야 전문가와의 멘토링을 통해 진로 탐색 및 심화 학습 지원
- 온라인 학습 플랫폼 활용: 다양한 학습 자료 및 콘텐츠 제공, 학습 진척 상황 및 평가 결과 분석

4.3. 예산 활용 계획

항목	금액(단위:원)	세부 계획
교재 및 자료 구입	550,000	- 2024학년도 활용 교재 분석 및 개선된 교재 신청 - 온라인 학습 자료 및 콘텐츠 구입
실험 재료 구입	1,000,000	- 다양한 실험 및 탐구 활동 지원 - 2024학년도 부족했던 실험 재료 확보
외부 활동	1,500,000	-과학관 견학, 과학 캠프 참가, 과학 경진 대회 참가 등 -외부 전문가 초청 특강 및 워크샵 진행
기타	500,000	-학습 자료 제작, 강사료, 운영비 등
합계	3,550,000	

◆ 그림 3-34 구체적으로 설명한 내용을 반영하여 생성하는 Gemini

다. 한 번에 한 가지씩 부탁합니다.

복잡한 수업 설계도 단계별로 나눠서 요청하면 좋습니다. 예를 들어, 5학년 사회 '우리나라의 인구 문제' 수업을 준비한다면, '먼저 학생들이 흥미를 가질만한 도입 활동을 제안해주세요.'로 시작합니다. 다음으로 '인구 감소 문제를 그래프로 확인하는 모둠 활동을 설계해주세요.', '마지막으로 해결방안을 토의하는 활동지를 만들어주세요.'처럼 하나씩 발전시켜 나갑니다.

'우리나라의 인구 문제' 수업을 준비할 예정입니다. <mark>먼저 학생들이 흥미를 가질만한 도입 활동을 제안해주세요.</mark>

 5학년 사회 '우리나라의 인구 문제' 수업 도입 활동으로 흥미를 유발할 만한 <mark>몇 가지 아이디어를 제안해 드릴게요!</mark>

<mark>1. 인구 피라미드 비교:</mark>
- 활동 내용: 우리나라의 과거, 현재, 미래 인구 피라미드를 보여주고 비교하게 합니다.
- 효과: 시각적인 자료를 통해 인구 구조의 변화를 쉽게 이해하고, 왜 이렇게 변했는지 호기심을 자극합니다.
- 팁:
  • 1960년대, 2000년대, 2050년(예측) 등 시대별 인구 피라미드를 준비합니다.
  • 각 피라미드의 모양을 비교하며 어떤 점이 다른지, 왜 다르게 나타나는지 질문을 던져 토론을 유도합니다. (예: 과거에는 아이들이 많았는데 지금은 왜 줄었을까?)
  • 인구 피라미드를 직접 만들어보는 활동을 추가할 수도 있습니다.

<mark>2. 뉴스나 드라마 활용:</mark>
- 활동 내용: 인구 문제를 다룬 뉴스나 드라마 장면을 보여주고 내용에 대해 이야기 나눕니다.
- 효과: 실제 사례를 통해 인구 문제가 우리 삶에 어떤 영향을 미치는지 생각해 보게 하고, 수업 주제에 대한 흥미와 관심을 높입니다.

인구 감소 문제를 그래프로 확인하는 모둠 활동을 설계해주세요

 인구 감소 문제를 그래프로 확인하는 모둠 활동 설계

활동 목표
- 인구 감소의 심각성을 다양한 통계 자료를 통해 이해한다.
- 인구 감소가 사회에 미치는 영향을 분석하고, 그래프를 활용하여 설명한다.
- 모둠원과 협력하여 자료를 분석하고 결과를 발표하는 과정에서 문제 해결 능력과 의사소통 능력을 키운다.

활동 대상
- 5학년 사회 수업

활동 시간
- 45분 (자료 준비 시간 별도)

준비물
- 컴퓨터, 인터넷, 프린터
- 모둠별 활동지, 필기구, 색연필, A4 용지 또는 큰 전지
- 인구 관련 통계 자료 (출산율, 사망률, 인구 증감, 연령별 인구 구성 등)
- 통계청 (www.kostat.go.kr)
- 행정안전부 (www.mois.go.kr)

활동과정
1. 모둠 구성 및 역할 분담 (5분)
• 4~5명씩 모둠을 구성한다.
• 모둠별로 역할을 분담한다. (자료 조사, 그래프 제작, 발표, 기록 등)

◆ 그림 3-35 단계별로 하나씩 내용을 발전시키는 Gemini

라. 피드백을 통해 수정합니다.

Gemini가 제시한 답변이 마음에 들지 않더라도 걱정하지 않아도 됩니다. '가정통신문의 어감이 너무 딱딱한데, 학부모님들이 편하게 읽을 수 있도록 조금 더 부드럽게 수정해주세요.' 또는 '준비물 안내가 너무 자세한데, 꼭 필요한 내용만 간단히 정리해주세요.'처럼 구체적으로 수정을 요청할 수 있습니다. Gemini는 이런 피드백을 반영하여 더 나은 결과물을 만들어냅니다.

'디지털 교육혁신과 학부모'라는 주제로 열리는 학부모 연수를 안내하는 가정통신문을 작성해줘.	가정통신문의 어감이 너무 딱딱한데, 학부모님들이 편하게 읽을 수 있도록 조금 더 부드럽게 수정해주세요.
가정 통신문 **받는 사람:** 학부모님께 **날짜:** 2024년 12월 11일 **제목:** 디지털 교육 혁신과 학부모 연수 안내 안녕하세요. 변화하는 교육 환경에 발맞춰 자녀의 디지털 교육에 대한 이해를 돕고, 가정에서의 효과적인 지원 방안을 함께 모색하고자 학부모 연수를 개최합니다. 본 연수는 디지털 시대에 필요한 교육 방향과 학부모의 역할에 대한 전문가 강연, 그리고 자녀와의 소통 및 학습 지도 방법에 대한 정보를 제공합니다. 학부모님들의 많은 관심과 참여 부탁드립니다. **연수 내용** - 주제: 디지털 교육혁신과 학부모의 역할 - 강사: [강사 이름], [강사 약력]	**우리 아이들을 위한 디지털 세상 이야기, 함께 나눠요!** 사랑하는 학부모님께, 안녕하세요? 요즘 우리 아이들, 스마트폰이나 컴퓨터 없이는 하루도 보내기 힘들어하죠? 디지털 세상이 점점 커지면서 우리 아이들 교육도 빠르게 변화하고 있답니다. 하지만 걱정되는 부분도 많으실 거예요. - 우리 아이, 스마트폰만 보는 건 아닐까? - 디지털 기기를 활용해서 어떻게 공부하면 좋을까? - 빠르게 변하는 세상에 우리 아이가 잘 적응할 수 있도록, 부모인 나는 무엇을 할 수 있을까? 이런 고민들을 함께 나누고, 궁금증을 풀어보는 시간을 마련했답니다! **흥미진진한 디지털 교육 이야기!** 전문가 선생님과 함께 디지털 교육의 최신 동향을 알아보고, 우리 아이들에게 필요한 정보를 제공해 드릴게요. 자녀의 디지털 기기 사용 지도, 학습 전략 등 실질적인 도움을 드릴 수 있는 내용으로 가득 채웠답니다!

◆ 그림 3-36 피드백을 통해 딱딱한 글을 자연스럽게 수정해 제시하는 Gemini

지금까지 Gemini의 특성과 프롬프트 작성법에 대해 알아보았습니다. Gemini는 든든한 교육 동반자가 될 수 있지만, 이는 우리가 얼마나 효과적으로 소통하느냐에 달려 있습니다. 페르소나, 작업, 형식과 어조, 맥락, 예시라는 다섯 가지 기본 요소를 바탕으로, 자연스럽고 구체적이며 명확한 프롬프트를 작성한다면 더 나은 교육 자료를 만들 수 있을 것입니다.

AI 작문 전문가 Gemini
" 곁에 두고 활용해 보세요

"학교에서 글을 작성할 때 문구가 딱 떠오르세요?"

저는 글을 쓰는 것이 너무 어렵습니다. 업무 처리를 위해 가정통신문, 계획서, 생활기록부 등을 작성할 때, 머릿속에 있는 내용을 형식에 맞춰 정리하는 일이 쉽지 않습니다. 특히 학생마다 모든 문구가 다르게 생활기록부를 작성하는 것은 매우 고되고 힘이 드는 일이었습니다.

'선생님은 작성해야 할 글이 왜 이렇게 많을까요?'

한번은 경찰서, 녹색어머니회 등 지역의 여러 단체들과 학교 교직원, 학생들이 캠페인 활동을 진행한 적이 있었습니다. 지역 내에서는 규모가 꽤 큰 행사였기에 보도자료를 내자는 관리자의 지시가 있었고, 그 일은 담당자인 저의 몫이었습니다. 저도 모르게 깊은 한숨이 나왔습니다. 캠페인 활동을 하는 내내 다른 생각은 떠오르지 않고 오직 행사가 끝나고 돌아가서 보도자료를 어떻게 쓸 것인지만 걱정되었습니다. 그러는 동안 행사는 마무리되었고, 아이들이 모두 집으로 돌아간 빈 교실에서 컴퓨터 앞에 앉아 보도자료를 작성하기 시작했습니다. 'OO초, 교통안전 캠페인 활동', 'OO초, 지역의 교통안전을 위해 우리가 나섰다!', '학생들 스스로 지키는 교통안전!' 등 제목만 수십 개를 써 내려갔습니다. 그러나 문제는 제가 쓴 제목이 모두 한 사람의 머리에서 나온 것이기에 누가 보더라도 크게 다르지 않고 평범하다는 것이었습니다.

일단 제목은 중요하지 않다고 믿고 본문부터 작성하기로 한 뒤 엔터를 탁! 탁! 치고 정신을 집중했습니다. 분명히... 분명히... 제 머릿속에는 쓰고 싶은 내용이 있었습니다. '지역 기관과 함께 한 캠페인 활동', '학생들 스스로 지키는 교통안전', '교장 선생님 말씀', '경찰관 인터뷰 내용', '학생회장의 소감' 등 머릿속에 떠오르는 내용들이 있었지만 이것을 글로 옮기기는 매우 어려웠습니다. 그때, 선생님 한 분이 다른 일 때문에 저희 교실에 오셨다가 이 모습을 보고 이렇게 말씀하셨습니다.

"AI로 글쓰기 해보셨어요? Google Gemini, 정말 물건이더라고요."

뉴스에서만 봤던 Gemini?! 하늘에서 내려온 동아줄 같았습니다. 선생님을 붙잡고 방법을 알려달라고 부탁해 간단히 사용법을 배웠고 제 생각을 말씀드리니 예시 문구를 작성해 주셨습니다.

> 초등학교 학생들과 교직원들이 지역 경찰서, 녹색 어머니회와 교통안전 캠페인을 같이 진행했어. 그리고 이걸 보도자료로 만들거야. 내 머릿속엔 '지역 기관과 함께 한 캠페인 활동', '학생들 스스로 지키는 교통안전', '교장 선생님 한 말씀', '경찰관 인터뷰 내용', '학생회장의 소감' 이런 생각들이 있는데 이러한 내용을 반영해서 보도자료를 만들어줘.

 초등학생 교통안전 캠페인 보도자료 (제안)

제목: ㅇㅇ초, 지역 사회와 함께 안전한 등굣길 만들기! 교통안전 캠페인 성황리 개최
본문: ㅇㅇ초등학교(교장 ㅇㅇㅇ)는 지난 [날짜][요일], 지역 경찰서, 녹색 어머니회와 함께 학생들의 안전한 등굣길을 위한 교통안전 캠페인을 실시했습니다.
이번 캠페인은 [장소]에서 진행되었으며, ㅇㅇ초등학교 학생들과 교직원, 지역 경찰관, 녹색 어머니회 회원 등 [참여 인원]명이 참여하여 성황을 이루었습니다.
캠페인 참여자들은 등굣길 주변에서 피켓을 들고 교통안전 수칙을 알리는 등 다양한 활동을 펼쳤습니다. 특히, 학생들은 직접 만든 표어와 그림으로 교통안전의 중요성을 알리고, 운전자들에게 안전 운전을 당부했습니다.
ㅇㅇ초등학교 ㅇㅇㅇ교장은 "이번 캠페인을 통해 학생들이 스스로 교통안전의 중요성을 깨닫고 …".

너무 놀라 아무 말도 할 수 없었습니다. 제 머릿속에 들어갔다 나온 것처럼 어쩜 이렇게 제 생각을 반영해서 잘 썼는지... 동료 선생님의 도움을 받아 Gemini도 배우고 업무도 빠르게 끝냈습니다. 모처럼 빠른 퇴근을 하며 이런 생각이 들었습니다.

'이제 진짜 칼퇴근이 가능할지도 모르겠어!'

2 - 1. Gemini 활용 글쓰기

Gemini를 활용하면 업무와 관련된 글쓰기를 할 때 유용한 도움을 받을 수 있습니다. 다만, 앞서 언급했듯이 Gemini는 항상 정확한 정답을 제시하는 것이 아닙니다. 또, 환각 현상도 발생할 가능성이 있으므로 신중히 검토하고 주의 깊게 활용해야 합니다.

1) 보도자료 작성하기

공공기관은 주요 성과를 홍보하거나 행사를 알리기 위해 보도자료를 활용합니다. 각 교육청과 소속 학교들 또한 교육 소식을 전하기 위해 보도자료를 발행하는 경우가 많습니다. 특히, 규모가 큰 학교에서는 보도자료 작성이 별도의 업무로 관리될 정도로 중요한 과제로 여겨지기도 합니다.

문제는 우리가 작성한 보도자료가 인터넷 뉴스나 다양한 매체를 통해 기사화된다는 점입니다. 이러한 과정을 생각해 보면 보도자료 작성에 대한 강한 책임감은 물론, 심지어 긴장감마저 느끼게 됩니다. '내가 작성한 문구가 너무 평범하지 않을까?' 혹은 '너무 어려운 표현을 사용해서 독자들이 이해하기 어려워하지 않을까?'와 같은 고민들로 인해 보도자료 작성에 대한 부담감은 커지기만 합니다.

전체 34,162 건   제목

번호	제목	작성일	조회수	첨부
공지	**주간행사계획(2024.11.11.~2024.11.17.)**	2024-11-10	55	
34162	대전교육청, '특수교육 전문교과 선도교사 연수 및 자료개발 성과공유회'... NEW	2024-11-18	14	
34161	대전교육청, 대전 지역산업 맞춤 인재 양성 '대전협약형 특성화고 발대식... NEW	2024-11-18	7	
34160	대전교육청 위(Wee)센터, '드림&Dream멘토링' 집단활동(3차) 실시(미... NEW	2024-11-18	7	
34159	대전동 · 서부교육지원청, 학교주변 유해업소 합동단속 실시(동서부-평생교... NEW	2024-11-18	12	
34158	가족과 함께하는 따뜻한 효(孝)문화 체험(동부-유초등교육과) NEW	2024-11-18	4	
34157	우리가 만든 교실, 꿈도 쑥쑥 학업도 쑥쑥(동부-시설지원과) NEW	2024-11-18	3	
34156	한밭교육박물관, 문체부 공립박물관 사전평가 통과(한밭교육박물관) NEW	2024-11-18	12	
34155	꿈자람 선생님과 함께 떠나는 초등학교 탐험(대전유아교육진흥원) NEW	2024-11-18	3	
34154	노벨 꿈나무를 심다!(대전느리울중) NEW	2024-11-18	7	
34153	NON-GMO 식재료로 건강한 김장 하는 날!(세천초) NEW	2024-11-18	5	

1 2 3 4 5 6 7 8 9 10 › »

◆ 그림 3-37 대전광역시교육청 보도자료 게시판

보도자료에는 꼭 들어가야 하는 필수적인 내용이 있습니다. 행사나 상황에 따라 조금씩 달라질 수 있지만, 일반적으로는 행사의 내용, 참여자 구성, 행사 일시와 장소, 목적, 그리고 주요 관계자의 인터뷰가 포함됩니다. 이러한 기본 요소들은 보도자료의 완성도를 높이고, 독자들에게 행사의 핵심을 효과적으로 전달하는 데 매우 중요한 역할을 합니다. 특히 AI 도구인 Gemini를 활용해 보도자료를 작성하고자 할 때는, 이러한 구성 요소를 키워드 형태로 사전에 체계적으로 정리하는 작업이 반드시 필요합니다. 이 과정은 AI가 문맥을 이해하고 명확하게 구조화된 글을 생성하는 데 있어 결정적인 도움이 되기 때문입니다.

예를 들어, 학부모와 함께 기후환경 프로젝트 행사를 진행했다면, 다음과 같이 키워드를 정리할 수 있습니다.

- ☑ 행사 이름 : 학부모와 함께하는 기후환경 프로젝트
- ☑ 주요 활동 : 재능 기부
- ☑ 행사 슬로건 : 지구를 구하는 한 가지 행복
- ☑ 날씨 및 시간적 배경 : 화창한 가을 오후
- ☑ 행사 장소 : 대전OO초등학교 운동장
- ☑ 주요 인터뷰 : 학부모회장 인터뷰, 교장 선생님 인터뷰

이처럼 사전에 키워드로 구성요소를 정리한 뒤, 이를 기반으로 Gemini에게 보도자료 초안 작성을 요청하면 더욱 구조화된 글을 생성할 수 있습니다. 키워드들은 Gemini가 문서 작성에 참고할 구체적인 지침의 역할을 하며, 글의 방향성을 명확히 설정하는 데 도움이 됩니다. 다음은 이를 바탕으로 작성한 예시 프롬프트입니다.

> ❶ 학교 행사와 관련된 보도자료를 작성해야 해. ❷ 주요 키워드는 '학부모와 함께하는 기후환경 프로젝트', '재능 기부', '슬로건: 지구를 구하는 한 가지 행복', '화창한 가을 오후', '대전OO초등학교 운동장', '학부모회장 인터뷰', '교장 선생님 인터뷰' 야. ❸ 이 내용을 바탕으로 보도자료를 작성해 줘.

Gemini로 보도자료, 기사문 등과 같은 글을 작성할 때는 몇 가지 규칙을 따르는 것이 중요합니다.
❶ 사용 목적을 구체적으로 작성해야 합니다. 예를 들어 '학교 행사와 관련된 보도자료'와 같이 글의 목적을 명확히 지정해야 합니다.
❷ Gemini가 글을 작성할 때 반영할 수 있는 구체적인 키워드를 제공해야 합니다.
❸ 다시 한번 명령을 강조하면 Gemini가 더 정확히 이해하고 작업을 수행할 가능성이 높아집니다.

> **학교 행사 보도자료(초안)**
> 제목: 학부모와 함께 만들어가는 푸른 미래! ○○초, 기후환경 프로젝트 성황리 개최
>
> [붙임] 행사 사진 5컷
>
> **[대전] 대전○○초등학교(교장○○○)**는 지난 [날짜] 오후, 따스한 가을 햇살 아래 학부모와 함께하는 기후환경 프로젝트를 개최하여 큰 호응을 얻었습니다. '지구를 구하는 한 가지 행복'이라는 슬로건 아래, 학생과 학부모가 함께 참여하여 환경 보호의 중요성을 되새기고 실천하는 뜻깊은 시간이었습니다.
>
> 다채로운 재능 기부로 풍성하게 채워진 행사
>
> 이번 행사는 학부모들의 재능 기부로 더욱 풍성하게 빛났습니다. [재능 기부 예시: 환경 관련 체험 부스 운영, 업사이클링 공예 강좌, 환경 관련 영화 상영 등] 등 다양한 프로그램이 마련되어 학생들의 흥미를 유발하고 환경 보호에 대한 참여를 이끌어냈습니다. 특히, [가장 인기 있었던 프로그램]은 학생들의 열띤 참여 속에 큰 호응을 얻었습니다.
>
> 학부모 회장 ○○○씨는 "아이들과 함께 환경 문제에 대해 고민하고 실천할 수 있는 소중한 기회였다. 앞으로도 지속적인 환경 교육을 통해 아이들이 건강한 지구를 만들어가는 데 기여할 수 있도록 노력하겠다."라고 소감을 밝혔습니다.
>
> ○○○ 교장 선생님은 "이번 행사를 통해 학생들이 환경 문제의 심각성을 깨닫고 스스로 실천하는 습관을 기르는 계기가 되기를 바란다. 학교는 앞으로도 지속가능한 발전을 위한 교육 활동을 적극적으로 추진할 것이다."라고 말했습니다.

◆ 그림 3-38 Gemini로 생성한 보도자료 초안

Gemini가 생성한 초안에 구체적인 내용을 보충하도록 요청하면 보도자료의 품질을 더욱 높일 수 있습니다. 예를 들어 '교장 선생님의 인터뷰 내용에는 열심히 자발적으로 참여해 준 학부모님과 학생들에 대한 감사 표현을 넣어줘.'와 같은 요청을 추가로 하는 것입니다.

2) 생활기록부 참조 예시문 만들기

생활기록부 작성은 교사들에게 매우 중요한 업무입니다. 학생 개개인의 성적, 행동 특성, 태도 등을 기록하여 학생의 전반적인 성장과 발전 과정을 나타내는 문서로, 진학과 진로에 큰 영향을 미칠 수 있습니다. 그래서 많은 교사들이 생활기록부를 작성할 때 깊은 책임감을 느낍니다.

생활기록부에 기록된 교사의 문장 하나하나가 학생의 미래를 결정짓는 데 중요한 역할을 할 수 있다고 생각하면 긴장감이 들기도 합니다. '내가 작성한 문장이 너무 단조롭거나 학생의 특성을 제대로 표현하지 못하는 것은 아닐까?' 혹은 '지나치게 평범하거나 형식적이어서 학생의 장점을 충분히 담아내지 못하면 어쩌지?' 와 같은 고민은 생활기록부를 작성할 때마다 교사들이 가지는 공통된 고민일 것입니다.

학교급에 따라 다르겠지만 매 학기마다 수십, 수백 명의 학생들의 특징을 다르게 표현해야 하기에 머릿속에 떠오르는 내용을 정리하는 과정은 쉽지 않습니다. 학생의 강점과 잠재력을 적절히 강조하면서도, 객관성과 사실성을 유지해야 한다는 점에서 생활기록부 작성은 높은 섬세함을 요구하는 일입니다.

최근에는 비슷한 어려움을 겪는 교사들끼리 온라인 커뮤니티에서 관련 정보를 공유하고 도움을 주고받는 사례가 늘어나고 있습니다. 하지만 다른 지역, 다른 학교의 일부 사례를 그대로 반영하기에는 학생들 개인의 특성을 담아내지 못한다는 한계가 있기에 이마저도 쉽지 않습니다.

그러나 Gemini를 활용하여 생활기록부 예시문을 작성하면 이러한 고민을 해결할 수 있습니다. Gemini는 교사가 제공한 키워드를 바탕으로 생활기록부 작성에 참고할 수 있는 예시문을 끊임없이 생성할 수 있기 때문입니다. 예를 들어, 교과 평가 결과를 작성해야 한다면, 먼저 홍길동 학생의 특성을 아래와 같이 키워드로 정리해 봅니다.

- ☑ 이름: 홍길동
- ☑ 학년: 초등학교 6학년
- ☑ 학업 성취: '소수의 나눗셈에서 뛰어난 이해력을 보임', '공간과 입체 단원에서 원기둥과 원뿔을 활용한 모형 만들기 활동을 잘함'

위와 같이 키워드를 정리한 뒤 Gemini에게 프롬프트를 입력하면 생활기록부 예시문을 생성할 수 있습니다.

> '생활기록부 작성에 참고할 수 있는 예시문을 작성해 줘. 주요 키워드는 다음과 같아. 이름: 홍길동, 학년: 초등학교 6학년, 학업 성취: '소수의 나눗셈에서 뛰어난 이해력을 보임', '공간과 입체 단원에서 원기둥과 원뿔을 활용한 모형 만들기 활동을 잘함.' 이 내용을 바탕으로 초등학교 6학년 2학기 수학과 학기말 종합의견 예시문을 만들어줘.
>
> **초등학교 6학년 2학기 수학과 학기말 종합의견 예시문 (홍길동 학생)**
>
> [학업 성취]
>
> 홍길동 학생은 이번 학기 수학 학습에 적극적으로 참여하며 꾸준히 노력하는 모습을 보였습니다. 특히, 소수의 나눗셈 단원에서 뛰어난 이해력을 바탕으로 다양한 문제 해결에 성공하며 수학적 사고력을 키워나갔습니다. 또한, 공간과 입체 단원에서는 원기둥과 원뿔을 활용한 모형 만들기 활동에서 창의적인 아이디어를 발휘하여 훌륭한 작품을 완성하였습니다. 이를 통해 공간 감각과 문제 해결 능력을 향상시켰습니다.
>
> [수학적 태도]
>
> 수업 시간에 질문하고 토론하는 활동에 적극적으로 참여하며, 친구들과 협력하여 문제를 해결하는 모습이 인상적입니다. 어려운 문제에 직면하더라도 끈기 있게 해결하려는 자세를 보이며, 스스로 학습 계획을 세우고 실천하는 모습이 돋보입니다.
>
> [발전 가능성]
>
> 홍길동 학생은 수학적 기초가 탄탄하고, 문제 해결 능력이 뛰어나며, 창의적인 사고를 할 수 있는 잠재력을 가지고 있습니다. 앞으로 다양한 수학적 개념과 원리를 탐구하고, 응용하는 활동을 통해 더욱 성장할 수 있는 것으로 기대됩니다. 특히, 심화된 수학 문제 해결과 수학적 개념 간의 연결성을 이해하는 데 더욱 노력한다면, 수학 학습에 대한 흥미를 높이고 더욱 발전할 수 있는 것입니다.

◆ 그림 3-39 생활기록부 참조 예시문

행동 특성 및 종합의견, 창의적 체험활동 등도 같은 방법으로 생성할 수 있습니다.

> 생활기록부 작성에 참고하게 예시문을 작성해 줘. 주요 키워드는 다음과 같아. 이름:홍길동, 학년: 초등학교 6학년, 행동 특성: '평소 친구와 관계가 좋음, 맡은 1인 1역을 성실히 수행함.' 이 내용을 바탕으로 초등학교 6학년 학생의 행동 특성 및 종합의견 예시문을 만들어 줘.

 초등학교 6학년 학생 행동 특성 및 종합의견 예시문
이름: 홍길동

행동 특성 및 종합의견:
홍길동 학생은 평소 친구들과 원만한 관계를 유지하며 밝고 긍정적인 태도로 학교생활에 임하고 있습니다. 특히, 맡은 1인 1역을 성실히 수행하며 책임감 있는 모습을 보여주었습니다.

[구체적인 예시]
· 친구 관계: 급우들과의 소통이 원활하며, 어려움에 처한 친구를 배려하고 도와주는 따뜻한 마음을 지니고 있습니다.
· 책임감: 학교에서 맡은 역할을 성실히 수행하며, 스스로 계획을 세우고 실천하는 자기주도적인 학습 태도를 보여줍니다.
· 긍정적인 태도: 어려운 문제에 직면하더라도 포기하지 않고 끈기 있게 노력하며, 긍정적인 마음으로 학교생활에 임합니다.

[종합의견]
홍길동 학생은 6학년 한 해 동안 학급 친구들과 긍정적인 관계를 형성하고, 맡은 역할을 성실히 수행하며 학교생활에 적극적으로 참여했습니다. 어려움 앞에서도 긍정적인 태도를 잃지 않고 꾸준히 노력하는 모습은 다른 학생들에게 귀감이 되었습니다. 앞으로도 밝고 긍정적인 마음으로 자신의 꿈을 향해 나아가며, 주변 사람들과 함께 성장하는 멋진 학생으로 발전해 나가기를 기대합니다.

◆ 그림 3-40 행동 특성 및 종합의견 예시문

2 - 2. Gemini 활용 글 교정하기

Gemini는 작성한 글을 교정할 때에도 유용하게 활용할 수 있습니다. 맞춤법, 문법, 문장 구조, 문체 등을 점검하여 더 나은 글로 다듬는 데 도움을 줄 수 있습니다. 다만, Gemini가 생성한 내용을 그대로 쓰기보다는 사용자가 교정 결과를 꼼꼼히 검토하며 활용하는 것이 중요합니다. Gemini는 아래와 같은 교정 기능을 제공하고 있습니다.

- ☑ 맞춤법과 문법 점검: 문장을 분석하여 맞춤법과 문법을 점검합니다.
- ☑ 표현 방식: 효과적으로 전달할 수 있도록 표현 방식을 추천합니다.
- ☑ 간결화: 복잡한 문장을 간단하고 명확하게 바꿔주는 제안을 제공합니다.
- ☑ 확장 및 보완: 간단한 문장을 보완하고 내용을 확장시켜 줍니다.

1) 맞춤법 검사하기

긴 글을 작성하다 보면 자신도 모르게 맞춤법을 틀리는 경우가 종종 있습니다. 이런 경우에도 Gemini를 활용하면 빠르고 정확하게 글을 다듬을 수 있습니다. '문장에서 맞춤법과 문법 오류를 모두 찾아 수정해 주세요.', '높임말을 알맞게 바꿔 주세요.'와 같이 원하는 내용을 구체적으로 요청하면 더 좋은 결과를 얻을 수 있습니다.

내가 작성한 가정통신문이야. 틀린 맞춤법이 없는지 교정해 줘.

학부모 님께.
안녕 하세요? 새로운학기가시작 됫습니다. 학부모님 들의많은 관심 과 참여 부탁드립니다.
이번 학기 에는 학생 들의 전인적 성장과 학업성취 를위해 다양한 활동 과 교육적노력 을기울일 예정입니다.

주요안내사항
가정통신문: 매주 월요일 에가정통신문 을배부하오니확인하시고 회신 바랍니다.
수업시간: 수업은 오전9시부터 시작되며 지각하지않도록부탁드립니다.
학교행사: 학기중 여러행사 가예정되어 있으니 학부모님 들의 많은 참여 부탁드립니다.
문의사항 이이으시면 언제 든 학교로 연락 주시길바랍니다.
감사합니다.
-담임교사 올림-

◆ 그림 3-41 맞춤법 교정을 위한 프롬프트

여기서 잠깐!

- Gemini를 활용해 글을 교정할 때는 개인정보는 꼭 삭제하고 입력해야 합니다.
- Gemini는 환각(할루시네이션) 현상이 있으므로 Gemini가 생성한 결과를 사용하기 전에는 반드시 점검을 해야합니다.

 꼼꼼하게 교정된 가정통신문입니다.

수정된 가정통신문

학부모님께.

안녕하세요? 새로운 학기가 시작되었습니다. 학부모님들의 많은 관심과 참여 부탁드립니다.

이번 학기에는 학생들의 전인적인 성장과 학업 성취를 위해 다양한 활동과 교육적인 노력을 기울일 예정입니다.

주요안내사항

- 가정통신문: 매주 월요일에 가정통신문을 배부하오니 확인하시고 회신 바랍니다.
- 수업시간: 수업은 오전 9시부터 시작되오니 지각하지 않도록 부탁드립니다.
- 학교행사: 학기 중 여러 행사가 예정되어 있으니 학부모님들의 많은 참여 부탁드립니다.
- 문의사항: 문의사항이 있으시면 언제든 학교로 연락주시기 바랍니다.

감사합니다.

-담임교사 올림-

◆ 그림 3-42 맞춤법을 교정한 가정통신문

2) 글 매끄럽게 만들기

글을 쓰다 보면 내용이 중복되거나 문장이 매끄럽게 연결되지 않을 때가 있습니다. 이럴 때 Gemini를 활용하면 글을 효과적으로 다듬을 수 있습니다. Gemini에게 다음과 같이 요청할 수 있습니다.

- '문장이 자연스럽게 이어지도록 다듬어 주세요.'
- '내용이 명확하고 간결하도록 수정해 주세요.'

문장 표현을 풍부하게 하고 싶다면 이렇게 요청할 수도 있습니다.

- '어휘를 다양하게 사용해서 문장을 만들어 주세요.'
- '전문적인 느낌이 나도록 문체를 바꿔주세요.'

아래는 Gemini를 활용해 업무 계획서의 내용을 재구성하는 사례입니다. 영재학급 운영 계획서의 내용을 더욱 풍부하게 만들고, 문장을 자연스럽게 다듬었습니다.

다음은 영재학급 운영을 위한 계획서 일부야. 영재학급 운영의 목적 부분 내용 부족한 것 같아서 양을 늘리고 싶어. 그리고 내용을 더 전문적으로 바꿔주고 문장을 자연스럽게 바꿔줘.

1. 목적
   가. 21세기 지식정보화 시대를 이끌어갈 세계적인 인재를 양성한다.
   나. 영재 학생의 잠재적·창의적·사고력 향상은 물론 바른 인성을 기르는 전인교육을 지향하고 국가와 사회 발전에 기여할 수 있는 인재를 육성한다.

 영재학급 운영 계획서 목적 개선 (심화)[학업 성취]
   1. 목적

기존: 21세기 지식정보화 시대를 이끌어갈 세계적인 인재를 양성하고, 영재학생의 잠재력, 창의성, 사고력 향상과 함께 바른 인성을 기르는 전인교육을 지향합니다.

개선:

가. 미래 지향적 목표 강조: 4차 산업혁명 시대가 요구하는 융합적 사고, 문제 해결 능력, 창의성, 비판적 사고를 갖춘 핵심 인재를 양성하며 미래 사회를 선도하는 주역으로 성장하도록 지원합니다.

나. 개별 맞춤형 교육 강조: 학생 개개인의 강점과 흥미를 기반으로 맞춤형 학습 경로를 설계하고, 자기 주도적 학습 능력을 함양하여 스스로 성장하는 자기 주도적 학습자를 양성합니다.

다. 다양한 분야의 융합적 사고 촉진: 수학, 과학뿐만 아니라 인문학, 예술 등 다양한 분야를 융합하여 문제를 해결하고 창의적인 아이디어를 도출할 수 있는 융합형 인재를 양성합니다.

라. 사회적 책임 강조: 지역사회의 문제를 발견하고 해결하기 위한 프로젝트를 수행하며 사회적 책임감을 갖춘 시민으로 성장하도록 지원합니다.

마. 정신 건강 증진: 학생들의 정신 건강을 위한 상담 프로그램을 운영하고, 건강한 학습 환경을 조성하여 지속 가능한 성장을 지원합니다. 개념 간의 연결성을 이해하는 데 더욱 노력한다면, 수학 학습에 대한 흥미를 높이고 더욱 발전할 수 있는 것입니다.

◆ 그림 3-43 Gemini가 개선한 영재학급 운영 계획서

단, Gemini가 작성한 문서는 학교의 업무 환경이나 문서 형식과 맞지 않을 수 있기 때문에 사용자가 적절히 수정하고 검토하는 과정이 반드시 필요합니다. 사용자의 구체적인 상황과 요구 사항을 충분히 반영하여 내용과 형식의 적합성을 확보해야 합니다.

한편, 기존 글이 지나치게 길거나 불필요한 내용을 간단히 정리해야 하는 경우에도 Gemini는 매우 유용하게 활용될 수 있습니다. 예를 들어, '아래 글을 간결하고 명확하게 만들어줘!'라고 요청하면, Gemini는 글을 분석하여 핵심만 남기고 불필요한 부분을 정리해 줍니다. 이 기능을 잘 이용하면 복잡한 문서의 요약 작업을 보다 효율적으로 할 수 있습니다. 문서 작성에 소요되는 시간을 절약하면서도 깔끔하고 명료한 결과물을 얻을 수 있습니다.

◆ **개선된 문장 (더 간결하고 명확하게)**

원문: 제4차 산업혁명이 시대의 화두로 떠오르고 있다. 이러한 변화는 교육 패러다임의 변화로도 이루어지고 있는데, 그 중에서도 SW교육이 중점으로 떠오르고 있다. 이미 오래전부터 선진국에서는 SW교육의 중요성을 인식하며 코딩 교육을 강조하고 또 강조하였다. 한국 교육도 이에 발맞추어 SW교육을 교육과정의 한 요소로 받아들여 그 교육을 준비하고 있다.

SW교육의 효과는 현재 많은 연구를 통해 검증되고 있으며 그 효과성에 대해서는 이견이 많이 없는 편이다. 하지만 많은 학생들이 이러한 변화를 받아들일 수 있는지 생각해 볼 필요가 있다. 본 연구의 중점은 컴퓨터를 자주 접하지 못하고 코딩에 대해서 들어본 적도 없었던 학생들을 대상으로 협력적 SW 코딩 수업을 진행하는 것이다. 이 연구의 목적은 학생들의 코딩 교육을 받기 전, 후의 변화에 따른 방향성을 생각해 볼 필요가 있다는 것이다.

결론적으로 미래 세대들에게 필요한 SW 코딩 역량은 단순히 프로그래밍에만 국한되는 것이 아니라 다양한 산업 및 다른 학문과도 융합되기에 더욱 중요하게 부각되고 있다. 또한 구성원들과의 협업적 의사소통 역량도 자연스럽게 키울 수 있어 매우 유의미하다고 볼 수 있다.

개선된 문장:
4차 산업혁명 시대를 맞아 SW 교육의 중요성이 더욱 커지고 있습니다. 선진국에서는 이미 코딩 교육을 필수화하고 있지만, 국내에서는 아직 많은 학생들이 컴퓨터나 코딩에 익숙하지 않습니다.
본 연구는 코딩 경험이 전혀 없는 학생들을 대상으로 협력적인 SW 코딩 수업을 진행하고, 이를 통해 학생들의 변화를 관찰하고자 합니다.
SW 코딩 능력은 단순한 코딩 기술뿐만 아니라 다양한 분야와의 융합 능력, 협업 능력을 키우는 데 중요한 역할을 합니다. 본 연구는 이러한 능력을 키우기 위한 효과적인 교육 방안을 모색하고자 합니다.

개선 포인트:
문장 간결화: 불필요한 반복을 줄이고, 한 문장에 담을 수 있는 내용은 최대한 담아 간결하게 표현했습니다.

◆ 그림 3-44 Gemini가 간결하게 바꿔준 연구 보고서

Gemini는 단순한 글 교정 도구를 넘어, 글의 품질을 한 단계 높이고 작업 시간을 대폭 단축해주는 강력한 AI 작문 비서의 역할을 하고 있습니다. 보도자료 작성, 생활기록부 참조 예시문 작성, 글 교정 및 다듬기까지 Gemini는 반복적이고 시간이 많이 소요되는 다양한 작업을 간편하게 처리해 줌으로써 사용자들이 보다 핵심적인 업무에 집중할 수 있도록 돕고 있습니다.

Gemini in Google Tools

" Google Workspace를 더 스마트하게 써보세요

"잠깐만요, 그걸 그렇게 하시다간 밤을 새야 할텐데…"

금요일 오후, 복도를 걸어가다 문득 옆 반 교실에 불이 켜져 있는 것을 발견했습니다. 창밖엔 집으로 돌아가는 아이들의 발걸음 소리가, 운동장에는 아이들의 웃음소리가 가득했지만 교실 안에는 한숨 소리만이 맴돌았습니다. 들어가 보니 신규 교사인 김 선생님의 모니터 화면에는 여러 개의 Google Docs가 열려 있었고, 메모장에는 다음 주 국어 수업을 위해 해야 할 일들이 잔뜩 적혀있었습니다. 시계는 어느덧 오후 5시를 가리키고, 김 선생님의 얼굴에는 지친 기색이 역력했습니다.

"선생님, 아직도 계셨네요. 무슨 작업하고 계세요?" 그제야 김 선생님이 고개를 돌렸습니다. "아, 다음 주 국어 수업 학습지를 만들고 있어요. 근데 이걸 매번 처음부터 다시 만들어야 해서요."

기존 양식을 복사해서 수정하자니 실수로 이전 내용이 남아있을까 걱정되고, 새로 만들자니 시간이 너무 오래 걸린다고 했습니다. 게다가 20명이 넘는 학생들 각각의 수준을 고려한 학습지를 만들기가 어렵다며 한숨을 쉬었습니다. 저는 제가 지난 학기부터 다른 선생님들과 나누어왔던 Google Workspace의 특별한 비밀을 알려줄 때가 되었다고 생각했습니다. 김 선생님의 컴퓨터에서 Google Docs를 열고 화면 한 켠에 있는 작은 별 모양 아이콘을 클릭하면서 말했습니다.

"제가 한 가지 좋은 방법을 알려드릴게요. Google Docs에서 Gemini를 사용하는 건데…"

Gemini에게 학생들의 수준에 맞는 예시를 포함한 국어 학습지 템플릿 제작을 요청하자, 김 선생님의 눈앞에서 마법 같은 일이 벌어졌습니다. 기본 학습지, 심화 학습지, 보충 학습지까지. 세 가지 수준의 학습지가 순식간에 빈 문서를 채우고 템플릿이 완성되었습니다.

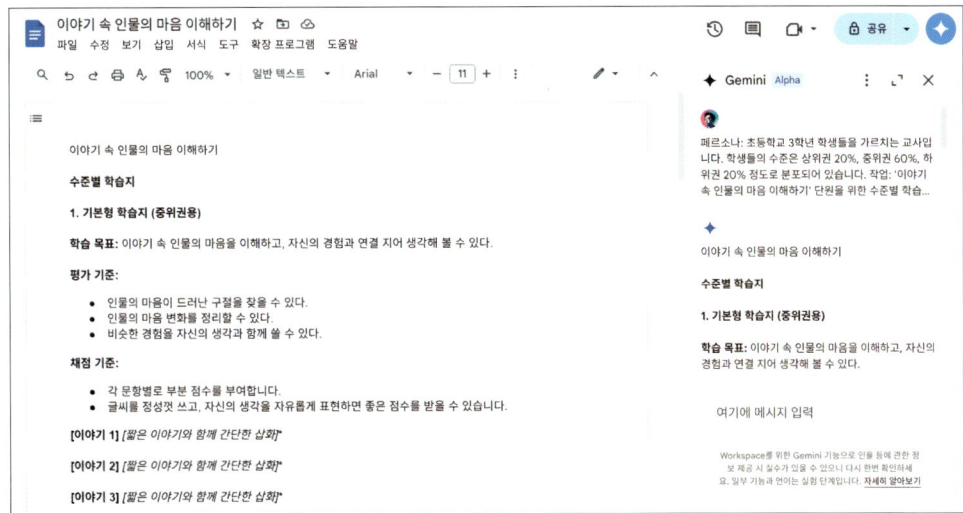

"어... 어떻게 이렇게... 신기하네요. 혹시 다른 것도 가능해요?"

"물론이죠. 이제 성적 분석하는 것도 보여드릴게요. 지난주에 제가 Google Forms로 평가를 실시하고 나온 수학 단원평가 데이터가 있거든요."

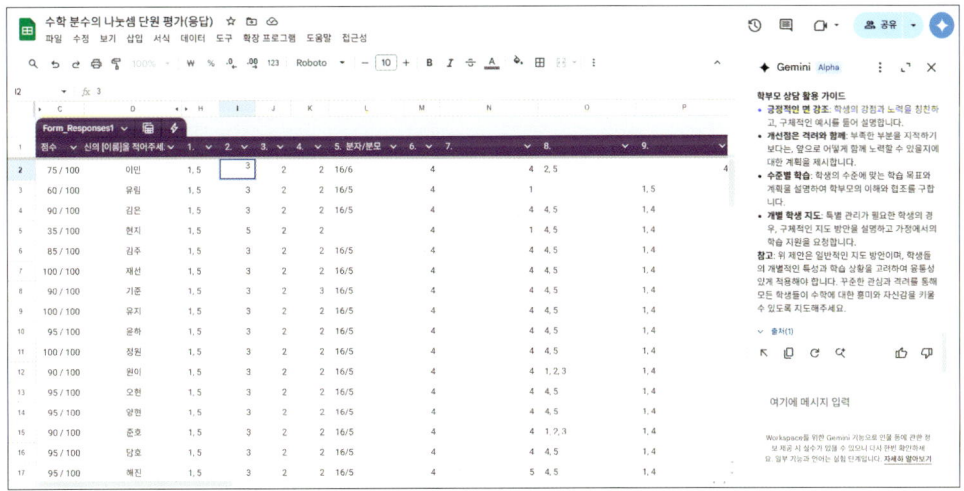

이번에도 별 모양 아이콘을 클릭하고 Gemini를 실행했습니다. 그러자 순식간에 반 평균부터 학생별 분석, 향후 지도 방안까지 포함한 상세한 분석 결과가 나왔습니다.

"이게 다 가능했던 거예요? 근데 어떻게 시작해야 할지 모르겠어요."

"차근차근 알려드릴게요. 우선 기본적인 것부터 시작해 보면 어떨까요?" 창밖으로는 저녁노을이 물들어가는 하늘이 보였습니다. 오늘도 한 분의 선생님이 Gemini와 함께하는 더 스마트한 교실을 향해 그 첫걸음을 내딛었습니다.

'Google Workspace 속 Gemini, 어떻게 더 스마트하게 활용할 수 있을까요?'

3 - 1. Google Workspace의 새로운 파트너, Gemini 알아보기

> **Tip** Google 개인 계정으로 실습해 보세요.

Google 도구를 사용하다 보면, 오른쪽 상단에 작은 별 모양의 아이콘이 있는 것을 발견할 수 있습니다. 바로 Gemini입니다. Google Docs, Google Sheets 등에서 만날 수 있는 이 작은 별은, 교사들의 업무를 더욱 스마트하게 만들어주는 강력한 도우미입니다.

여기서 잠깐!

Google 도구 안에서 Gemini 기능을 사용하려면?

◆ 그림 3-45 Google Workspace Labs 홈페이지 화면과 QR코드

Google Workspace Labs에 가입해 사용할 수 있습니다. Workspace Labs는 Gemini 평가판의 일종으로, Google 제품의 AI 지원 기능을 무료로 사용해보고 의견을 제시할 수 있는 기회를 제공합니다. Google에서 'Google Workspace Labs'를 검색(https://workspace.google.com/labs-sign-up/?pli=1)하여 접근할 수 있습니다. 단, Google Workspace Labs는 개인 계정(@gmail.com)으로만 가입할 수 있습니다.

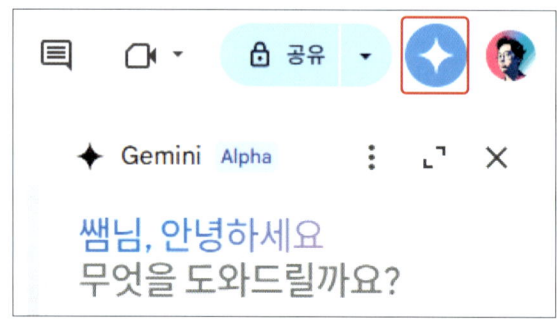

◆ 그림 3-46 Google Docs 우측 상단의 작은 별, Gemini

Gemini는 각 도구의 특성에 맞는 다양한 방식의 도움을 줍니다. Google Docs에서는 문서 작성과 편집을 돕고, Google Sheets에서는 데이터 분석을 지원합니다. 마치 똑똑한 비서가 옆에서 우리의 업무를 돕는 것 같습니다.

Google Workspace에서 Gemini를 사용하는 방법은 다음과 같습니다. 화면 오른쪽 상단의 별 모양 아이콘을 클릭하면 Gemini 채팅창이 열립니다. 이 채팅창에 우리가 원하는 작업을 요청하면 됩니다.

예를 들어, 다음과 같이 요청할 수 있습니다.

- ☑ '이 문서의 오타를 찾아줘'
- ☑ '이 데이터를 분석해서 의미 있는 인사이트를 제공해 줘'
- ☑ '이 내용을 학생들이 이해하기 쉽게 수정해 줘'

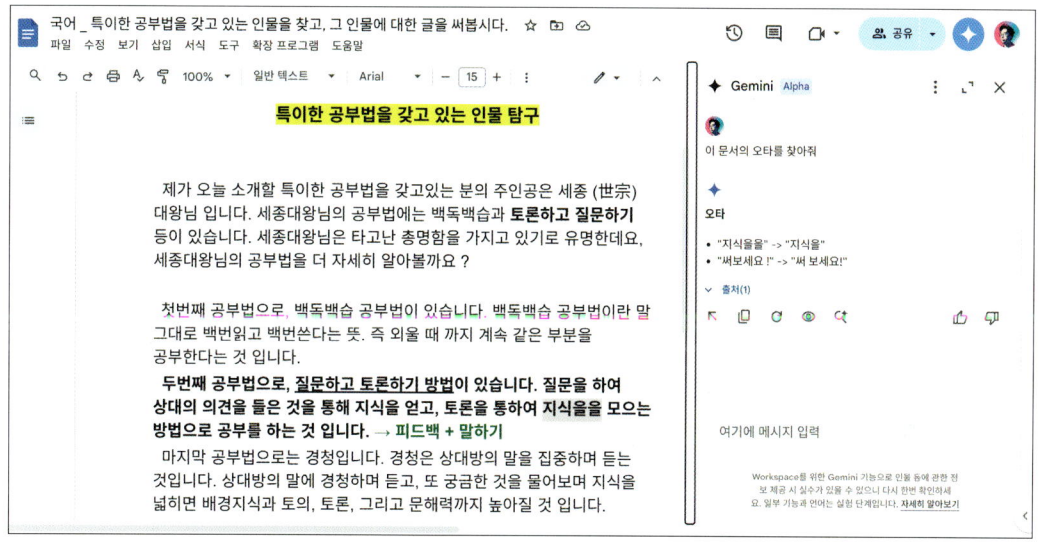

◆ 그림 3-47 학생이 작성한 글에서 Gemini를 활용해 오타를 찾는 모습

특히 교육 현장에서 Gemini의 활용도는 무궁무진합니다. 수업 자료를 만들고, 학생 데이터를 분석하고, 학부모 상담 자료를 준비하는 등 다양한 업무에 활용할 수 있습니다.

이제 도구별로 Gemini를 어떻게 더 효과적으로 활용할 수 있는지 자세히 알아보도록 하겠습니다.

여기서 잠깐!

Google Workspace 사용자가 Google 도구 안에서 Gemini 기능을 사용하려면?

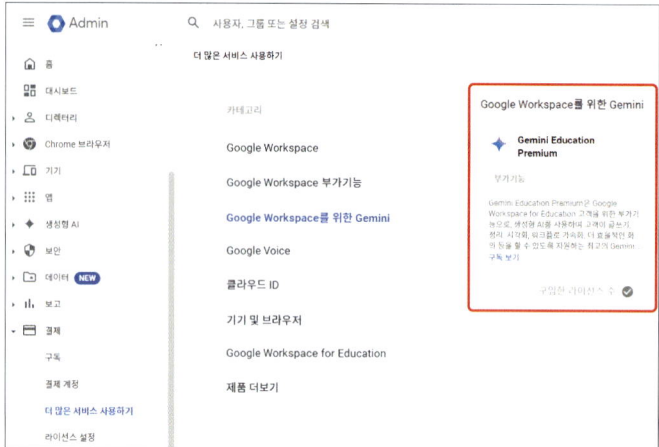

◆ 그림 3-48 Google Workspace admin에서 Gemini 라이센스를 구입하는 화면

직장 또는 학교 계정을 이용 중인 사용자는 'Gemini 라이센스'를 유료로 구매해야 사용할 수 있습니다. Google Workspace 관리자 계정으로 로그인 한 후, Google Workspace Admin에서 '결제 – 더 많은 서비스 사용하기 – Google Workspace를 위한 Gemini' 항목에서 구입할 수 있습니다.

◆ 그림 3-49 Google Workspace admin – 생성형AI – Alpha기능 사용 설정하는 화면

Google Workspace를 위한 Gemini를 사용하려면, Admin-생성형AI 기능 중, '알파 기능'을 '사용'으로 설정해야 합니다. 라이센스 설정을 한 계정들은 Docs나 Sheets 등의 도구에서 Gemini 사이드 패널을 사용할 수 있습니다.

3 - 2. 나만의 든든한 문서 작성 도우미 - Google Docs × Gemini 알아보기

수업 자료를 만들고, 가정통신문을 쓰고, 학생 관찰 기록을 작성하는 것이 교사의 일상입니다. Google Docs 속에 통합된 Gemini는 이러한 문서 작업을 더욱 효율적으로 할 수 있게 도와줍니다. 문서 요약, 다듬기, 전체 다시 수정하기 등 다양한 기능을 제공합니다.

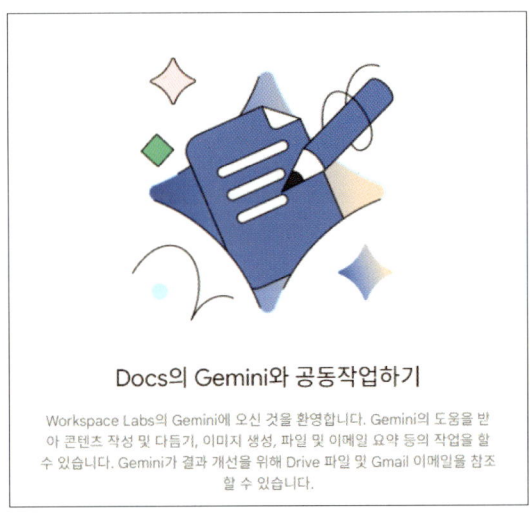

◆ 그림 3-50 Google Docs 새로운 문서를 생성할 때, 보이는 Gemini 안내 문구

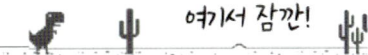

Google Workspace in Gemini는 현재 Alpha 버전으로 제공되고 있습니다. Alpha 버전이란, 개발 초기 버전을 뜻하며 실시간으로 수정과 보완을 통해 발전하고 있음을 의미합니다.

◆ 그림 3-51 Gemini 옆에 붙어 있는 Alpha 버전 아이콘

1) 문서 요약 기능으로 문서 속 내용을 한 방에 파악하기

Google Docs 속 Gemini의 핵심 기능인 '문서 요약'을 활용하면, 문서를 읽어보지 않아도 핵심 내용을 빠르게 파악할 수 있고, 전체적인 맥락 또한 쉽게 이해할 수 있습니다.

그림 3-52과 같이 선도학교 운영 계획서를 Google Docs에서 실행하면, Gemini는 사이드 패널에서 자동으로 문서의 내용을 요약해서 보여줍니다.

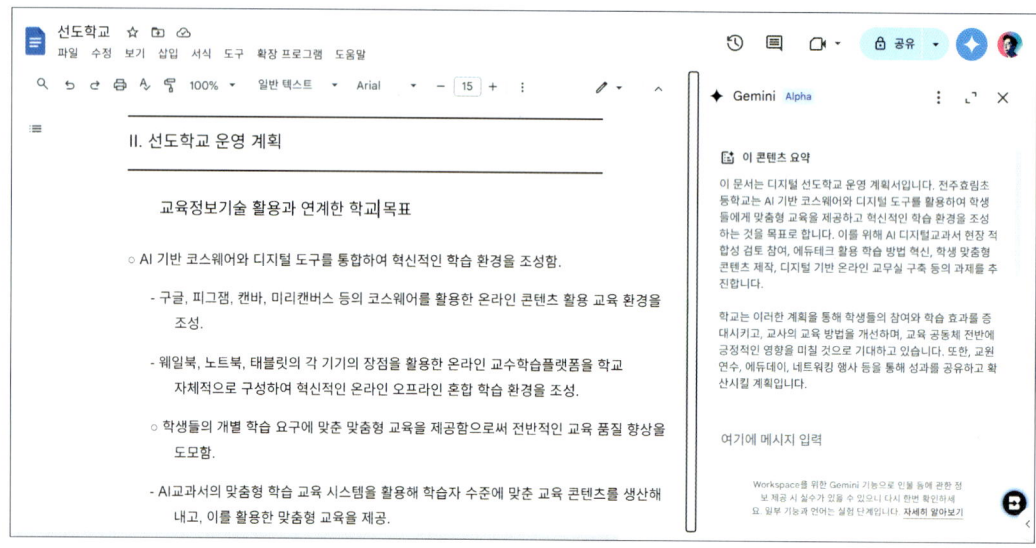

◆ 그림 3-52 Google Docs 속의 Gemini가 문서 내용을 요약해주는 모습

또는 그림 3-53과 같이 Gemini 사이드 패널 속 '문서 요약하기' 버튼을 눌러 특정 형식을 지정해서 요약할 수도 있습니다. 예를 들어, '문단 1개 형식으로 요약하기'를 요청하는 프롬프트를 작성하면, 아래의 오른쪽 그림처럼 1개의 문단으로 정리하여 글을 요약해줍니다.

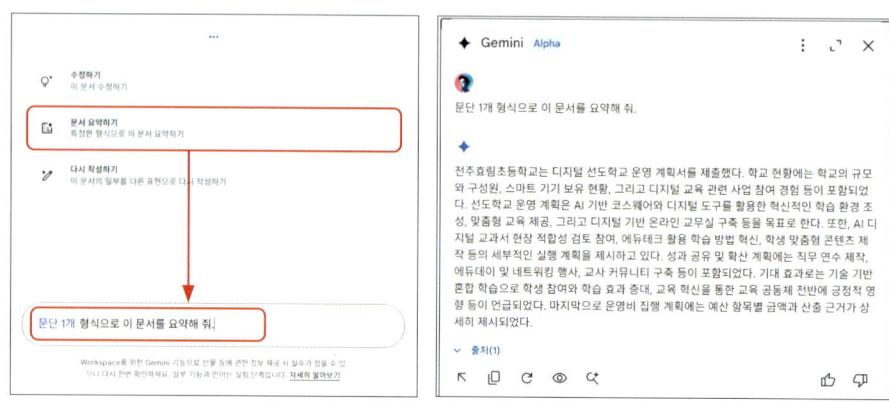

◆ 그림 3-53 문서 요약하기 버튼을 눌러 '문단 1개 형식'으로 요약하는 모습

여기서 잠깐!

hwp 파일을 Google Docs에서 실행하는 두 가지 방법을 알아보겠습니다. 한글과 Google Docs는 파일 형식이 달라 바로 실행할 수는 없지만, 다음과 같은 방법으로 변환하여 사용할 수 있습니다.

1. hwp 내용을 복사하여 Docs에 붙여넣기
- hwp 파일을 실행하여 전체 내용을 선택(Ctrl+A)한 후, 복사(Ctrl+C)합니다.
- Google Docs에서 새 문서를 만든 후 붙여넣기(Ctrl+V)합니다.

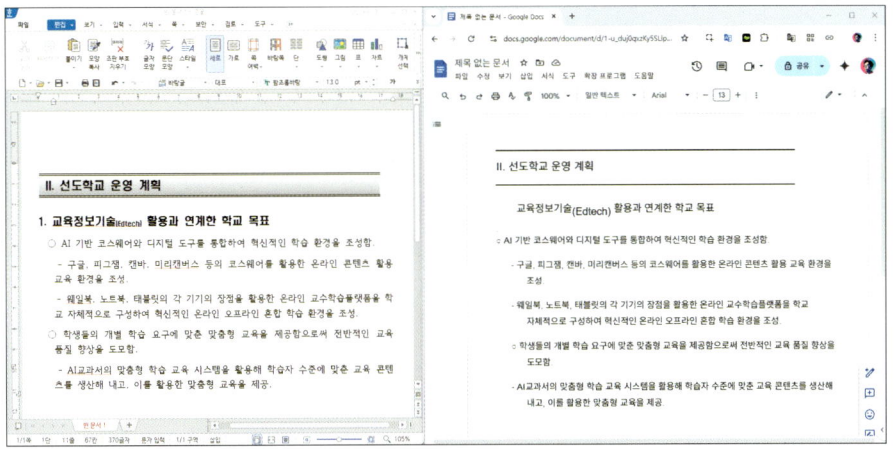

◆ 그림 3-54 내용을 복사하여 Docs에 붙여넣은 모습

2. hwp 파일을 PDF로 변환한 후 Docs로 열기
- hwp 파일을 PDF로 지정하여 저장합니다.
- Google Drive에 PDF 파일을 업로드한 뒤 'Google 문서로 열기'를 선택합니다.

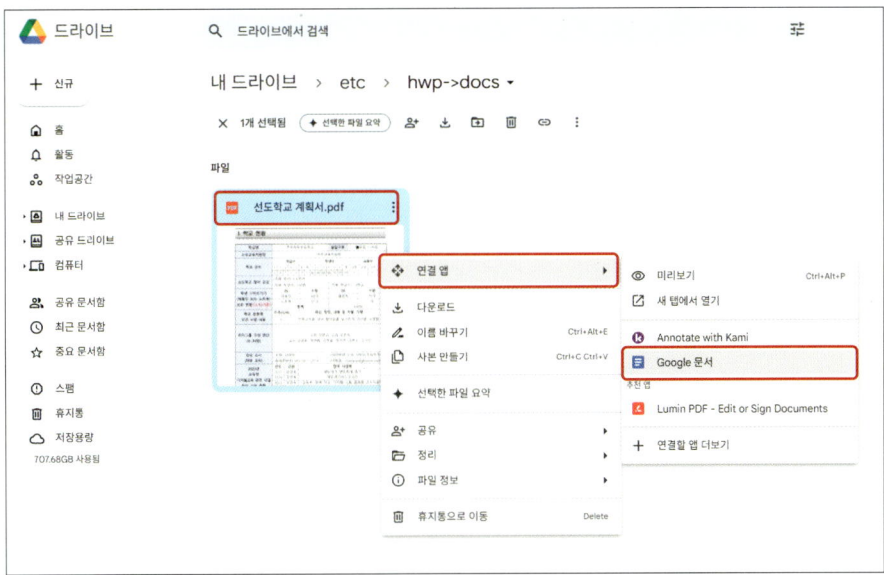

◆ 그림 3-55 Google Drive에 PDF를 업로드 한 뒤, Google 문서로 변환하는 모습

2) 수정하기 기능으로 문서를 한 방에 바꾸기

회의록을 기반으로 계획서를 작성해야 하거나, 공문 내용을 바탕으로 가정통신문을 만들어야 할 때, 사이드 패널에 있는 Gemini의 수정하기 기능을 활용하면 아주 쉽게 문서를 만들 수 있습니다. 문서를 불러온 후, 수정하고 싶은 문서의 형식과 어조를 지정하고 작업을 요청합니다.

1 그림 3-56는 '청소년 미디어 이용습관 진단조사'라는 문서를 가정통신문으로 수정하는 모습입니다. 사이드 패널에 있는 Gemini의 '수정하기' 버튼을 클릭한 뒤 '이 문서를 가정통신문으로 다시 작성해줘. 격식체를 사용해줘.'라는 프롬프트를 적어 실행했습니다.

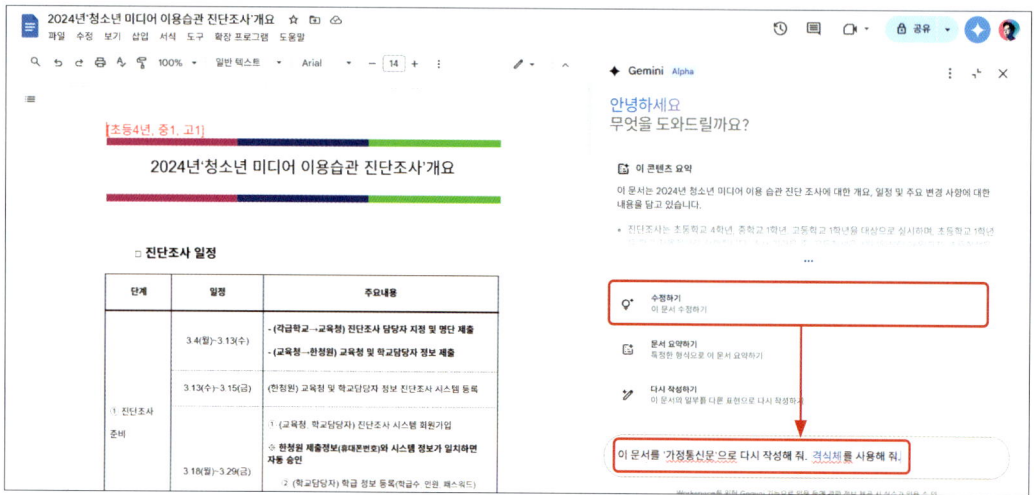

◆ 그림 3-56 공문의 내용을 '수정하기' 기능을 활용해 가정통신문으로 작성하기

2 그림 3-57을 보면, Google Docs의 Gemini가 기존의 문서의 내용을 분석한 뒤, 가정통신문 형식과 격식체 어조에 따라 새롭게 작성한 문서를 확인할 수 있습니다.

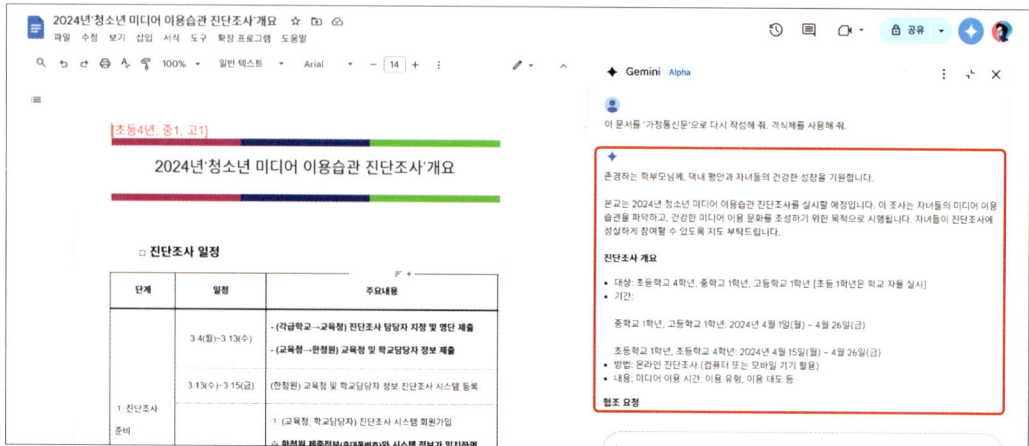

◆ 그림 3-57 Google Docs의 Gemini 수정하기 기능을 활용하여 가정통신문을 생성한 모습

3 사이드 패널의 Gemini가 생성해준 내용을 Google 문서로 불러와 편집하고 싶다면, 생성한 내용의 맨 아래 왼쪽 끝에 있는 삽입(↖) 아이콘을 클릭하면 됩니다.

여기서 잠깐!

사이드 패널의 Gemini 아랫쪽에는 다음과 같은 아이콘이 있습니다.

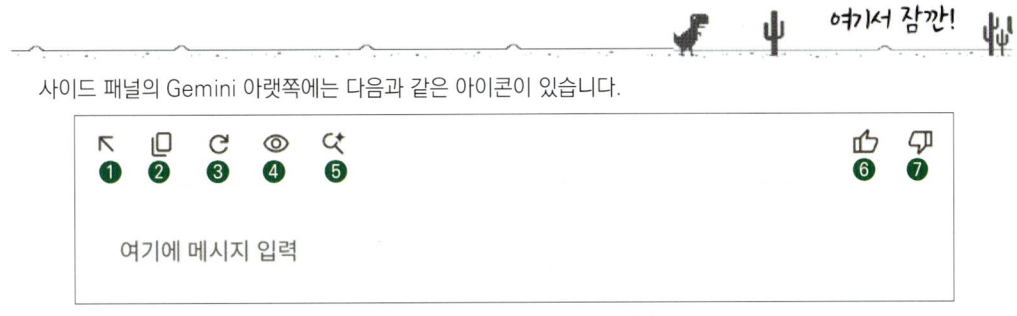

◆ 그림 3-58 Gemini 사이드 패널

❶ 삽입 : Gemini가 생성한 결괏값을 문서에 삽입합니다. 마우스 커서가 있는 곳 다음으로 바로 붙여넣기 됩니다.
❷ 복사 : Gemini가 생성한 결괏값을 컴퓨터 클립보드로 복사합니다.
❸ 재시도 : Gemini가 결괏값을 다시 생성합니다. 프롬프트를 변경하지 않고도 새로운 결과를 얻을 수 있습니다.
❹ 미리보기 : 커서가 있는 곳에 Gemini가 생성한 결과를 미리 붙여 넣어 확인해볼 수 있습니다.
❺ Google 검색으로 다시 시도 : Gemini의 할루시네이션을 예방할 수 있는 기능입니다. Google의 검색으로 Gemini가 생성한 결과 중 잘못된 부분을 걸러 내주고 새로운 결괏값을 생성합니다.
❻ 좋은 제안 : Gemini가 생성한 결괏값에 대해 긍정적인 피드백을 제공하는 기능입니다. 좋은 제안 기능을 클릭하면, 더 자세한 피드백을 적을 수 있습니다.
❼ 좋지 않은 제안 : Gemini가 생성한 결괏값에 대해 부정적인 피드백을 제공하는 기능입니다. 클릭하면 더 자세한 피드백을 적을 수 있습니다. ❻과 ❼의 기능을 활용하여 Gemini가 더 나은 결과를 생성하도록 학습시킬 수 있습니다.

3) 다시 작성하기 기능으로 문서의 일부분을 다른 표현으로 바꾸기

Google Docs 속 Gemini를 활용하면 문서 전체 또는 일부분의 분위기를 쉽게 바꿀 수 있습니다. 학교 공문처럼 쓰인 안내문을 좀 더 부드러운 느낌으로 바꾸고 싶거나, 교과서에 제시된 어려운 설명을 아이들의 눈높이에 맞춰 쉽게 풀어쓰고 싶을 때 사용할 수 있습니다.

1 그림 3-59처럼 협의회 결과 및 요약 내용을 동료들에게 안내하고 싶을 때, 다시 작성하기 기능을 활용하면 편리합니다. Google Docs 속 Gemini의 '다시 작성하기' 버튼을 누른 뒤, '회의 내용 및 결과 요약 부분을 2문단의 줄글로 다시 작성해 줘.'라고 프롬프트를 적어 실행합니다.

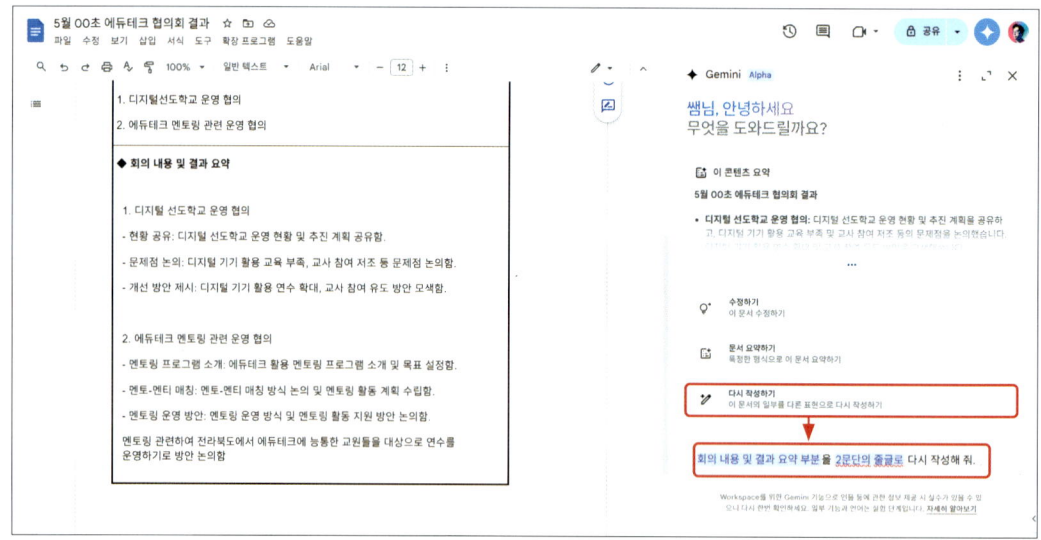

◆ 그림 3-59 Gemini의 다시 작성하기 기능을 활용하는 모습

❷ Google Docs의 내용을 Gemini가 참조하여, 요청했던 형식으로 작성한 것을 확인할 수 있습니다. 다시 작성하기 기능을 활용하면 문서의 일부분을 새로운 어조 또는 형식으로 쉽게 수정할 수 있습니다. 만약 다듬은 부분이 마음에 들지 않거나, 추가하고 싶은 부분이 있다면 이어서 프롬프트를 작성하여 요청하면 됩니다.

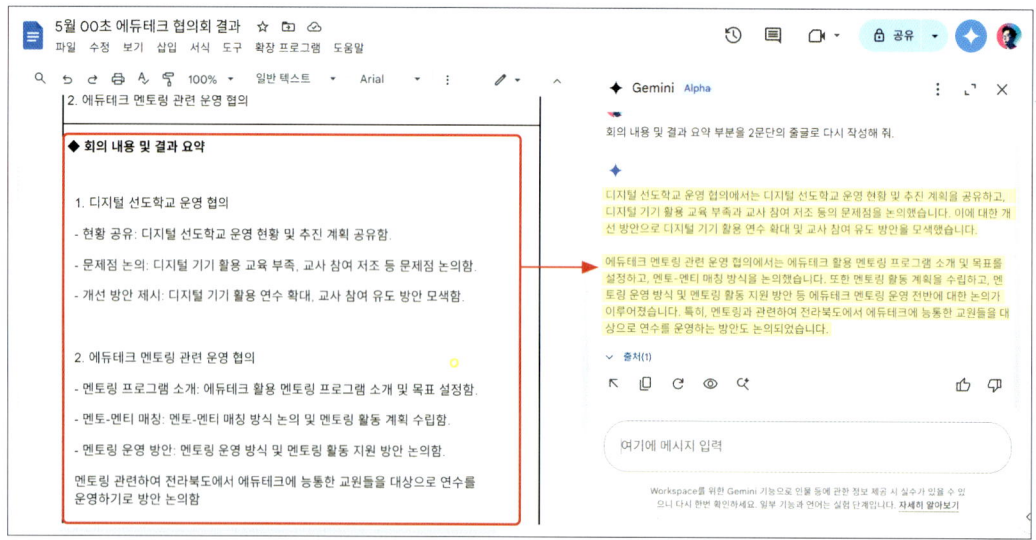

◆ 그림 3-60 Google Docs 속 Gemini가 문서의 일부분을 줄글로 작성해준 모습

Google Docs 속 Gemini는 긴 문서를 순식간에 요약해주고, 문맥에 맞게 내용을 다듬어주며, 필요할 때는 전체를 다시 작성해주기도 합니다. Google Docs 속 Gemini 기능을 활용한다면, 복잡하고 시간이 오래 걸렸던 문서 작업이 한결 수월해질 것입니다.

여기서 잠깐!

Google Docs 속 Gemini는 한국어 버전보다 영어 버전에서 더 많은 기능을 제공합니다. Google 언어 설정을 'English'로 바꾸고 Google Docs를 실행하면, 'Help me create' 기능을 활용할 수 있습니다.

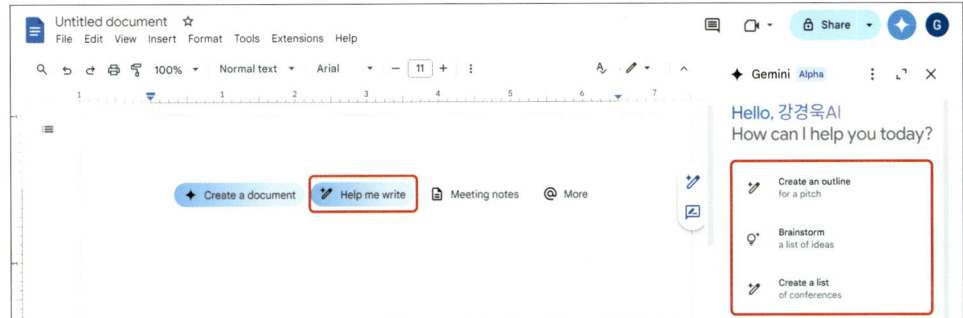

◆ 그림 3-61 영어 버전의 Google Docs in Gemini 첫 화면의 모습

'Help me create'를 클릭하면 아래와 같은 화면이 나타납니다. 가운데 프롬프트 입력창에 만들고 싶은 문서를 자세하게 설명하면 쉽게 문서를 생성할 수 있습니다.

◆ 그림 3-62 Google Docs in Gemini – Help me create 실행 모습

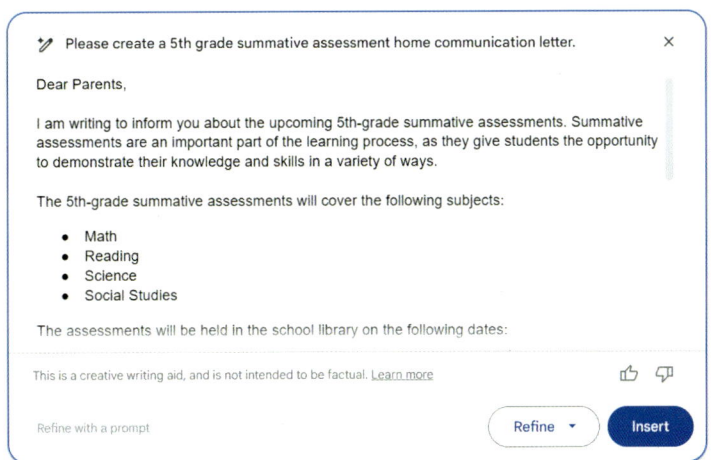

◆ 그림 3-63 '가정통신문'을 영어로 생성한 모습

이 기능은 추후 한국어 버전의 Google Docs in Gemini로 업데이트 될 예정입니다.

3 - 3. 데이터 분석 마법사 - Google Sheets × Gemini 알아보기

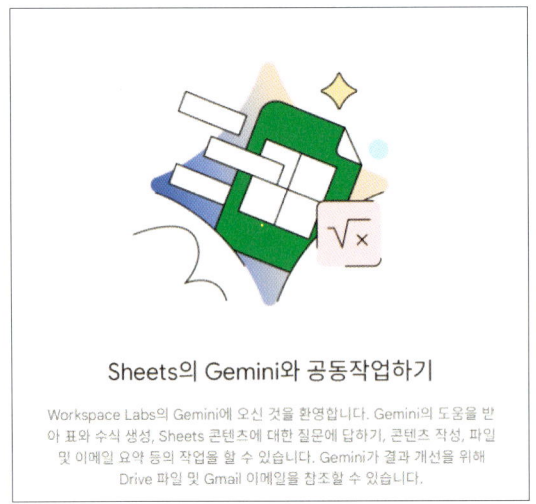

◆ 그림 3-64 Google Sheets에서 새로운 시트를 생성할 때, 보이는 Gemini 안내 문구

성적 처리, 출석부 관리, 학급 예산 정리 등 교사에게 데이터 분석은 떼려야 뗄 수 없는 업무입니다. 이제 Google의 데이터 분석 도구인 Google Sheets에서도 Gemini를 사용할 수 있습니다. Google Sheets의 Gemini는 표 만들기, 자동 시각화, 수식 작성, 데이터 분석 등 다양한 기능을 제공합니다.

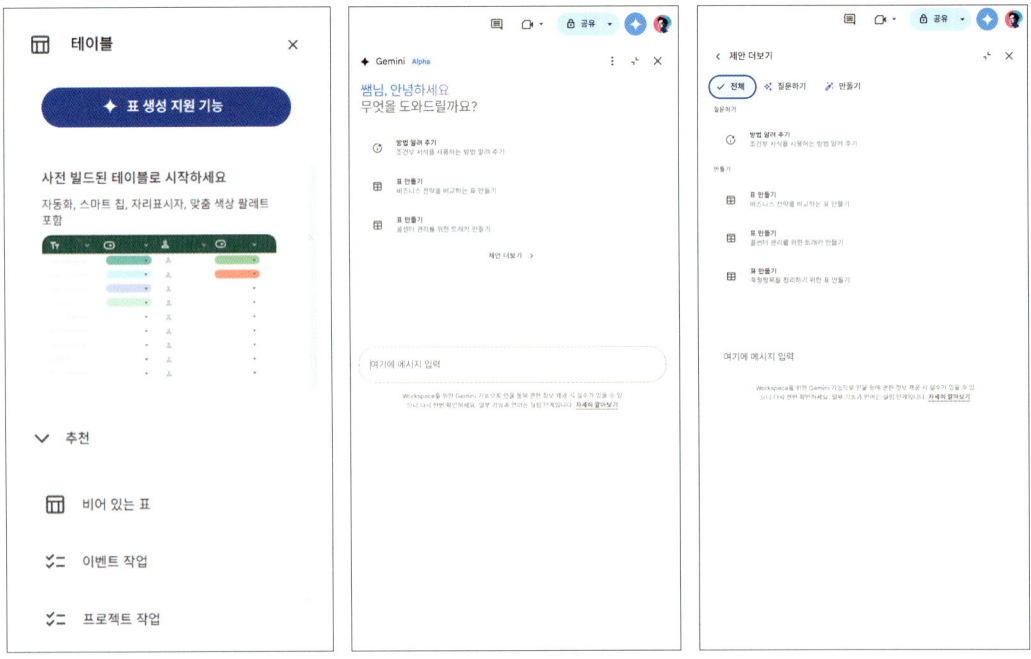

◆ 그림 3-65 Google Sheets 속 Gemini 사이드 패널

1) 표 만들기 기능으로 예쁘고 기능적인 표 한 방에 만들기

데이터를 입력하고 보기 좋게 표를 꾸미는 일은 쉽지 않은 작업입니다. 특히 드롭다운 형식이나 셀 스타일을 일일이 지정하는 것은 시간이 오래 걸리는 일입니다. Google Sheets 속 Gemini는 이런 고민도 해결해줍니다. Google Sheets를 새로 만들고, 표 만들기 기능을 사용하면, Gemini가 알아서 표를 보기 좋게 만들어줍니다.

1 사이드 패널 '테이블'에서 마음에 드는 형태의 표를 클릭하면 자동으로 템플릿 서식이 적용됩니다.

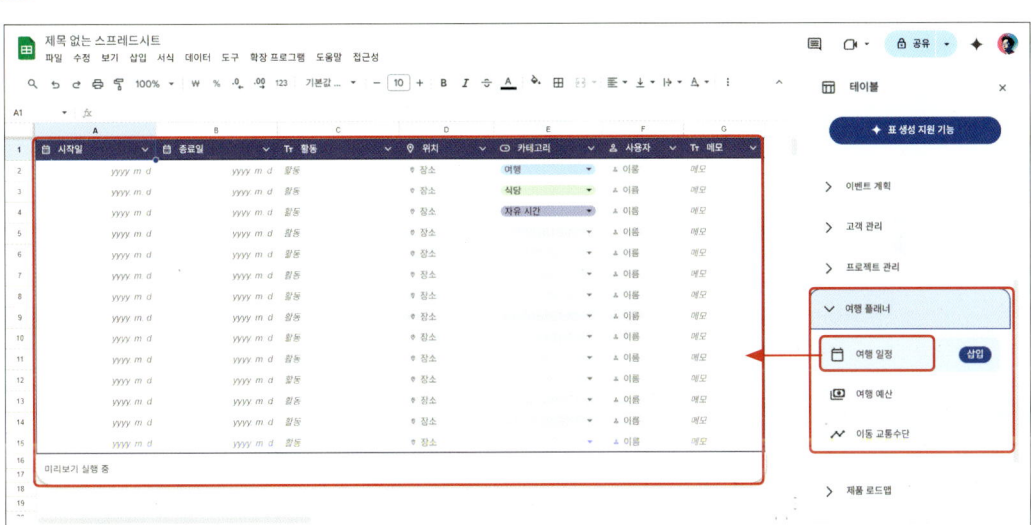

◆ 그림 3-66 Google Sheets 첫 화면에서 Gemini를 활용해 '여행 일정' 표를 생성한 모습

2 만약 마음에 드는 표가 없다면, '표 생성 지원 기능' 버튼을 눌러 Gemini를 호출합니다.

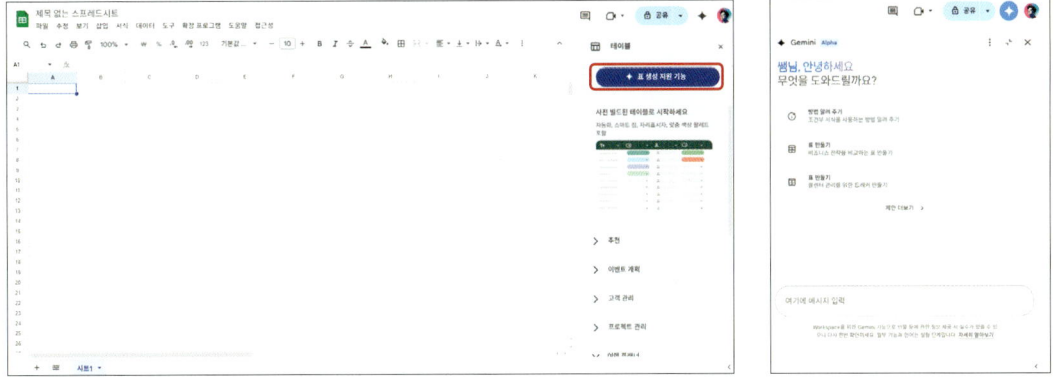

◆ 그림 3-67 Google Sheet의 Gemini 사이드 패널 '표 생성 지원 기능' 버튼   ◆ 그림 3-68 Gemini가 호출된 모습

3 사이드 패널의 Gemini에게 만들고 싶은 표의 형태를 구체적으로 설명하는 프롬프트를 작성한 뒤 실행시키면, Gemini가 맞춤식 표를 만들어줍니다. 학생들이 스스로의 습관을 기록하기 위한 표를 만들기 위해 '초등학생을 위한 자기주도학습 습관 기록표를 만들어줘.'라고 프롬프트를 적어보겠습니다.

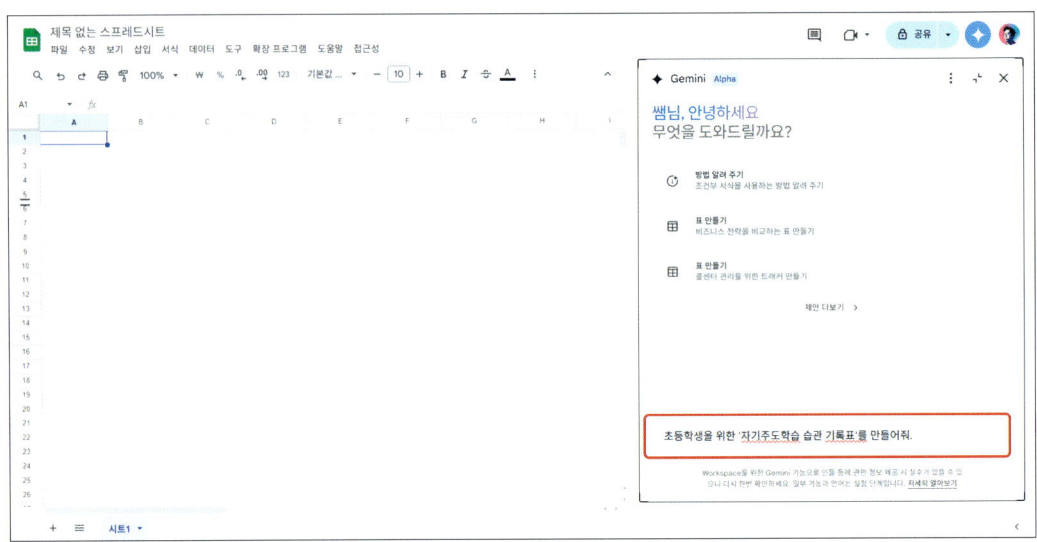

◆ 그림 3-69 Gemini에게 만들고 싶은 표 형태를 구체적으로 설명하기

4 Google Sheets 속 Gemini는 순식간에 그림 3-70처럼 표 서식을 뚝딱 만들어 보여줍니다. 열의 너비도 자동으로 조절하여 가독성을 높여주고, 특정 셀에는 드롭다운(30분) 형식을 자동으로 넣어준 것을 볼 수 있습니다.

◆ 그림 3-70 Gemini에게 만들고 싶은 표 형태를 구체적으로 설명하기

2) 자동 시각화 기능으로 데이터 한 눈에 파악하기

숫자로 가득한 표를 보고 있노라면 두통이 올 때가 있습니다. Google Sheets 속 Gemini의 핵심 기능인 '자동 시각화'를 활용하면 복잡한 데이터도 이해하기 쉽게 정리할 수 있습니다.

1 그림 3-71은 수학 단원평가를 실시한 결과입니다. 점수는 입력되어 있지만, 이 많은 데이터에서 가장 높은 점수 또는 낮은 점수를 찾거나 성적 분포도를 파악하기는 쉽지 않은 일입니다. 하지만 Google Sheets 속 Gemini에게 '이 데이터에서 가장 높은 값과 낮은 값을 찾아주고, 학생들의 성적 분포를 그래프로 보여줘'라고 요청하면 데이터를 분석한 뒤 시각화하여 순식간에 원하는 결과를 생성해 줍니다.

◆ 그림 3-71 학생들의 수학 성적 데이터

2 그림 3-72 에서 Google Sheets 속 Gemini는 자동으로 '점수' 열에 해당하는 데이터를 분석하여 성적 분포를 그래프로 나타냈습니다. 이어서 성적 분포를 표로도 표현하였습니다. 본래 이 작업을 하려면 일일이 특정 셀을 선택해서 그래프 기능을 삽입하거나, 함수를 넣어서 표로 작성해야 합니다. 하지만 Gemini를 활용하면 프롬프트 한 줄로 데이터 분석부터 시각화까지 한 번에 할 수 있습니다.

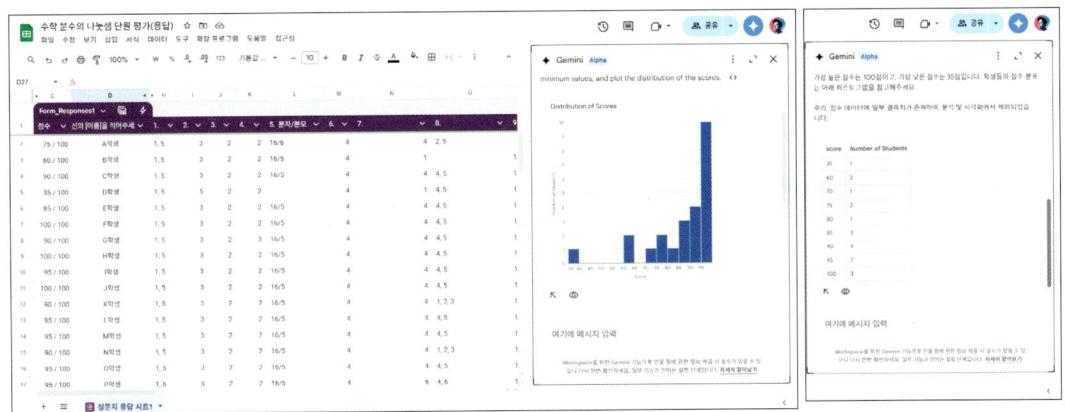

◆ 그림 3-72 Google Sheets의 성적 데이터를 활용하여 Gemini가 그래프와 성적 분포를 생성한 모습

3) 수식 작성 기능으로 함수 쉽게 사용하기

Google Sheets를 열 때마다 머리가 아파지는 순간이 있습니다. 바로 수식을 작성해야 할 때입니다. 특히 출석률을 계산하거나 성적 분포를 정리할 때처럼 여러 조건이 필요한 경우, 수식 작성은 더욱 막막해집니다. COUNTIF, SUMIF, LOOKUP 같은 복잡한 수식은 인터넷을 뒤져가며 작성해야만 했습니다. 하지만 이제 Google Sheets 속 Gemini의 수식 작성 기능을 활용하면 이런 고민에서 벗어날 수 있습니다.

1 그림 3-73는 우리 반 학생들의 성적 데이터를 나타낸 표입니다. 이 표에서 학생들의 평균 점수를 구하고 그에 맞게 자동으로 등급이 생성되게 하고 싶다면 함수를 써야 합니다. 먼저 평균 열에 들어갈 함수를 구하기 위해 '평균 열에 국어 점수부터 과학 점수까지 평균을 내려면 어떤 함수를 써야 해?'라는 프롬프트를 Gemini 사이드 패널에 입력합니다.

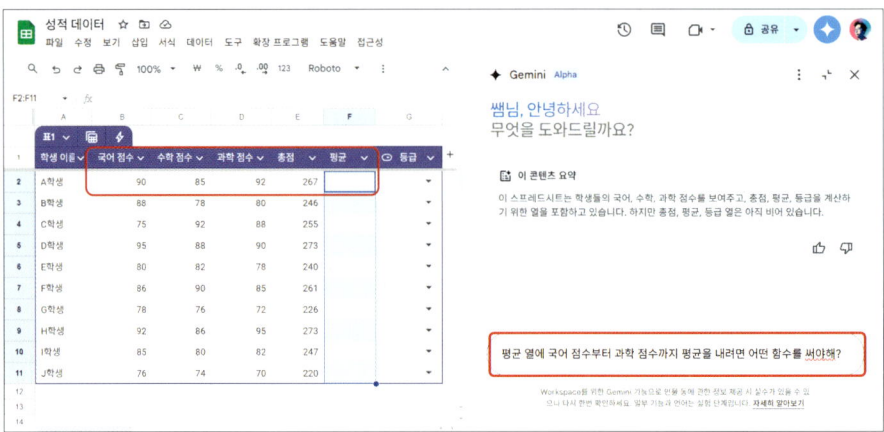

◆ 그림 3-73 평균 열에 넣을 함수를 Gemini에게 물어보기

2 Gemini는 즉각 AVAERAGE 함수를 알려 주었고 그 함수를 그대로 붙여넣기 하자 평균값이 나왔습니다. 사용자는 '국어 점수부터 과학 점수까지'라고 텍스트로 요청했지만, Gemini는 그 내용을 알아 듣고, B2:D2라는 정확한 셀의 범위를 구해서 알려줍니다.

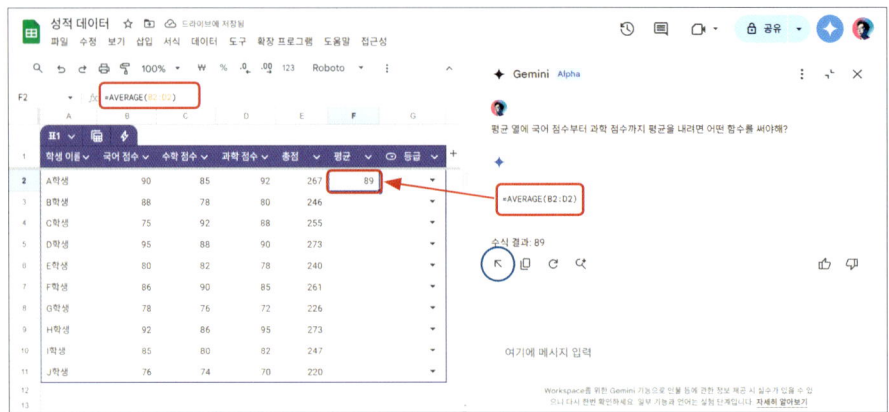

◆ 그림 3-74 Gemini가 알려준 AVERAGE 함수를 붙여넣어 평균을 구한 모습

3 이번에는 계산한 평균값에 근거하여 A, B, C 중 하나의 등급이 표시되도록 등급 열에 적을 함수를 알아보겠습니다. '평균 값에 근거하여 80점 이상은 A, 60점 이상은 B, 60점 미만은 C를 등급에 표시하고 싶어. 어떤 함수를 써야 해?'라고 프롬프트를 작성하여 실행합니다. Gemini는 IF 함수 수식을 만들어주었습니다. G2셀에 그대로 복사해서 붙여넣기를 하니, 평균값 89점에 맞는 A등급이 표시됩니다.

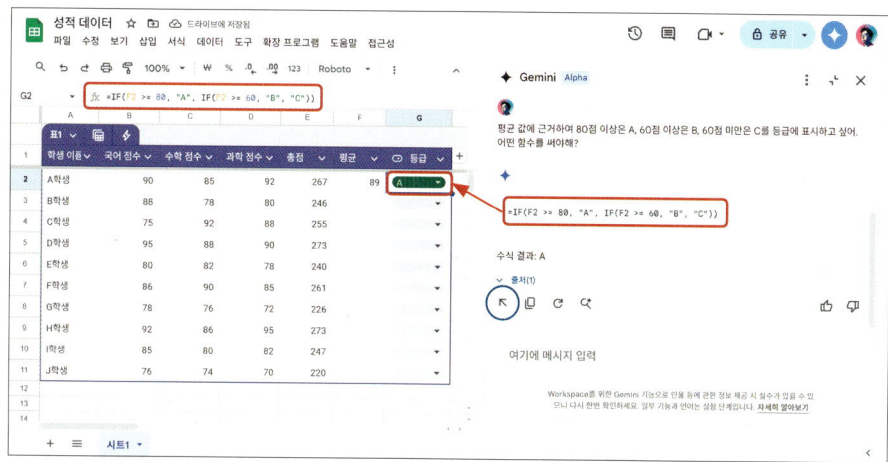

◆ 그림 3-75 평균에 근거한 등급을 구하기 위한 함수를 알려주는 Gemini

이렇게 원하는 내용을 구체적으로 텍스트로 적어 Gemini에게 요청하면 복잡한 수식이더라도 쉽게 만들어줍니다. Google Sheets 함수를 몰라도 쉽게 데이터를 분석할 수 있습니다.

4) 데이터 분석, 이제 더 쉽고 똑똑하게 사용하기

학생들의 데이터를 분석하는 일은 교사에게 매우 중요하지만, 많은 시간과 노력이 필요한 작업입니다. 특히 여러 데이터가 쌓이면 변화의 흐름을 파악하기가 쉽지 않습니다. Google Sheets 속 Gemini의 데이터 분석 기능을 활용하면 이런 복잡한 분석 작업이 한결 수월해집니다.

1 그림 3-76는 2024년 3월의 수학 단원평가 데이터 분석표입니다. 25명의 학생들이 치른 세 번의 평가 결과가 담겨 있습니다. 이 분석표에서 학생들의 변화 추이를 살펴보기 위해선 먼저 차례대로 평균값을 구해서 비교 분석해야 합니다. 여러 함수를 사용해야 할 뿐만 아니라 시간도 많이 걸리는 작업입니다. 하지만, '전체 학생들의 평균 성적 변화 추이를 분석해줘.'라고 요청하면 Gemini는 순식간에 작업을 완료해 줍니다.

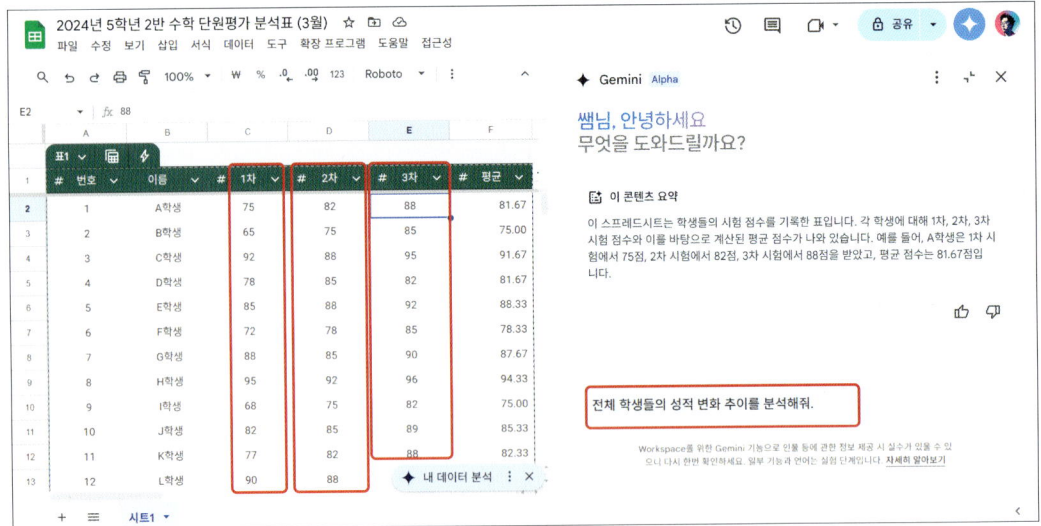

◆ 그림 3-76 수학 단원평가 성적 1차~3차 데이터

2 그림 3-77에서 Gemini는 프롬프트에 맞게 전체 학생들의 평균 점수 변화 추이를 꺾은 선 그래프와 함께 서술해주었습니다. 실제 계산 결과와도 일치했으며, Gemini는 여기서 더 나아가 그 변화 추이를 '성적'이라는 맥락에서 해석해 주었습니다.

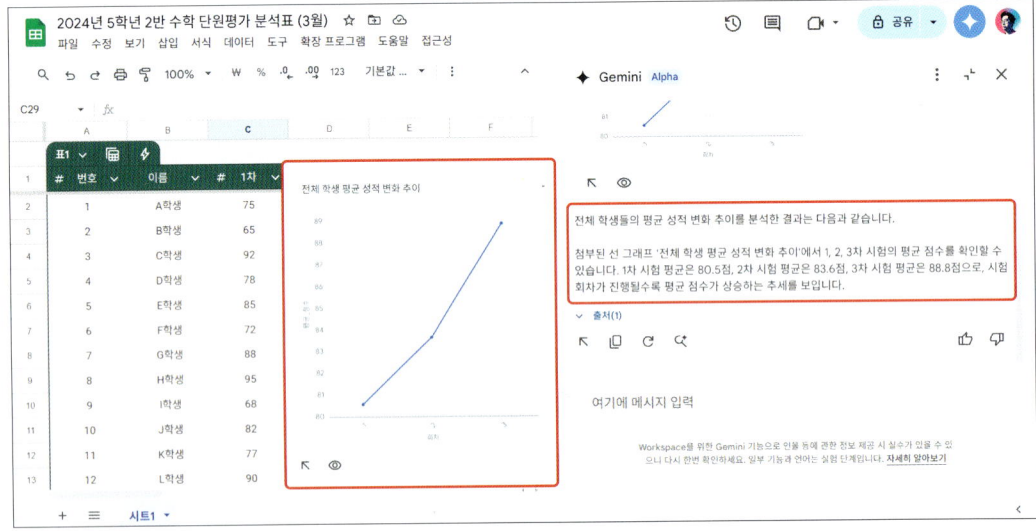

◆ 그림 3-77 Gemini가 생성한 그래프와 데이터 분석 내용

❸ 추가로 '1차에서 3차의 점수를 비교해 볼 때, 어떤 학생의 성장이 돋보이는지 알려줘.'라는 프롬프트를 적어 분석을 이어나갔습니다. 그러자 '1차 시험에 비해 3차 시험에서 점수 향상이 가장 컸던 학생은 B 학생으로, 20점이 올랐습니다. 그다음으로 M 학생은 15점, I 학생은 14점이 향상되었습니다'라고 알려주었습니다. 이런 구체적인 분석 외에 종합적인 분석도 가능합니다.

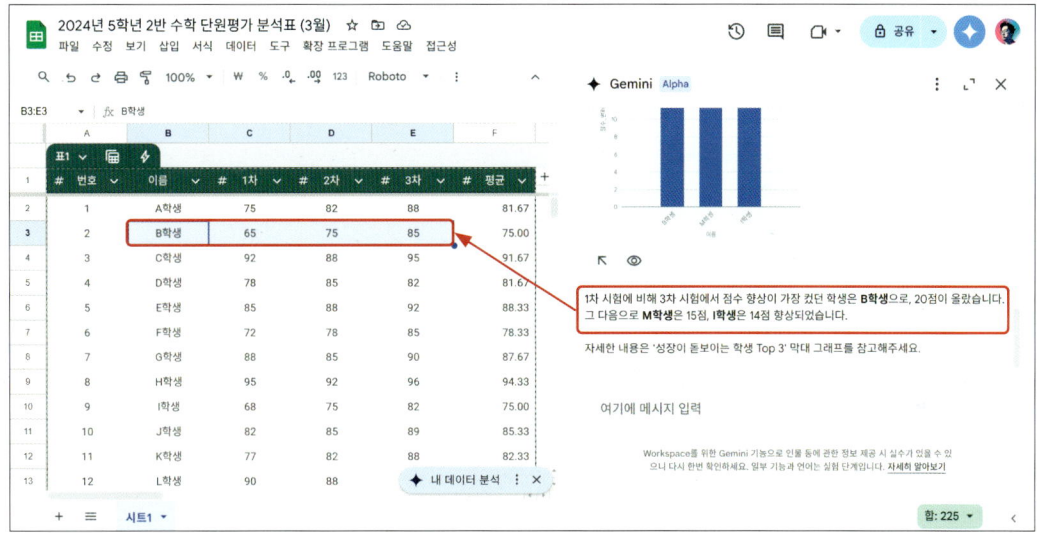

◆ 그림 3-78 학생 개인의 성장에 대한 물음에 답하는 Gemini

❹ '90점 이상 고득점 학생의 특징을 분석해 줘.'라는 프롬프트를 사용하니, 90점 이상 고득점 학생과 그 특징을 자세히 서술해 주었습니다. 또한 1,2,3차 시험의 특징을 함께 분석해 '전반적으로 학습 성취도가 높고, 꾸준히 좋은 성적을 유지하는 학생들이라고 해석할 수 있습니다.'라고 분석해 주었습니다..

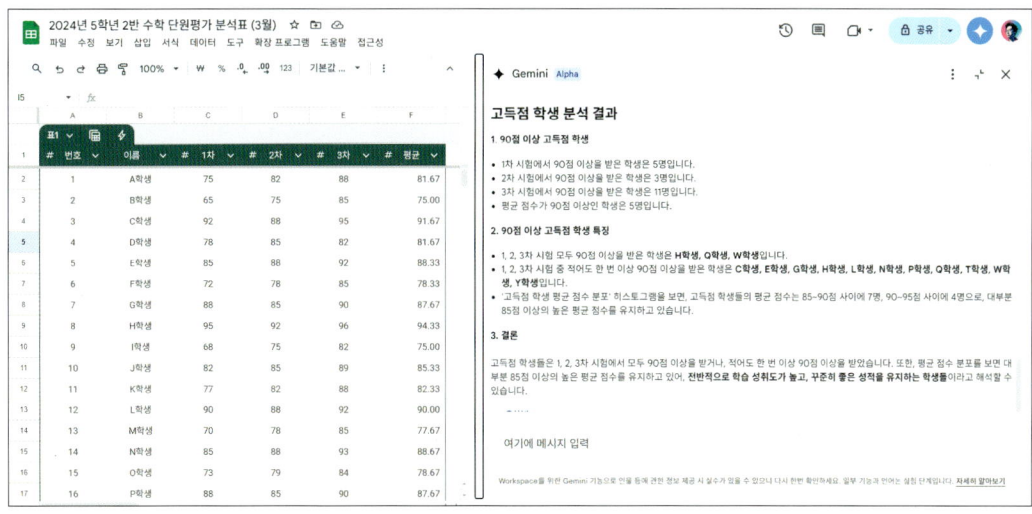

◆ 그림 3-79 '고득점 학생의'의 특징을 분석한 Google Sheets 속 Gemini

5️⃣ 반대로 '60점 이하의 점수를 받은 학생의 특징을 분석하고 어떻게 도와줘야 할지 학습 계획을 제안해 줘.'라는 프롬프트에는, '이번 데이터 분석 결과, 1차, 2차, 3차 시험 모두 60점 이하를 받은 학생은 한 명도 없었습니다.'라는 답변을 내놓았습니다. 그럼에도 저득점 학생의 학습 계획을 제안해 주는 모습을 확인할 수 있었습니다.

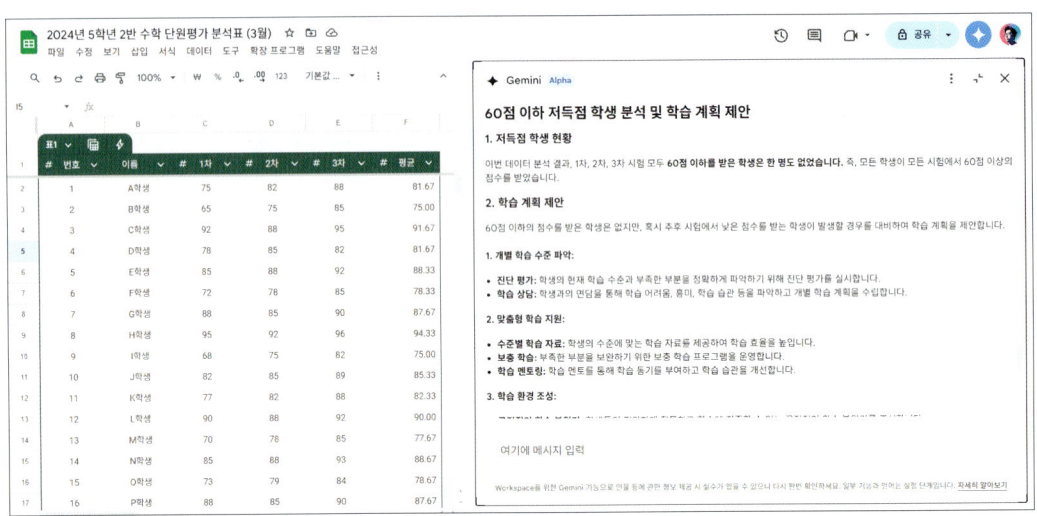

◆ 그림 3-80 저득점 학생 분석 및 학습 계획을 제안한 Gemini

이런 종합적인 분석에는 많은 시간과 노력이 필요합니다. 여러 가지 함수를 조합하고, 데이터를 다양한 각도에서 분석하고, 의미 있는 패턴을 찾아내는 복잡한 과정을 거쳐야 합니다. 하지만 Google Sheets 속의 Gemini는 이 모든 과정을 단 몇 초 만에 처리하고, 교사가 미처 발견하지 못한 인사이트까지 제공합니다. 교사는 Gemini를 활용해서 수치 분석에 들이는 시간을 줄이고, 실제 학생 지도에 더 집중할 수 있습니다.

Google Sheets 속 Gemini는 데이터 분석을 위한 핵심 기능들을 모두 갖추고 있습니다. 예쁘고 기능적인 표를 자동으로 만들어주고, 복잡한 함수를 알려주며, 원하는 분석 결과를 쉽고 빠르게 얻을 수 있습니다. Gemini를 활용하면 업무 부담을 줄이고 데이터 처리에 쏟아야 했던 시간과 노력을 아낄 수 있습니다. 앞으로도 Google Sheets 속 Gemini는 데이터 분석 도구로서 업무 경감의 든든한 지원군이 되어줄 것입니다.

닫는 글

한 아이를 키우려면 온 마을의 힘이 필요하다는 말처럼, 한 사람의 교사가 더 나은 교육을 실현하기 위해서는 함께하는 동료와 효율적인 도구가 필요합니다. 이 책은 그런 도구 중 하나로서 Google Workspace for Education을 제안합니다.

이 책을 집필하며 우리는 교육 현장을 다시 한번 돌아봤습니다. 그리고 학교 현장에서 열정적으로 일하시는 선생님들의 헌신과 노력에 다시금 깊은 감사를 느꼈습니다. 수업 준비, 행정 업무, 보호자와의 소통, 동료 교사와의 협업... 모든 순간순간 최선을 다하면서도 그 속에서 자기 자신을 잃지 않으려 애쓰는 모습은 감동 그 자체였습니다.

Google Workspace for Education은 단순히 업무를 덜어주는 기술을 넘어, 교육과 업무의 패러다임을 바꿀 잠재력을 가진 열쇠입니다. 반복적이고 소모적인 업무를 자동화하고, 교사 간 협업의 경계를 허물며, 교육 현장을 효율성과 창의성이 살아 숨 쉬는 공간으로 전환시키고 있습니다. Google Classroom은 학생들과의 소통 방식을 혁신적으로 바꾸었으며, Google Sheets와 Google Drive는 자료를 모으고 공유하며 저장하는 방식을 단순화했습니다. 편리함을 넘어, 교사의 시간과 에너지를 효율적으로 사용할 수 있도록 돕고 있습니다

이 책의 진정한 메시지는 단순히 도구 사용법을 가르치는 데 있는 것이 아니라 Google이라는 플랫폼을 활용하여 선생님들이 보다 풍요롭고 여유로운 삶을 살아갈 수 있도록 돕는 데 있습니다. 하루를 마무리하며 조금 더 가벼운 마음으로 퇴근할 수 있기를, 업무 스트레스를 벗어버리고 아이들과 나눈 시간과 배움의 기쁨을 선명히 떠올리기를. 선생님의 학교생활이 그런 나날들로 가득했으면 하는 바람이 담겨 있습니다.

Google은 단순한 디지털 도구가 아닙니다. 교육과 업무의 풍경을 바꿀 수 있는 하나의 전환점이며, 더 나아가 교사와 학생 모두가 소통하고 성장할 수 있는 가능성의 공간입니다. Google 도구가 선생님들의 손에서 교육 혁신의 중심으로 자리 잡아 더 나은 내일을 위한 첫걸음이 되기를 바랍니다.

마지막으로, 이 책을 끝까지 읽어주신 모든 선생님들께 깊은 감사의 인사를 드립니다. 교권이 위협받고 교단이 흔들리는 어려운 시대 속에서도 각자의 자리에서 묵묵히 최선을 다하는 선생님들 덕분에 우리의 교육이 한 발씩 앞으로 나아가고 있습니다.

"칼퇴근은 교사의 권리입니다."

칼퇴근을 꿈꾸는 선생님들을 위해
김학민, 강경욱, 유병선, 이민재, 이석, 차수미 (G-creator팀 일동)

 최고의 구글 교육 채널

구글 도구 완전 정복, 꿀팁, 라이브 강의
모두 한 곳에서

www.youtube.com/g-creator

Gmail: 숨겨진 기능?! 이것만 알면 Gmail 안 쓸 수 없을걸?

Google Sites - 코딩없이 웹사이트를?! 디자인, 제작~

1초만에 구글 문서, 파일 공유 하는 방법?! 숨겨진 꿀팁 대방출! 1탄!...

#G-CREATOR